En reconnaissance à Fernand Rude

« On peut connaître assez facilement l'histoire officielle d'un pays, la liste de ses rois, de ses ministres, de ses guerres, de ses traités, et cependant la véritable histoire n'est pas là ; c'est dans les masses profondes des travailleurs de tout ordre que réside la vie réelle de la Nation. »

Edouard Herriot, 1er mai 1909.

1

En ce mois de juillet 1830, à Lyon comme à Paris, subsistait un climat d'inquiétude. Les ouvriers vivaient dans l'incertitude du lendemain. Il en était de même pour les artisans, en quête de commandes, et la menace du chômage assombrissait la vie dans les ateliers. Pour éviter l'arrêt des métiers et faire face aux fluctuations économiques, les canuts s'étaient organisés en vue de défendre leurs intérêts.

L'atelier dans lequel évoluait Julien lui venait de son père, il comportait deux métiers à mécanique Jacquard. Il tissait l'uni sur l'un et, sur le second, confectionnait les étoffes façonnées. Installé près de la fenêtre pour bénéficier le plus possible de la lumière, il était assis de guingois sur la banquette du métier dont il connaissait tous les secrets. Chaque jour, en toute saison, du lever au coucher du soleil, ses bras et ses jambes activaient le mécanisme qui entrecroisait les fils de chaîne et les fils de trame. Ses gestes étaient ponctués par le « bistanclac » qui rythmait les mouvements du métier.

Consultant l'horloge, il s'étonna du retard de Simon. Il supposa quelque imprévu, sans trop s'inquiéter. Simon était un ancien, formé comme compagnon par le grand-père de Julien. Homme de bon sens, il n'hésitait pas à conseiller Julien, qu'il avait vu naître. Et puis, il connaissait bien les rouages de la Fabrique ; voilà quarante-deux ans qu'il côtoyait les marchands, les dessinateurs et les ouvriers. Il aurait été certainement un excellent chef d'atelier mais il n'avait jamais osé prendre ce risque, préférant rester compagnon au côté de Joseph, le père de Julien. Lorsque celui-ci disparut, épuisé par une vie de travail, Simon assuma ce qui était en cours de production, seconda Mathilde, la mère de Julien, et fit front aux marchands qui ne voulaient plus fournir de travail à cet atelier, sous prétexte d'un manque de garantie de qualité quant à l'exécution des pièces unies ou façonnées. Grâce à lui, Julien put garder l'atelier. En cinq années, ce dernier s'était affirmé par un savoir-faire digne de ses anciens. Le jeune homme, âgé de vingt-trois ans, était de bonne taille, un mètre soixante-quinze, laissant paraître une charpente accomplie ; une épaisse chevelure de jais, indisciplinée, coiffait un visage bien rempli qu'animait un regard noir, souvent malicieux, parfois orageux, surligné à la base du front par des sourcils fournis et bien plantés.

Essoufflé, le visage rougi, Simon parut dans l'embrasure de la porte.

— Qu'as-tu fait pour être dans cet état ?

— J'ai couru, répondit Simon.

Puis, reprenant son souffle :

— Je passais devant le relais de poste, celui qui est dans la Grand-Rue, il y avait des voyageurs venant de Paris. J'ai entendu l'un d'eux dire que

Paris était en révolution. Il s'inquiétait de la situation d'ici.

Julien éclata de rire.

— Simon, tu as dû mal entendre !

— J'ai très bien entendu, le voyageur a même ajouté : « C'était à prévoir après les décisions du roi ! »

— Quelles décisions ?

— Il aurait supprimé les députés.

— Ils ont été élus, il y a quelques jours, ce n'est pas possible, tu as mal compris ! Quoiqu'un jour...

Le propos de Julien fut interrompu par la venue d'un commis, envoyé par un négociant.

— Que me veux-tu ?

— Il faut que tu viennes à une réunion au café du Grand Orient, dans le quartier des Brotteaux.

— Et pourquoi donc ? s'étonna Julien.

— Le roi vient de renvoyer les députés.

— Ah ! j'avais bien compris, marmonna Simon.

— Et, poursuivit le commis, il a supprimé les journaux.

Apprenant les décisions prises par le pouvoir, Julien s'en étonna modérément ; il n'avait cependant jamais imaginé que le roi allât si loin et suspendît la liberté de la presse, cela le scandalisa.

— Il a osé ! C'est de la tyrannie, il ne faut pas se laisser bâillonner.

D'un pas pressé, Julien se rendit au lieu dit, où il retrouva plusieurs chefs d'atelier ainsi que des compagnons. Mais il remarqua que les marchands étaient de loin les plus nombreux. Sur une estrade de fortune, montée sur deux tables, un certain

Mornand, notable qui n'avait rien à voir avec la fabrique, haranguait l'assistance :

— Mes amis, nous sommes menacés, nous devons résister. Il faut réorganiser la Garde nationale. Je propose qu'une commission de douze personnes s'en occupe. Le temps que tout se mette en place, rendez-vous ici, demain, à la même heure. Les ateliers doivent s'arrêter et ceux qui ne suivront pas cette... recommandation seront privés d'ouvrage pour longtemps ! Tous ensemble, chefs d'atelier, compagnons et ouvriers, opposons-nous à ces ordonnances, prenons les armes si nécessaire !

Tandis que la majorité applaudissait, Julien et quelques autres chefs d'atelier, sur leurs gardes, ne jugèrent pas bon de se manifester. Dans le tumulte, l'assistance commençait à se disperser lorsque Mollard-Lefèvre éleva la voix :

— Dans de si graves circonstances, il vaut mieux délibérer sur la voie publique, les armes à la main, que dans de beaux salons où l'on discute presque toujours sans se déterminer à rien. A tous ceux qui veulent agir, je donne rendez-vous demain, à quatre heures du matin !

Mornand ne partageait pas la stratégie de Mollard-Lefèvre ; devant l'ampleur de cette réunion à laquelle avaient pris part les élites locales, il ne doutait plus de la possibilité de préparer une grande manifestation populaire. En confidence, il livra à l'un de ses proches, le docteur Trolliet :

— Regardez, il y a dans cette ville une foule de jeunes, commis ou chefs d'atelier, animés de sentiments patriotiques et qui, par de fréquents rapports avec la classe ouvrière, exercent sur elle un empire presque absolu. Dans maintes circonstances, ces jeunes gens n'ont pas agi par la seule crainte d'encourir la disgrâce des chefs de commerce tout-puissants. Aujourd'hui, alors que ceux-ci manifestent hautement leur indignation, ces jeunes patriotes seront demain avec nous.

Dans le groupe qui accompagnait Mornand, les idées fusaient ; l'enlèvement de hauts fonctionnaires de la cité fut même envisagé. Il dépêcha des représentants dans les communes avoisinantes, pour les informer de ce qui se préparait à Lyon et leur demander de s'y associer.

Perplexe, Julien s'en retourna sur la colline de la Croix-Rousse, en compagnie de Benoît, comme lui jeune chef d'atelier.

— C'est bien la première fois que les négociants nous portent de l'intérêt, Benoît, il y a de l'embrouille là-dessous !

Ayant rejoint les bords du Rhône, ils flânèrent le long de la rive gauche pour y respirer un peu de fraîcheur. Le fleuve qui s'engouffrait dans la ville fascinait Julien ; cette puissance de la nature qui se déployait entre les berges en un grondement assourdissant le figeait sur place, saisi par le souffle provenant des profondeurs, comme émanant d'une haleine mystérieuse.

— Julien, hurla Benoît, le travail attend !

— Je lui confiais mes rêves, murmura Julien, détachant à regret son regard.

Ils traversèrent le Rhône par le pont Morand puis, arrivés place Tolozan, ils s'orientèrent en direction des pentes de la Croix-Rousse par la montée Saint-Sébastien, où Benoît avait son atelier. Julien s'engagea dans la touffeur des rues étroites, grimpa la Grand-Côte jusqu'au plateau et rejoignit Simon, resté à l'atelier.

Dans ce faubourg industrieux, jouxtant la ville de Lyon, isolé par de puissants remparts, et devenu en une trentaine d'années le haut lieu de la soierie, vivait une innombrable population ouvrière, faite de chefs d'atelier et de compagnons qui avaient pour la plupart quitté les quartiers de la ville basse, tel Saint-Georges, pour s'établir dans des locaux plus spacieux et lumineux, adaptés aux nouveaux métiers à tisser créés par Jacquard. Les canuts, installés dans les différents quartiers, représentaient environ cinquante mille personnes. Aussi, tout ce qui pouvait mettre en émoi cet ensemble qu'était la Fabrique retenait à l'instant l'attention des autorités préfectorales qui maintenaient une vigilance rigoureuse. Elles craignaient une coalition républicaine ou une conspiration bonapartiste, car Lyon avait la nostalgie de l'Empire. Les tisseurs d'étoffes de soie en particulier gardaient une reconnaissance à l'endroit de Napoléon Ier, qui avait soutenu la reprise des ateliers de la Fabrique, anéantis pendant la Terreur. La cité fut indifférente à la Restauration et la bourgeoisie lyonnaise fut très réservée à l'avènement de Charles X ; elle le manifesta lors des élections de novembre 1827, en élisant à la députation trois libéraux et seulement deux candidats ultraroyalistes. Cette bourgeoisie, issue du commerce et de la finance, entrevoyait son accession prochaine au pouvoir. Elle était servie dans ses ambitions par la politique inconsistante de Charles X et la précarité de la vie économique.

Durant ces derniers mois, les marchands fabricants, en réalité des négociants, avaient entretenu un climat malsain, sous le prétexte d'un ralentissement des commandes en provenance de l'étranger et notamment des Etats-Unis. Ils occupaient une situation de monopole, achetaient les fils de soie, les faisaient tisser aux prix qu'ils imposaient et commercialisaient les étoffes en réalisant un large profit. Au cours des temps, les chefs d'atelier avaient maintes fois tenté de se regrouper pour coordonner leurs doléances mais chaque initiative avait été réprimée par les pouvoirs en place. Aussi, lorsque Charnier et Bouvery créèrent le devoir mutuel, association philanthropique qui appelait les canuts à s'unir, se rassembler, s'instruire et s'émanciper du carcan imposé par les négociants, Julien, comme d'autres chefs d'atelier, adhéra avec enthousiasme à ces idées généreuses. Les mutuellistes avaient pour habitude de se réunir le dimanche, dans une salle du café Messilieur, au 4, place de la Croix-Rousse, pour échanger les nouvelles. Ces rencontres étaient quasi clandestines ; la police du gouvernement de Charles X surveillait de très près un certain nombre de chefs d'atelier et compagnons, fichés comme agitateurs et hommes d'influence, sur la commune de la Croix-Rousse.

Durant ces dernières semaines, à Paris autant qu'en province, les rumeurs les plus confuses se propageaient dans les milieux d'affaires et d'aucuns pressentaient un coup d'Etat. Ce brouhaha se colporta jusque dans les couloirs du palais royal. La réaction de Charles X et de son gouvernement fut de promulguer cinq ordonnances par lesquelles ils suspendaient la liberté de la presse, dissolvaient la Chambre des députés, qui, d'ailleurs, ne s'était jamais réunie, fixaient de nouvelles élections pour le mois de septembre et modifiaient le scrutin. N'auraient en effet le pouvoir de voter que les grands propriétaires fonciers. Etait ainsi écartée du corps électoral toute cette bourgeoisie industrielle et commerçante qui formait la classe moyenne.

Le 29 juillet 1830, en fin d'après-midi, une centaine de personnes se regroupa passage de l'Argue, aux côtés de Mollard-Lefèvre, qui s'était forgé depuis les années vingt une solide réputation de provocateur. Petit propriétaire, négociant en toile, ancien sous-officier de l'armée impériale, il avait appartenu à la plupart des sociétés secrètes recensées à Lyon. L'intrigue était sa raison d'être et, depuis la chute de l'Empire, toutes les occasions lui étaient bonnes pour fomenter un complot dans le but de renverser les gouvernements successifs. Les événements qui se précisaient lui donnèrent des idées de conspiration ; il fit un projet qu'il adressa à plusieurs notables, proches de lui et bien imprégnés de la fibre libérale. Stimulé par les propos de Mollard-Lefèvre, d'aucuns réclamaient des armes, d'autres voulaient passer à l'action dès la nuit venue. Ce tohu-bohu s'interrompit à l'annonce d'un autre rassemblement aux Brotteaux.

Le lendemain, l'effervescence s'étendit à toute la ville. La police fit irruption dans les locaux de l'imprimerie du journal libéral, *Le Précurseur*. Le commissaire intima l'ordre à Anselme Petetin, rédacteur en chef, et à Laurent Luckner, éditeur, de suspendre toute publication en application de l'ordonnance royale, ce que refusa Petetin. Une bousculade s'ensuivit lorsqu'un groupe de manifestants força l'entrée pour soutenir l'équipe du *Précurseur*. Déterminés, ces hommes occupèrent les lieux et organisèrent la résistance. Les ateliers des tisseurs étaient arrêtés depuis quarante-huit heures.

Julien suivait avec attention l'évolution de la situation. Il se rendit au café Messilieur ; dans l'arrière-salle, des chefs d'atelier s'interrogeaient sur la conduite à tenir face aux événements. Il écoutait les différents avis ; tous étaient préoccupés par la sommation des marchands, qui menaçaient toujours de ne plus donner de travail à ceux qui ne répondraient pas à leur appel.

— Nous sommes réquisitionnés par les marchands ! s'écria Petit-Jean.

La nervosité ambiante brouillait les échanges, le ton montait. Julien se risqua à donner son point de vue :

— Pour nous, quel est l'enjeu ? Les marchands nous tiennent sous leur coupe pour la défense de leurs intérêts, mais les nôtres, d'intérêts, est-ce qu'ils en tiennent compte ? La question du tarif, c'est la principale pour nous autres. Il faudra bien qu'un jour nous ayons des prix de façonnage qui nous permettent de vivre et de payer nos frais. J'ai l'impression que ces beaux messieurs se servent de nous. Ce n'est pas la suspension de la liberté de la presse qui a occasionné leur réaction mais leur élimination du corps électoral. Ils n'ont pas le droit de vote, ils sont au même niveau que le peuple, voilà la raison de leur colère ! Et ils laissent croire aux ouvriers qu'ils se battent pour leur cause. Ouvrez les yeux et les oreilles, nom de Dieu ! Mollard-Lefèvre n'est qu'un agitateur bonapartiste. Chaque fois qu'il passe un pont, il se croit à Arcole. Quant à Mornand, c'est le pouvoir pour le pouvoir, il se sert de nous et des ouvriers pour montrer aux autorités de la ville qu'il faut compter avec lui. Voilà la réalité !

— Alors, intervint Pierrot, il faut rester les bras ballants, pour une fois que ceux qui nous font travailler sont avec nous ?

— Non, répliqua Benoît, mais Julien a raison, ils ont seulement besoin de nous.

— Je ne vois pas en quoi. C'est eux qui ont l'argent et le travail, ajouta André, de la Grand-Côte.

— Certes, réagit Julien, mais ça ne suffit pas. La preuve, c'est qu'ils menacent de ne plus donner de travail à ceux qui n'obéissent pas à leurs consignes.

— Alors tu proposes quoi ?

— D'être vigilants, de préserver nos intérêts et ne pas être complices de leurs manœuvres. Ils n'aiment pas Charles X et son gouvernement, nous non plus, mais pas pour les mêmes raisons. Il faut être clair !

— Ils ont constitué une commission, voyons ce qu'ils vont faire !

Aux Brotteaux, Mollard-Lefèvre, aidé par le capitaine Diano, organisait militairement tous ceux qui avaient répondu à son appel. Pistolets, poignards et fusils de chasse étaient leurs seules armes ; l'objectif premier était de neutraliser les agents de la force publique et ensuite d'investir l'hôtel de ville. Tous s'apprêtaient à passer à l'action. Prévenu des intentions de Mollard-Lefèvre, Mornand se précipita aux Brotteaux et tenta de convaincre cette armée composée d'ouvriers, mal préparés à un tel affrontement, de surseoir jusqu'à nouvel ordre.

— Nous devons rencontrer le préfet. Attendons !

La population se tenait sur ses gardes, prête à intervenir. Depuis cinq heures du matin, les rues de la Croix-Rousse étaient à l'écoute des bruits de la ville. Vers dix heures, Petit-Jean, parti dès l'aurore aux nouvelles, arriva tout essoufflé place des Tapis, où quelques chefs d'atelier commentaient les articles du *Précurseur*, paru malgré l'interdit royal.

— Vite, place des Terreaux, il y a un monde fou, la Garde nationale a pris place quai de Retz, la foule commence à dresser des barricades. Pavés, chariots, barques de pêcheurs, tout est bon.

— As-tu vu de nos connaissances ?

— J'ai reconnu Dervieux, le marchand chapelier, il m'a semblé voir Desgarniers, le négociant. D'après ce que j'ai entendu dire, le capitaine Prévôt, qui commande la Garde nationale, est chez le préfet.

Les responsables de la coalition libérale étaient regroupés près de l'hôtel de ville, au café Minerve. Ils attendaient les réactions des autorités. Lorsqu'il fut introduit dans le bureau du préfet, le capitaine Prévôt se trouva face à un homme irrité, ne se contenant plus :

— Monsieur le Préfet, pour le moment, nous maîtrisons la foule mais je ne sais pour combien de temps. Aussi, ceux qui m'ont mandaté vous proposent un partage des responsabilités, eux étant sous la protection de la Garde nationale et vous sous celle de la troupe. Pour la suite, nous verrons.

— Ce que vous me demandez est une insulte à ma fonction, je ne céderai pas devant une poignée de canailles ! Que veulent-ils ?

— Monsieur le Préfet, être reconnus dans leur droit d'électeurs. Que le roi et son gouvernement annulent ces ordonnances.

— Il n'en est pas question ! hurla le préfet.

— Alors attendez-vous, de la part du peuple de Lyon, à des actes que nous ne pourrons plus contrôler !

Les représentants de la coalition libérale furent indignés des propos du représentant du roi. Plusieurs commençaient à craindre les représailles au cas où la situation se solderait à leur désavantage. Les plus téméraires, à l'instigation du capitaine Prévôt, se risquèrent auprès du préfet pour lui exprimer leur mécontentement devant pareil outrage à l'égard de la bourgeoisie lyonnaise. Le préfet, quant à lui, attendait désespérément des instructions de la capitale.

Trois jours durant, l'émeute gronda. De Paris, le télégraphe de Saint-Just transmettait des informations alarmantes. Il était fait mention de plusieurs centaines de tués et de milliers de blessés. Le trône de Charles X était chancelant, une commission gouvernementale assurait l'intérim.

Petit-Jean, Pierrot, Benoît et Julien se mêlèrent à la foule massée place des Terreaux, où ils retrouvèrent d'autres chefs d'atelier. Les douze personnalités de la commission administrative nommèrent les docteurs Gilibert, Trolliet et Prunelle comme autorité municipale. Ce dernier, assurant la fonction de maire, s'adressa à la population :

— Une ère de prospérité économique s'ouvre. Le commerce, vous le savez, est le fils légitime de la liberté, dans tous les temps il n'a prospéré que par les besoins vivifiants de sa mère. Fécondée par nos institutions nouvelles, notre industrie n'éprouvera plus d'entraves dans la production, de nouveaux marchés seront ouverts à nos produits, le glorieux drapeau tricolore qui doit en protéger le transport fera rapidement disparaître les obstacles que le drapeau de Charles X apportait dans nos relations avec les deux Amériques.

Le docteur Trolliet fit savoir au préfet qu'il était destitué, ainsi que le général Paultre de La Mothe. La rumeur voulait que Charles X ait abdiqué, et nommé le duc d'Orléans lieutenant général du royaume.

Les nouvelles en provenance de Paris n'étaient néanmoins pas confirmées et les Lyonnais se maintenaient en alerte. Pendant que les chefs libéraux organisaient le gouvernement de la ville, les chefs d'atelier se réunissaient au café Messilieur. La discussion était vive, d'aucuns se préoccupaient de l'avenir. Benoît était de ceux-là :

— On va voir maintenant, pour le travail, ce que vont faire les négociants.

— Ils doivent être satisfaits, ils ont piqué le trousseau de clés du royaume à Charles X, rétorqua Petit-Jean.

— Alors, Julien, tu n'as rien à dire ?

— Ce qui se passe conforte ce que je pense depuis le début de la semaine. Vous avez entendu comme moi ce qu'a dit Prunelle. Le commerce est le fils légitime de la liberté mais cette liberté dont ils parlent, ils l'ont sur notre dos. Quinze à dix-huit heures de travail par jour, autant pour les enfants et au tarif qu'ils nous imposent. Leur liberté fait de nous des esclaves. Nous n'avons qu'une liberté pour eux, celle de nous taire, et ça, je le refuse.

— Ils sont tous complices, ponctua Bouvery. Rappelez-vous le premier adjoint au maire, dauphin de Vera, un ultra qui a déclaré : « On va jusqu'à calomnier les fabricants en leur prêtant l'intention de refuser du travail aux ouvriers afin de les pousser à la révolte. » Ils nous prennent pour des imbéciles, ils les ont bien envoyés, leurs commis !

— Ils sont venus deux fois m'avertir ! s'exclama Julien.

— Ils se sont servis de nous !

— Vous avez vu la composition de la commission municipale, des négociants, des docteurs, rien que des notables. A ces beaux messieurs, nous allons leur demander ce qu'ils comptent faire pour nos tarifs.

— Tout ce chambard depuis trois jours, pour rien !

— Heureusement, à part quelques blessés dans les bousculades avec les forces de police, une tuerie a été évitée.

— Ils s'imaginent que nous avons fait nôtre leur cause, nous allons bien voir si, demain, ils feront leur la nôtre.

Le 2 août 1830, Charles X abdiquait et prenait la route de l'exil, laissant le royaume de France au duc d'Orléans, qui prenait le nom de Louis-Philippe. Les ordonnances étaient abrogées. Un nouveau gouvernement de notables, issu de la bourgeoisie d'affaires, s'installa.

Des pentes au plateau, le quartier de la Croix-Rousse semblait rassuré et les tisseurs reprenaient l'ouvrage. Le bruit des métiers qui se répercutait dans les rues témoignait de la vitalité des ateliers, bien que, chez la plupart des tisseurs, le doute subsistât quant à l'avenir. L'essor de l'industrie et la perspective du développement du transport ferroviaire modifiaient insensiblement les relations économiques et les lois de la concurrence. Jour après jour, les illusions s'estompèrent dans les premiers brouillards de l'automne. Julien dissimulait mal ses inquiétudes, les commandes se faisaient rares et la pression des négociants était impitoyable. Simon, qui avait vécu les journées révolutionnaires de 1786 et 1789, tentait de soutenir le moral de la famille.

— Julien, il faut tenir et faire face au pouvoir de l'argent.

— Des mots ! Mon père avait l'habitude de dire : « C'est pas les belles paroles qui font cuire la soupe. »

Puis, s'adressant à sa mère :

— Tu as fait les comptes, alors explique notre situation !

— Depuis 1825, l'année de la mort de ton père, les revenus du travail ont diminué de moitié !

— Pourtant, s'exclama Julien, ce n'est pas faute de faire des heures ! Enfin, Simon, toi comme moi, nous sommes en moyenne seize à dix-huit heures par jour montés sur le métier !

— Te bats pas la coulpe, Julien, c'est la loi du marché. Ah, ils savaient bien ce qu'ils faisaient, il y a six mois, en venant nous chercher pour soutenir leurs manœuvres ! Ils ont fait croire que nous aurions du travail à volonté. Depuis que leurs représentants ont tous les pouvoirs, les négociants font ce qu'ils veulent à Lyon comme à Paris. Pour calmer le mécontentement qui gronde çà et là, tout ce que le roi a su faire, c'est de confier le gouvernement à Jacques Laffitte, un banquier !

— C'est grâce à lui si Louis-Philippe est sur le trône.

— Mais pourquoi, travaillant comme des bêtes de somme, nous n'arrivons pas à vivre de notre travail ? rétorqua Mathilde.

— Le monde bouge, Mathilde, vous vivez ici dans l'atelier et ne voyez que quelques familiers. Il suffit d'aller dans la ville, ne serait-ce que dans le quartier du Griffon, ou de s'attarder près la Condition des soies, il faut entendre ce qui se dit. Nous subissons la fluctuation des cours, il y a la concurrence étrangère ; les Anglais, les Italiens, les Suisses... pratiquent des prix qui font la joie des négociants. Et puis il y a surtout le coton, qui rivalise avec les soies, c'est le tissu le plus demandé. Question de tarif.

— Alors, s'écria Julien, il faut qu'on se mette à faire du coton, de la laine !

— N'allons pas jusque-là, pour l'instant ! Toutefois, il faudra bien penser à s'adapter.

C'est dans l'atelier que se concentrait la vie familiale. La pièce principale était suffisamment vaste pour recevoir un troisième métier. C'était ainsi que l'avait prévu le père de Julien, mais hélas, il était parti trop tôt ! Une pièce contiguë, où avait été aménagée une alcôve pour Thérèse, était la chambre de Mathilde. Julien dormait dans la soupente. Simon, quant à lui, logeait dans une mansarde sous le toit qui coiffait l'immeuble. Mathilde secondait son fils pour les travaux de préparation au tissage, bobinage, ourdissage et dévidage. Jusqu'à ces dernières semaines, elle était aidée par Thérèse, la sœur de Julien, mais, les ressources de la famille s'amenuisant, Thérèse avait dû chercher un emploi de couturière, ce qui permit de garder Simon, compagnon riche d'expérience et de savoir-faire.

Julien achevait le tissage d'un lampas sous l'œil bienveillant de Simon.

— Ça c'est de la belle ouvrage, c'est ton père qui serait heureux de le voir ! Car lui, c'était un véritable artiste, tu as hérité de ses dons. Je me souviens, il traduisait sur le métier les dessins les plus raffinés ; de ses mains sortaient des étoffes que l'on n'osait toucher. Il faisait des créations sur des modèles imaginés par Roussel, Dechazelle, un grand, celui-là ! et Dutillieu. Il tenait ça de ton grand-père qui, avec Bony, façonna les lampas brochés pour la chambre de la reine Marie-Antoinette à Versailles. Ah, ton grand-père ! Il s'entendait à merveille avec

Philippe de Lassalle, un véritable génie. Ton père comme ton grand-père étaient passionnés par leur métier. Avant d'entreprendre le moindre ouvrage, ils réfléchissaient, ce n'étaient pas des automates. Lorsqu'ils avaient un modèle devant les yeux, ils cherchaient à en faire ressortir toute la beauté sur le tissu. Nos métiers nous ont donné autant de satisfaction et de joie qu'à ceux qui portaient nos étoffes. C'est prodigieux d'être créateur de beauté. Rien que pour ça, mon petit Julien, il faut tenir.

2

Au cours de l'automne qui suivit, lors d'une réception dans les salons de la préfecture, quelques notables, négociants et banquiers de conviction libérale, s'inquiétaient auprès du comte de Brosses, préfet de Lyon, de la dégradation de la situation :

— Certes, les rassura-t-il, nous vivons une période un peu tourmentée mais soyez sûrs que notre gouvernement et le roi en ont pleinement conscience et prendront les mesures qui s'imposent pour développer vos affaires. La soie est un produit noble mais il faudrait que les prix soient compétitifs comparativement à ceux pratiqués à Zurich et en Angleterre. C'est à vous, messieurs, de faire en sorte qu'il n'y ait pas de désordre, ne soyez pas complices de ces républicains qui agissent dans les ateliers ! Vous auriez tort, messieurs, nous sommes ici pour longtemps !

— Monsieur le préfet, aurons-nous à nouveau des commandes du Garde-Meuble de la Couronne ? Car, depuis la chute de l'Empire, les commandes se sont raréfiées.

— Il me semble, répliqua le préfet, avoir déjà

répondu à l'un d'entre vous. Ce ralentissement soudain des commandes provient tout simplement d'une quantité considérable, près de quatre-vingt mille mètres de tissu, je crois, qui a été confectionnée pour répondre aux fastes impériaux. L'Empereur dépensa plus que le pays ne pouvait supporter. Quoi qu'il en soit, ces tissus, unis ou façonnés, il a bien fallu les utiliser, et il en reste encore des milliers de mètres. Aussi faudra-t-il vous orienter vers d'autres marchés !

En quelques mois, le climat social s'était détérioré. Cependant, les fortunes prospéraient, la spéculation devenait une profession et d'aucuns rivalisaient d'apparat dans les salons de ces nouveaux tenants du pouvoir. Ainsi s'était formée une communauté d'intérêts qui exerçait une influence considérable sur la vie économique de la ville. Joannès Catulle était l'un de ces derniers nantis qui régnaient sur le quartier Bellecour, où il avait fait l'acquisition d'un hôtel particulier qu'il aménagea au goût du jour. L'homme était de taille moyenne, un peu ventru, d'une élégance vestimentaire des plus recherchées ; il présentait un visage poupin, légèrement rosé ; du regard, il scrutait son interlocuteur. Ses lèvres sans relief s'animaient parfois d'un sourire de composition. L'aisance financière qui était la sienne résultait d'intérêts commerciaux détenus dans des sociétés cotonnières qui connaissaient, depuis quelques années, un développement industriel des plus rentables. Sans conviction politique, il s'adaptait avec facilité au régime en place. Seul le parti des affaires l'intéressait et lui permettait d'être en bonnes relations avec un ensemble de personnes qui ne prenaient aucun risque en répondant à ses invitations.

Marie-Louise Catulle, son épouse, tenait salon le mercredi de seize à dix-huit heures. Se rencontraient là femmes de banquiers et de négociants, fixés pour la plupart dans la ville depuis une dizaine d'années. La liste des invitées était soumise à l'approbation de Joannès Catulle et, régulièrement, il s'étonnait de l'absence des représentantes des grandes familles de soyeux lyonnais qui, depuis un siècle et demi, avaient participé à la prospérité des soieries.

— Je ne comprends pas, ronchonna-t-il, car lorsque je croise ces messieurs à la chambre de commerce ou à l'hôtel de l'Europe, ils sont fort courtois.

— C'est une façon de nous montrer que nous ne sommes pas de leur milieu, soupira Marie-Louise Catulle. Ils voient en vous un concurrent redoutable pour leur chiffre d'affaires, surtout depuis que vous développez vos activités avec les Etats-Unis et la Russie. Et puis vos relations à la cour les intriguent. Autant de raisons d'être d'un commerce agréable à l'occasion, mais de là à se confondre avec nous...

— Des petites gens, répliqua Joannès Catulle. Ils ont l'opportunité de bâtir des fortunes et ils continuent à faire travailler des ateliers avec deux ou trois métiers qui ne sont pas rentables. Ils n'ont pas su tirer profit des situations qui se présentaient autrefois sous Napoléon et maintenant avec

Louis-Philippe. Ont-ils seulement réalisé que le monde est en train de changer !

La conversation s'interrompit à l'annonce d'un visiteur. Avant que son épouse ne se retire, Joannès Catulle lui lança d'un ton rageur :

— Ne perdez plus de temps avec ces gens-là, qu'ils restent entre eux ! Ils sont sans ambition. Nous sommes, nous, de la génération du monde des affaires !

Il alluma un énorme cigare et s'en alla au-devant de son rendez-vous.

— Ce cher Depouilly ! Comment vont nos affaires ?

— Bien, surtout depuis que le roi a nommé Casimir Perier chef du gouvernement. Nos amis anglais sont ravis, il faut que la France soit gouvernée, a-t-il déclaré. Nous pouvons lui faire confiance !

Charles Depouilly était fabricant. Manufacturier, il était l'un de ceux qui avaient aidé Jacquard, voilà un peu plus d'une dizaine d'années, lorsque celui-ci avait mis au point une mécanique qui simplifiait une partie du travail des tisseurs et augmentait la production. Il industrialisa le tissage en installant à La Sauvagère, commune proche de Lyon, deux cent cinquante métiers dans un atelier où travaillaient six cents ouvriers, main-d'œuvre recrutée dans la campagne avoisinante.

— Nos profits augmentent !

Ces trois mots mettaient Joannès Catulle en béatitude.

— Racontez-moi, dit-il.

— Notre atelier parisien produit autant que nécessaire.

— Combien avons-nous d'ouvriers ?

— Oh ! à peu près cinq cents pour trois cents métiers. J'ai regroupé en équipes quelques dessinateurs qui créent la nouveauté. Ainsi, les ouvriers de Paris et de Lyon travaillent sur des modèles sortis de nos ateliers. De cette façon, nous créons une marque de référence.

— Et dans le Nord ? interrogea Joannès Catulle.

— Les succursales de Walincourt et Troisville font surtout de la préparation, c'est là-bas que se teint et se chine la matière. Ensuite, nous faisons tisser dans les villages voisins, où la main-d'œuvre nous revient à moindres frais.

Les centres d'intérêt de Marie-Louise Catulle étaient autres. Elle ne suivait les affaires de son mari que par obligation mondaine, tout en appréciant le confort de vie qu'elle en retirait. Se plaisait-elle dans cette ville, la deuxième du royaume ? Moyennement ! Elle avait la nostalgie de la vie parisienne et des fastes de la cour. A Lyon, le temps s'écoulait au rythme des saisons ; elle visitait régulièrement une œuvre de charité et le dimanche assistait à la grand-messe dans la cathédrale Saint-Jean puis rendait quelques politesses. Elle suivait l'évolution de la mode et, le reste du temps, s'occupait à la lecture. Ces moments l'éloignaient de l'ennui et du temps présent. *Le Rouge et le Noir*, que venait de publier Stendhal, la passionnait ; elle jalousait madame de Rênal.

— Madame, vous devez vous rendre chez votre couturière.

— Déjà !

Emilie, la femme de chambre, veillait et lui rappelait discrètement ses engagements. Il fallut à Marie-Louise Catulle un laps de temps pour sortir de sa rêverie, quitter Verrières et Julien Sorel.

— Emilie, vous venez avec moi.

La fin d'après-midi de ce mois de juillet s'annonçait agréable. Un léger vent d'ouest rafraîchissait l'atmosphère et incitait à la promenade. Marie-Louise Catulle prenait plaisir à se déplacer à pied à travers le centre de la ville ; elle évitait toutefois certaines rues qu'elle estimait trop populaires et malodorantes.

— Engageons-nous dans les allées ombragées de la place Bellecour. Nous ferons quelques pas supplémentaires mais c'est plus attrayant et nous profiterons de la fraîcheur des marronniers. C'est un lieu où j'aime venir, on y croise toutes sortes de gens.

— A ce qu'il paraît, Madame, ce serait la plus belle place d'Europe.

— C'est vrai, et nous devons une reconnaissance à Bonaparte. Mon père m'a souvent raconté que l'Empereur avait fait reconstruire les bâtiments détruits par la Révolution.

Emilie écoutait Marie-Louise Catulle raconter ces journées qui avaient ensanglanté la ville.

— Votre famille a dû avoir très peur devant tant d'horreurs.

— Mes parents sont partis en Suisse, à Zurich, dès les premiers troubles. Mon père travaillait avec les tisseurs suisses. C'est là-bas que j'ai passé mon enfance et nous sommes revenus dès que Bonaparte a mis de l'ordre dans le pays. Pour ses affaires, mon père a voulu que nous allions à Paris et c'est ainsi que j'ai découvert la capitale.

Arrivées rue Tupin, elles pénétrèrent dans une allée sombre.

— C'est à quel étage, Emilie ?

— Au deuxième, Madame.

La qualité du travail effectué dans l'atelier de Clarisse Gauthier avait fait sa renommée et ses conseils sur le choix des tissus étaient appréciés par sa clientèle, qui devenait exigeante. L'arrivée de Louis-Philippe aux Tuileries avait provoqué, comme à chaque mouvement de la société, un changement dans les comportements et les apparences des notables ; la mode n'échappait pas à ces mutations. Chacun souhaitait affirmer sa différence et pourtant tous se ressemblaient.

— C'est l'une de mes amies qui m'a parlé de vous, d'une façon telle que je souhaitais vous voir !

— Je suis flattée, murmura Clarisse Gauthier.

Puis, après un court instant :

— Que puis-je pour vous, Madame ?

— Voici un an que le roi Louis-Philippe est sur le trône de France. A cette occasion, le préfet offre une réception avec bal. Il me faut une robe pour la circonstance.

— Madame a-t-elle un modèle préféré ?

— Je ne veux pas trop de fantaisie, nous ne sommes pas à Paris.

Arborant un léger sourire, Clarisse Gauthier répliqua d'une voix douce :

— Mais, Madame, les Lyonnaises portent aussi bien que ces dames des salons de la capitale !... Voici quelques échantillons de tissus, lequel choisissez-vous ?

Pendant que Marie-Louise Catulle faisait son choix, Emilie, restée à l'écart, ne quittait pas des yeux une robe qui habillait un mannequin d'osier. Elle n'entendait plus les voix de Marie-Louise Catulle et de Clarisse Gauthier, elle ne voyait pas Thérèse effectuant les dernières retouches sur un volant de dentelle, elle rêvait. Clarisse Gauthier était une créatrice de modèles, une architecte des tissus. Chaque robe qui sortait de ses mains était une œuvre d'art personnalisée.

— Ces soies sont très agréables au toucher, commentait Marie-Louise Catulle. J'hésite entre ce vert tilleul et ce rose pêcher.

— Sans vouloir influencer vos goûts, il me semble que ce damas vert tilleul serait très bien porté par Madame.

— Vous le croyez ?

— Oui !

— Je vous suis, vous avez certainement raison.

— Et le dessin, sur ce tissu, vous convient-il ?

— Parfaitement !

— La mode en ce moment, fit remarquer Clarisse Gauthier, s'oriente plutôt vers des styles amples : les épaules découvertes, juste ce qu'il faut, la taille resserrée. Est-ce qu'un modèle comme celui-ci, paru dans le *Journal des femmes*, vous conviendrait ?

— Oui, car je ne veux pas d'une robe qui soit verticale des épaules aux talons, comme cela se faisait il y a encore quelques mois. C'était disgracieux, une sorte de tuyau en tissu. Faites-moi une coupe sur ce modèle que vous venez de me montrer.

— Bien, Madame.

— Pour les mesures, pouvez-vous venir demain chez moi ?

— A neuf heures, je me présenterai. Je serai accompagnée de Thérèse, qui me seconde bien.

Marie-Louise Catulle s'apprêtait à sortir.

— Pour le tissu, vous avez ce qu'il faut ?

— J'ai plusieurs négociants et même des chefs d'atelier avec qui je travaille. Pour celui que vous avez retenu, je l'ai.

Au lendemain de la réception chez le préfet, impressionné par les félicitations reçues pour la robe de son épouse, Joannès Catulle voulut connaître la provenance de cette soierie qui avait suscité l'admiration des invités. Aussi demanda-t-il à son épouse de s'en inquiéter.

— En quoi cela vous intéresse-t-il ? s'étonna-t-elle.

— Celui qui l'a tissé pourrait devenir l'un de nos fournisseurs en soierie. J'ai déjà de très bonnes références mais un négociant comme moi qui travaille en Europe, avec l'appui du président du Conseil, Casimir Perier, peut accaparer des marchés. D'autant que, dans cette ville de Lyon, mes concurrents vivent sur le passé. Ils ont encore des conceptions commerciales qui remontent au temps de Colbert !

— Vous êtes sévère !

— Hélas, non ! Disons Louis XVI, c'est plus près de nous ! Ils sont restés dans leur monde alors qu'il faut être partout, en Europe, en Amérique. Il y a quelques jours, Depouilly me disait que les Anglais présentaient des soieries et des cotons jusqu'à Moscou. J'espère que vous vous représentez l'enjeu pour nous. Nous avons les cartes maîtresses en main, profitons-en.

Marie-Louise Catulle chargea Emilie de lui procurer les renseignements demandés par son mari.

Les derniers jours du mois d'août étaient rayonnants de lumière. Les façades des habitations réverbéraient une canicule intense qui exhalait dans l'air confiné une odeur fétide. Le pas décidé, Julien s'avançait dans les rues sinueuses et ombreuses du quartier des Terreaux. En ces lieux, depuis deux siècles, ateliers et commerces réglaient la vie économique de la ville, sous la tutelle de la Condition des soies. Cet établissement réglementait et normalisait l'usage du fil de soie qui transitait entre le marchand et le négociant, il contrôlait aussi la qualité des pièces façonnées par le tisseur. Promenant son regard sur les immeubles, Julien pensait que son père avait eu raison de s'installer sur la colline de la Croix-Rousse. « Au moins, se disait-il, il y fait aussi chaud mais nous avons de l'air et de l'espace. » Sa réflexion fut interrompue par une interpellation :

— C'est bien rare de te voir par là !

— Salut, Charles, et, s'avançant vers son interlocuteur : J'y viens quand c'est nécessaire. Le reste du temps, je suis sur le métier.

— Tu as un peu de travail ?

— C'est moyen. Mon souci, c'est d'avoir pour l'hiver, car j'ai l'impression que nous allons vers des jours difficiles. Le tarif, toujours le tarif !

— Ils nous avaient pourtant promis, releva Charles, tu te souviens, il y a un an, à la fin juillet !

— Ça durera pas longtemps, il faudra bien que notre travail soit reconnu... Pour l'instant, je vais à la Condition des soies.

— A ce qu'il paraît, indiqua Charles, ils ne sont pas très optimistes, à la Condition. J'entendais l'autre jour une causerie entre deux négociants qui faisaient la remarque que nous sommes à la mi-année et que, en soie, nous avons commercé le même poids, ni plus ni moins.

— Est-ce que les ateliers du quartier ont tous de quoi faire ?

— Ils ont, mais c'est dur, et c'est souvent de la petite ouvrage !

— Tout ça provient de la concurrence anglaise et italienne et puis de la concentration des métiers dans les manufactures. Tous ces négociants qui font tisser ensemble cent cinquante à deux cents métiers par des pauvres gens qu'ils exploitent ! Ils en font des machines. Il faut serrer les dents pour arriver à vivre d'un bout de pain et d'un oignon !

Pour rejoindre la Condition des soies, Julien pressa le pas. Y entrer était toujours pour lui un moment pénible. La façade du bâtiment donnait l'impression que l'on se trouvait devant un palais ou une église. Il marqua un temps d'arrêt avant de franchir l'imposante porte en bois massif sur laquelle étaient sculptées des symboles rappelant l'activité de l'endroit. L'intérieur était sans âme, aucune chaleur ; des chuchotements, de temps à autre une voix qui s'élevait des pièces contiguës pour réclamer une fiche de contrôle. Derrière le comptoir se tenait l'employé de la chambre de commerce qui exerçait pour le compte des négociants ; selon le marchand ou le négociant, il lui arrivait de faire du zèle. Julien attendait son tour et observait les attitudes des personnes présentes. L'onctuosité qui dominait les relations entre le personnel, les marchands, les négociants et les tisseurs le révoltait. « Dire qu'il faut, pensait-il, subir ces pantins ! C'est ici que se fait notre vie, que nous devons quémander du travail qui n'est même pas payé à un tarif normal. Nous subissons les caprices et les humeurs de ces mal fagotés, ces porteurs de redingote... »

Enfin, il put s'approcher du commis :

— Est-il possible de me fournir à l'atelier le fil de soie pour le compte de monsieur Germain, fabricant à l'enseigne de la Clé d'Or, 11, rue des Capucins ?

Avant de remonter les pentes de la Croix-Rousse, Julien se rendit au 14, place Neuve-des-Carmes, où il pensait rencontrer Falconnet, chef d'atelier comme lui, qui tenait certains jours une permanence à la Société du devoir mutuel.

— Tu te présentes au bon moment, mon vieux Julien. Avec Bouvery, Vidal et Charnier, nous échangions nos idées à propos des actions aptes à mobiliser et faire pression sur les négociants qui dictent la loi sur les marchés de la soie.

— Et vous tirez quelle conclusion ?

— Il faudrait que nous puissions nous exprimer dans un journal.

— Ça va pour ceux qui savent lire, mais les autres...

— On leur expliquera !

— La Société des amis du peuple a répandu un article, écoute ce qu'ils écrivent.

Julien s'assit à califourchon sur une vieille chaise en bois à moitié paillée.

— « Le peuple travaille pour entretenir le luxe et l'oisiveté des classes qui l'oppriment... » Et puis cet autre extrait : « Sans doute, il est bon de perfectionner les moyens de l'industrie mais il faut penser aux hommes... »

— C'est bien, rétorqua Julien. Sur ce que tu viens de lire, on est tous à peu près d'accord mais cette feuille des Amis du peuple, elle s'adresse aux ouvriers en général et surtout à ceux de Paris. Mais ici, on est à Lyon et on crève dans notre misère... C'est ici, Falconnet, qu'il faut montrer ce que nous sommes.

— Calme-toi, Julien, c'est bien ce qui nous préoccupe !

— En admettant que cela puisse se faire, vous allez y mettre quoi, dans votre journal ?

— Expliquer ce que nous sommes, notre vie, développer nos idées et puis, en s'inspirant du journal *Le Globe*, suivre une ligne de réflexion.

Julien ne semblait pas convaincu. Une légère moue anima son visage, ce qui agaça Bouvery.

— Le monde bouge, lui dit-il, les idées se croisent. La société industrielle, c'est pour demain. Si nous ne réagissons pas, nous serons avalés par les gros banquiers. Nos anciens et nous, depuis deux siècles, nous travaillons à tisser les plus belles étoffes de soie, qui sont vendues dans toute l'Europe, voire en Amérique, et nous nous épuisons pour avoir deux sous, Julien.

Ce dernier se leva, resta un court moment silencieux puis, avant de se retirer, leur fit part de ses réticences en concluant :

— De toute façon, je suis avec vous par solidarité.

Les exigences du travail ne laissaient guère de place au divertissement. Pourtant, à la belle saison, avant que la nuit ne couvrît la ville, Julien s'attardait sur la place de la Croix-Rousse, où il profitait de la fraîcheur du soir. Il y avait toujours quelques collègues avec qui il tirait la boule, bien qu'à ce jeu il ne fût pas très adroit, ce qui amusait les anciens.

— Ah, Julien, lui lançait-on, c'est pas un boulet de canon, tu vas nous tuer un homme !

Et tous de s'esclaffer joyeusement, y compris Julien. Mais il était bien rare que les faits de la journée ou les difficultés du moment ne soient pas au centre des conversations.

Dans la mesure du possible, il s'accordait aussi un ou deux dimanches entre printemps et automne. Lorsque Mariette sortait de la messe, tous deux prenaient la direction de la campagne environnante. Dans ces moments-là, Julien se détendait ; entre deux éclats de rire, il lui arrivait de fredonner un air qui lui passait par la tête.

Si j'étais roi,
Le peuple serait ma famille,
La clémence serait ma loi,
La liberté ma fille,
Si j'étais roi.

— Mais voilà, lui susurra Mariette, tu n'es pas et tu ne seras jamais roi !

— Mais je ne le veux pas ! Sachez, mademoiselle, lui dit-il d'un ton solennel, que je suis républicain.

— Ne le dis pas si fort, Julien, car nous risquons de ne pas finir nos jours ensemble.

Après une bonne heure de marche à travers bois et champs, ils s'installèrent sous les grandes ramures d'un chêne. De face, ils pouvaient admirer le mont Cindre, le mont Thou et la Saône, sur laquelle glissait le coche d'eau. Fille d'un chef d'atelier, Mariette allait prochainement fêter ses vingt ans. Ils se connaissaient depuis toujours, les familles avaient voisiné pendant un temps puis, sous le Ier Empire, les affaires ayant été prospères, le père de Mariette installa un atelier pouvant supporter quatre ou cinq métiers. Ils se voyaient aussi souvent qu'il était possible, surtout depuis qu'ils avaient placé Pâques avant la Trinité. La question du mariage était évoquée quelquefois, par insinuation. De belle taille, Mariette portait une chevelure brune, relevée par un chignon sur la nuque ; son visage présentait des traits fins qu'éclairait, sous un front dégagé, un regard bleu saphir. Son coup d'œil était perçant, il pouvait être d'acier ou enjôleur et de cela elle savait jouer. Toujours bien mise, sans excès, elle avait une grâce naturelle. Elle aimait la musique, surtout Franz Liszt, qu'elle avait eu l'occasion d'aller écouter lors de son dernier concert à Lyon.

— Si un jour, nous avons des enfants, disait-elle à Julien, j'aimerais qu'il y en ait un qui soit pianiste.

— C'est pas un métier. Mes enfants auront comme moi besoin de leur travail pour vivre.

Elle avait bien tenté de lui expliquer qu'un musicien avait autant de mérites qu'un tisseur. L'un et l'autre étaient, à ses yeux, des artistes. Allongés dans l'herbe haute, à l'abri de tout regard, ils contemplaient le ciel.

— Tes yeux, c'est comme une perle tombée de là-haut, murmura Julien en la regardant intensément.

Elle souriait de bonheur. Julien la prit dans ses bras et manifesta délicatement le désir qu'il tenait en réserve depuis un moment. Il la couvrit de baisers et de caresses, ses doigts jouèrent avec les boutons de son corsage. Près de succomber, elle réagit :

— M'aimes-tu, Julien ?

— Pourquoi cette question ?

— Parce que j'ai besoin de savoir jusqu'où nous allons ensemble.

— Qu'est-ce à dire ?

— Julien, j'ai envie que l'on fonde une famille, que l'on fasse quelque chose de notre vie.

— Mais je fais, objecta Julien. Je travaille.

— Moi aussi, dit-elle. Et chacun de notre côté ; et puis c'est de l'hypocrisie ce que l'on fait, de s'aimer en cachette. Moi, je veux aimer au grand jour.

— Si je comprends bien, tu veux le mariage ?

— Oui.

— Je ne suis pas contre mais, pour t'épouser, il faut que je sois sûr de pouvoir nourrir une famille. Regarde autour de nous, le Claudius, il s'est marié il y a deux ans. T'as vu, deux enfants sont déjà là. Heureusement qu'il y a la solidarité du compagnonnage, sans quoi ils mourraient de faim.

Julien se fit plus tendre. « Mon ami, pensa-t-elle avant de s'abandonner à lui, nous en reparlerons. »

Au jour fixé, vêtu de ses plus beaux habits, Julien se rendit chez Joannès Catulle. Avant qu'il ne soit reçu par Monsieur, Madame voulut faire sa connaissance.

— Alors, c'est vous qui tissez de si belles étoffes ? Je tenais à vous complimenter !

Elle l'invita à s'asseoir et lui posa mille et une questions sur son travail, sa famille, lui demanda s'il était marié. Julien parlait volontiers de son métier mais, dès que l'on s'intéressait à sa vie privée, se mettait sur la réserve. Elle l'écoutait et restait sous le charme.

— J'espère que vous allez vous entendre avec mon mari, cela me ferait plaisir, lui dit-elle d'un ton enjôleur.

Julien se troubla, bredouilla quelques mots. Elle lui prit la main, la garda un instant.

— A bientôt, lui chuchota-t-elle.

Il resta un instant seul, confus de tant d'égards. Un bruit le fit sursauter : dans l'embrasure d'une porte parut le corpulent Joannès Catulle. Les présentations étant faites, Julien suivit le maître des lieux dans une pièce meublée plus qu'il ne fallait en style Empire. Il s'assit dans un fauteuil, face à Joannès Catulle, qui trônait derrière son bureau. « Encore un qui se prend pour César », pensa Julien.

— J'ai voulu vous voir, lui dit-il d'un ton péremptoire, car vous m'intéressez. Les étoffes qui sortent de votre atelier sont inimitables et je veux que vous travailliez pour moi en tissage de soie.

Julien écoutait et avança prudemment sa réponse :

— C'est que j'ai des commandes à finir pour les deux mois à venir. Je ne peux pas promettre. Ensuite, tout dépend de ce que vous demandez.

— Des étoffes pour des dames de l'entourage de Sa Majesté la reine.

— Qui paiera mon travail ?

— Moi, pardi, selon le prix du marché !

— Si je comprends bien, rétorqua Julien, c'est vous qui fixerez le prix de mon travail ?

— Oui !

— Mais savez-vous ce que représente ce travail en temps et en peine ? dit Julien d'une voix ferme.

— J'achète et je vends de la main-d'œuvre, répliqua Joannès Catulle.

— Et le savoir-faire ? s'indigna Julien.

— Ça vaut quelques cents de plus !

A ces propos, Julien se leva brusquement.

— Monsieur, nous n'avons plus rien à nous dire !

— Eh là, jeune homme, que vous voilà arrogant avec des gens qui vous donnent de quoi acheter votre ordinaire ! Un jour, vous viendrez taper à ma porte, pauvre prétentieux !

Blême, Julien sortit de l'hôtel des Catulle en marmonnant :

— Pour tant qu'à parler, tout le monde sait y faire, mais pour tant qu'à besogner, faudrait voir.

Ce qui venait de se passer l'affecta profondément. C'était la première fois qu'il avait une telle confrontation avec un négociant fabricant sur la valeur de son travail. Tout à ses pensées, il traversa la ville comme un automate sans prêter attention au chemin parcouru. Arrivé à l'atelier, il ne put dissimuler ses contrariétés. Son état d'agitation étonna Simon.

— A te voir battre des ailes comme un papillon, tu as des embiernes !

— Je suis scandalisé par ce que je viens d'entendre. Ils veulent nous faire marcher comme des esclaves.

Et Julien de relater son face-à-face avec Joannès Catulle. Mathilde s'efforça de calmer son fils, inquiète de ses propos, qu'elle estimait outranciers.

— Voici, lui dit-elle, plus de cinquante ans que nous essayons d'être considérés. Combien de fois j'ai vu ton père remonter de la Condition des soies à bout de nerfs !

— Ce n'est pas une raison pour que je subisse le même sort ! s'exclama Julien. Il faut aller occuper leurs boutiques, descendre dans les rues, hurler contre toutes ces injustices...

— Qu'est-ce que tu vas hurler, interrompit Simon, ils sont sourds !

— C'est que nous n'avons pas hurlé assez fort.

D'une voix calme, Simon intervint :

— Je ne peux pas te laisser dire n'importe quoi, nos anciens se sont battus et, dans ta famille, ils n'étaient pas assis sur une chaise pour compter les coups. Du temps de ton arrière-grand-père, c'était pendant l'été 1744, les ouvriers sont descendus dans les rues pour protester contre le monopole des négociants. Devant l'ampleur des manifestations, l'édit royal qui avait permis cette monstruosité a été annulé. Le calme est revenu. Sournoisement, ils ont lancé une enquête pour rechercher les meneurs. Quelques semaines après, ils ont arrêté une poignée de tisseurs et un ou deux affaneurs. Résultat, un ouvrier en soie et un affaneur ont été pendus place des Terreaux. Les autres ont fini aux galères, gibiers de potence pour avoir voulu défendre un droit qui leur permettait de vivre du produit de leur travail.

Julien écoutait le vieux Simon qui laissait aller ses souvenirs et racontait... Sa voix s'entrecoupait parfois de sanglots, accompagnés de silences. Chacun resta un court instant dans ses pensées. Mathilde s'approcha de son fils, posa une main sur son épaule.

— Ne perds pas courage, tu as l'exemple de tes grands-parents et de ton père, sois fidèle à leur mémoire.

Tout en travaillant, Julien pensait à la conversation qu'il avait eue avec Falconnet et Bouvery sur la création d'un journal de la Fabrique. Si ce jour-là, il n'avait pas été convaincu, l'affrontement avec Joannès Catulle le décidait à passer à l'action. « Avec un journal, pensa-t-il, nous pourrons informer les lecteurs de la réalité de notre situation. » Le soir venu, il se rendit à l'entresol, au 14, place Neuve-des-Carmes. Il y avait là bon nombre de chefs d'atelier et de compagnons discutant avec animation dans une salle qui n'était nullement faite pour une réunion. La fumée commençait à tamiser la lumière ; face à la porte d'entrée, derrière une table composée d'une planche posée sur des tréteaux, siégeaient les membres de la commission des chefs d'atelier de la ville de Lyon et des faubourgs. Aux côtés de Bouvery, qui présidait, Falconnet et Marius Chastaing. Tous trois étaient des mutualistes militants qui avaient créé avec Charnier, quatre ans auparavant, le Devoir mutuel, association des chefs d'atelier de la Croix-Rousse. Julien vint s'asseoir près d'Antoine Vidal, qui lui fit part de sa satisfaction de le voir. Il avait beaucoup d'estime pour Vidal, un ami de son père qui avait gardé la fibre terrienne du pays cévenol dont il était originaire. Bouvery plongea le pouce et l'index dans son gousset, consulta sa montre. L'heure fixée pour le début de la réunion étant dépassée, d'une voix forte il imposa le silence, qui, lentement, finit par s'établir. Puis il demanda à Falconnet de présenter le projet d'un journal des chefs d'atelier et des ouvriers en soie. Celui-ci expliqua la nécessité pour les ouvriers d'avoir une tribune pour faire connaître aux lecteurs la réalité de la Fabrique.

— C'est pour cela, dit-il, que notre journal aura pour titre *L'Echo de la Fabrique*. Il paraîtra tous les dimanches sur huit pages. Il sera vendu par abonnement, payable au mois, au trimestre, au semestre ou à l'année.

Une voix s'éleva de l'assistance :

— Qu'est-ce que tu vas mettre dans ton journal ?

— Ce n'est pas mon journal, c'est le vôtre ! Dans chaque numéro, un article sur la vie passée et présente de la Fabrique. Nous ferons connaître à la population tous les griefs imputés aux divers chefs de commerce et appuyés par des preuves authentiques. Nous publierons aussi les débats détaillés des séances des prud'hommes. Enfin, il y aura une colonne d'annonces pour les insertions et tout ce qui peut intéresser la fabrique des étoffes de soie. Voilà, j'espère que cela vous convient.

Julien se leva et interpella Falconnet :

— C'est bien, mais la question du tarif, qu'en fais-tu ?

Falconnet voulut répondre mais il dut attendre que les applaudissements à l'adresse de Julien aient cessé.

— Nous allons dans le premier numéro, à paraître le 30 octobre, rendre compte de la réunion que nous devons avoir chez monsieur le préfet prochainement.

Ses propos se perdirent dans le brouhaha. Il dut laisser passer un moment pour que le calme revînt. Il signala que, grâce à Vidal, quelques écrivains prêteraient leur concours chaque semaine. Celui-ci, qui avait été tulliste, était maintenant instituteur à Saint-Didier au Mont-d'Or. Il flirtait avec les muses et sa plume était redoutable. Falconnet reprit la parole, pour donner lecture d'un prospectus distribué gratuitement à la population. Le silence s'installa et, d'une voix grave, il martela ses phrases :

« Depuis bien des années, la manufacture d'étoffes de soie de Lyon éprouve des baisses successives dans ses prix de fabrication et une augmentation progressive de peines et de travaux dans la main-d'œuvre.

« Cet état de détresse, fruit de la cupidité et de l'égoïsme des chefs de commerce, se fait généralement sentir et au-dedans et au-dehors. La voix publique réclame hautement un autre ordre des choses.

« Il y a des abus sans nombre : il ne s'agit plus seulement aujourd'hui d'en prévenir de nouveaux mais bien de faire cesser ceux dont on est déjà victime depuis trop longtemps.

« Sans défense jusqu'à ce jour contre les menées du commerce, en butte aux brutalités, aux injustices criantes de certains négociants dont on n'ignore ni la condition primitive ni le marchepied qui les a aidés à se hisser sur les coffres-forts immenses, les infortunés ouvriers ont choisi, pour arme défensive de leurs droits, la publicité.

« Par là, ils se proposent de faire connaître avec précision et franchise à une population de plus de cent cinquante mille âmes, dont ils sont la majeure partie, la cause du malaise général dont souffre cette population et les moyens d'établir un équilibre qui, sans léser les intérêts généraux des chefs d'entreprise, apporterait une amélioration dans le sort de ceux qui sont sous leur dépendance. »

Bernard se leva et demanda quelques minutes d'attention :

— Ce que nous voulons, c'est un tarif qui nous assure un salaire décent. Je sais bien que les marchands vont prendre pour arguments la concurrence, la diminution des commandes et le chômage en perspective. Ne les écoutez pas, ils nous grugent ! Il est vrai que nous avons eu des moments difficiles, surtout durant l'hiver dernier, mais aujourd'hui, le travail est sur nos métiers bien que la situation ne soit pas euphorique. Elle est toutefois prometteuse d'un mieux économique. La seule vraie question, c'est le tarif. Le moment est venu où, cédant à l'impérieuse nécessité, la classe ouvrière doit et veut chercher un terme à sa misère.

Un tonnerre d'applaudissements marqua la fin de son propos. Julien intervint :

— Pour ma part, je suis d'accord avec le prospectus proposé et ce que vient de nous dire Bernard mais nous devons rappeler aux négociants les promesses qu'ils nous ont faites en juillet 1830, lorsqu'ils sont venus nous chercher pour leur révolution. Ils nous ont promis du travail et un tarif. C'est quand même unique que cette bourgeoisie de commerce et d'argent fasse appel à des artisans et des ouvriers pour la soutenir, tout cela pour s'installer aux commandes du pays et de la ville en mettant sur le trône un roi fantoche, qui lui ressemble parce qu'il est son complice !

Les prospectus, déposés dans différents cafés de la ville avec une fiche d'abonnement, provoquèrent les foudres de certains négociants qui les récupérèrent pour les brûler devant le café du Commerce.

3

Lors de la réunion à *L'Echo de la Fabrique*, Julien avait eu une conversation avec quelques fervents militants des idées saint-simoniennes. Ce qu'il avait entendu lui paraissait intéressant. Dans les jours qui suivirent, il chercha à en savoir plus. Il lut *Le Globe*, journal qui développait régulièrement des éléments de la doctrine de Saint-Simon, puis se rapprocha de Joseph Reynier, chef d'atelier comme lui, de condition modeste, qui s'était formé par lui-même et avait fortifié ses connaissances en fréquentant les enseignements prônés par les saint-simoniens. Pour qui s'en étonnait, il répondait « qu'ils avaient dans leurs rangs toute la jeunesse intelligente et prêchaient tout un monde nouveau ». Joseph Reynier avait expliqué à Julien que, pour les saint-simoniens, « toutes les institutions sociales doivent avoir pour but l'amélioration du sort moral, physique et intellectuel de la classe la plus nombreuse et la plus pauvre, et que, pour cela, il fallait reconstruire et réorganiser la société qui doit reposer entièrement sur l'industrie, seule force capable d'amener la prospérité ».

Un tel discours avait laissé Julien perplexe, aussi,

lorsqu'il rencontra à nouveau Joseph Reynier, il l'assaillit de questions.

— Ce Saint-Simon, c'est un homme d'Église ? Un noble ?... Tu parlais l'autre soir de prédication, de catéchisme industriel, d'enseignement...

— C'est le langage qui nous semble le plus adapté pour exposer ce courant de pensées qui a pour finalité une plus grande justice sociale. Nous nous sommes constitués en un groupe, une forme d'Eglise laïque... Claude-Henri de Saint-Simon était un parent du mémorialiste du siècle de Louis XIV. Comme toute personne de son rang, il avait très mal vécu la période révolutionnaire de 1789. Il considérait que « le XVIIIe siècle avait été destructeur, le XIXe siècle devait être organisateur et construire une nouvelle société en référence aux Lumières ». Après la chute de l'Empire et les crises qui s'ensuivirent, il mena une réflexion sur la reconstruction et la réorganisation de la société.

— Et maintenant, le pape, c'est qui ?

— Nous n'avons pas de pontife mais un maître qui est le successeur de Saint-Simon, il se nomme Enfantin. Tu auras certainement l'occasion de le rencontrer si tu participes à nos réunions.

Julien était de plus en plus sceptique.

— Pour voir, dit-il, j'irai un jour à une réunion, pardon à un enseignement ! se reprit-il avec un léger sourire.

Au moment où Julien s'apprêtait à partir, Joseph Reynier le retint un moment pour lui offrir un ouvrage de Saint-Simon, *Du système industriel*, ainsi que quatre cahiers du *Catéchisme industriel*.

— N'hésite pas à me faire savoir ce que tu en penses.

Depuis quelques jours, Julien ne quittait pas son métier. A sa mère qui en faisait le constat, il rappela que l'automne était là et, les jours diminuant, il profitait au maximum de la lumière naturelle.

— Bientôt l'hiver ! soupira Mathilde. J'espère que les mois à venir seront moins pénibles et surtout que le froid sera moins destructeur que l'an dernier.

Et Simon d'évoquer quelques moments difficiles :

— La Saône était comme un miroir, jusqu'au vin dans les caves qui gelait !

L'approche de l'hiver angoissait Mathilde. D'une nature plutôt réservée, elle se plaignait rarement des inconvénients de la vie quotidienne. Elle appartenait à une génération qui avait connu les turbulences de la Révolution de 1789 et ce qui s'ensuivit. Mais la dureté de la vie n'était pas sans l'inquiéter pour l'avenir de ses enfants et, parfois, elle se laissait aller à quelques sombres réflexions.

— Cette année, nos gouvernants se sont moqués de nous. Tout devient cher depuis le mois de mars. Il y a eu l'augmentation des impôts sur les portes et les fenêtres, ensuite le pain et les pommes de terre, quant à la viande, les prix sont inabordables. Nous devrons nous contenter de la voir dans notre assiette une fois par mois, peut-être deux !

Mathilde faisait les comptes à haute voix :

— Je ne sais pas où tout cela nous emmène.

— La situation empire depuis cinq à six ans, fit remarquer Simon, et pourtant nous travaillons certains jours entre quinze et dix-huit heures, si ce n'est plus. Et toi, Thérèse, qu'entends-tu dire dans la cité ?

— Je suis comme vous, je tire l'aiguille toute la journée et je vois défiler toutes ces dames de la ville qui ne me semblent pas avoir de grands soucis. L'atelier de madame Gauthier est toujours en effervescence, surtout en ce moment, en prévision de la mauvaise saison.

Thérèse se mit alors à décrire avec enthousiasme les étoffes prisées par la clientèle, les damas de soie verte, les velours brochés, les taffetas dorés ou les satins à fils tirés...

— Quelle que soit la saison, nous aurons toujours des robes, des vestes et des manteaux à faire. A ce qu'il paraît, il y a une machine qui doit nous simplifier le travail et nous faire gagner du temps. Il se dit que cette machine permet de coudre six fois plus vite qu'à la main.

— C'est la mécanique à Thimonnier ! s'exclama Simon. Il y avait dans un journal un article qui appelait cet engin une machine à coudre. Ce Thimonnier, il est, je crois, d'au-delà de Tarare. A Paris, en octobre dernier, il a mis en batterie quatre-vingts machines pour faire les habits de l'armée.

Julien était resté silencieux. Il voulut apaiser les inquiétudes de sa sœur et de sa mère :

— Nous avons bien eu le métier Jacquard et, malgré toutes les craintes de nos pères, aujourd'hui nous en sommes plutôt satisfaits. Nous vivons ce que les saint-simoniens appellent la révolution industrielle.

— Oui, mais ça supprime du travail.

— Peut-être, mais souviens-toi, Simon, que bon

nombre de gones de cinq, six ou sept ans étaient alors sous le métier pour tirer les lacs. Toi-même, tu as dû le faire. Il ne faut pas condamner le progrès, il doit libérer l'homme de la peine ! C'est comme ça que tu penses, Thérèse ?

— Bah ! Tu parles comme un philosophe. C'est ça que vous faites dans vos réunions...

— Bientôt tu verras ce que l'on fait, nous allons imprimer un journal.

Lorsque Julien commença à évoquer ce projet en cours, Mathilde eut un sourire ému.

— C'était une idée que j'ai souvent entendu évoquer par ton père mais il n'a jamais pu la voir se réaliser.

— Ce sera un journal de la Fabrique, nous aurons des articles sur tous les métiers qui travaillent avec nous.

— Et la couture ? interrogea Thérèse.

— Bien sûr, nous n'allons pas vous oublier !

— Surtout en ce moment, insista Thérèse, avec cette machine à coudre, ça me soucie. D'ailleurs, nous avons des clientes qui nous demandent si le modèle qu'elles choisissent sera fait à la main ou à la machine.

— Bientôt, remarqua Mathilde, avec cette machine, ils vont faire des ateliers de couturières qui fabriqueront des robes en série et des centaines de femmes porteront le même modèle.

— Je me demande si je dois continuer la couture.

— Que veux-tu faire ?

— Créer des modèles pour un journal de mode. Les ornementations pour les étoffes façonnées évoluent, il y a des formes nouvelles et j'aimerais bien travailler avec Bony, Berjon, Deschazelles.

A l'énoncé du nom de ce dernier, Mathilde murmura :

— Nous lui devons beaucoup.

Puis, plus distinctement :

— C'est grâce à lui que la Fabrique a pu retrouver sa notoriété. Pendant la Terreur, la plupart des métiers ont été détruits, tous ceux qui avaient travaillé pour les cours, celles de France ou celles d'Europe, furent suspects et beaucoup condamnés à mort. D'autres eurent le temps de partir à l'étranger, en Suisse, en Allemagne ou en Angleterre. Lorsqu'il a fallu reconstruire les ateliers et remettre les métiers en marche, il y a eu Pernon qui a pu retrouver des commandes avec les cours de Russie et d'Espagne, et monsieur Deschazelles, un des maîtres de l'école de Lyon. Ces hommes nous ont donné du travail et nous avons retrouvé une raison de vivre.

L'évocation de ce passé ravivait ses souvenirs. Elle parla de son enfance, de ses parents qui étaient alors installés rue Saint-Georges, car la plupart des métiers étaient dans ce quartier et dans les rues proches de la place des Terreaux et de la place Tolozan. A un moment, elle se tut, le regard fixé sur la fenêtre ; un sourire angélique rajeunissait son visage. Ses enfants l'observaient ; en quelques secondes, elle se ressaisit.

— Je pensais à votre père, nous nous sommes parlé pour la première fois, le jour où l'empereur Napoléon était venu à Lyon. C'était au printemps 1805. J'étais allée voir le cortège place Bellecour et un jeune homme que je connaissais de vue et de nom, pour l'avoir croisé à la Condition des soies, s'approcha. Ses premiers mots furent pour me demander si j'aimais Bonaparte. J'avais seize ans, j'ai dû bredouiller car il a éclaté de rire. A cette époque, l'atelier de ses parents était dans le quartier du Griffon, rue Royale. Deux ans après, nous nous sommes mariés. Nos parents travaillaient pour Pernon puis, lorsque celui-ci est mort, c'est Grands Frères qui lui a succédé. Nous avions de belles commandes car Napoléon Ier voulait redonner à Versailles, aux Tuileries ainsi qu'à Saint-Cloud et à d'autres châteaux, les lustres d'autrefois.

Mathilde décrivait les lampas composés de ramages, de palmes et de rosaces de fleurs.

— C'était beau, dit-elle, il y avait du style, plus qu'aujourd'hui.

— Nous créons encore de belles pièces, assura Julien. J'ai eu à tisser des lampas à très hauts dessins, des brocatelles et des étoffes variées de velours ou de satin. Mais il est vrai que ceux qui commandent aujourd'hui n'ont pas les mêmes exigences que les aristocrates. A part quelques bourgeois, les autres sont des nantis sans élégance ni style. Ils paradent !

— Mais pour l'instant, fit remarquer Mathilde, ils détiennent le commerce. Les châteaux, les beaux hôtels et les bonnes positions, ce sont eux, comme les Catulle.

— A ce propos, intervint Thérèse en souriant malicieusement, madame Catulle veut te revoir, Julien.

— Que me veut-elle ?

— Je ne sais pas, mais elle a insisté, elle a même demandé que tu te rendes chez elle, lundi en fin d'après-midi.

Thérèse s'approcha de la fenêtre, elle resta un instant, admirative des couleurs peintes par l'automne. Puis, promenant son regard sur le paysage, elle fut gagnée par une certaine morosité. « C'est dommage, pensa-t-elle, que l'hiver dénude ces arbres. » Les fins d'après-midi du dimanche étaient toujours mélancoliques. Quitter la Croix-Rousse pour redescendre chez sa patronne chagrinait Thérèse. « Pourtant, se disait-elle, madame Gauthier est agréable, mais trimer du matin sept heures au soir neuf heures, parfois dix heures, pour terminer la robe d'une cliente, c'est pénible, et ceci dans une rue sombre où, pendant la mauvaise saison, le brouillard s'accroche aux façades. » Alors qu'elle maugréait sur son sort, elle aperçut une silhouette qui traversait la place.

— Voici Henri, dit-elle, retrouvant un large sourire.

L'arrivée de celui-ci rassura Mathilde, qui était toujours inquiète lorsque sa fille la quittait.

— Ne t'attarde pas, le jour décline tellement vite !

Henri entrait dans l'atelier :

— Savez-vous ce que j'ai vu, affiché sur un arbre de la place ? Ecoutez : « Le bandeau tombe enfin de nos yeux, le prestige des couleurs n'a qu'un temps et la liberté sans pain ne nourrit pas nos familles. Mes amis, nous sommes maintenant tous armés, resterons-nous dans nos foyers en voyant nos enfants mourir de faim ? »

— Ça t'étonne : toi, journaliste, lire un appel à la révolte ! Tu vas avoir de quoi écrire. Les Girondins, comme disait mon père, vont donner de la voix, et des coups si nécessaires ! Nous nous sommes fait avoir en juillet 1830, martela Julien, c'est fini.

Craignant une longue discussion, Mathilde coupa court, sous prétexte de l'heure avancée pour le retour de Thérèse. Henri et Thérèse ne cachaient pas les sentiments qu'ils avaient l'un pour l'autre. Ils s'étaient rencontrés à la fête des Marrons de la Croix-Rousse. Ce jour-là Henri était venu s'imprégner, pour un article à venir, de l'ambiance de cette fête populaire où se bousculait au milieu des flonsflons et tintamarres la population de la Croix-Rousse et des environs. Ils se côtoyèrent devant un marchand de châtaignes. Bien qu'étant devant Thérèse, il se dégagea pour lui laisser la place. Par un sourire, elle l'avait remercié. L'attitude courtoise de ce jeune homme ne l'avait pas laissée indifférente. « Voilà qui montre une bonne éducation, pensa-t-elle, et il est plutôt beau garçon. » La conversation se noua. Elle accepta qu'il restât à ses côtés. Il déclina alors son prénom.

— Je m'appelle Henri, et vous ?

— Thérèse.

Les présentations faites, ils se frayèrent un passage dans la foule en prenant soin de ne pas se perdre de vue. Ils s'arrêtèrent devant la baraque d'un magicien.

— Ils me font rêver, dit-elle. J'aimerais savoir faire des tours de magie, faire apparaître ou disparaître des choses. Cela doit être drôle ! Un coup de baguette magique et, hop, la robe est finie !

Elle ouvrait grand les yeux pour ne rien perdre. Bouche bée, elle suivait les foulards multicolores qui sortaient du chapeau. S'approchant de son oreille, il lui fit remarquer qu'il y avait sur le côté une Gitane.

— Cela vous intéresse-t-il de connaître votre avenir ?

— Non. Et vous, Henri ?

Pour la première fois de la journée, elle avait prononcé son prénom. Il en fut tout heureux.

— Non, bien sûr, notre avenir, c'est chacun d'entre nous qui le détenons !

— Parlez plus fort, le bruit des tambours m'empêche de vous entendre.

Il la prit par la main et l'entraîna vers le carré où se tenaient lutteurs, jongleurs, cracheurs de feu. A quelques mètres, dans deux baraques, étaient présentés des monstres. Il voulut y aller, ce qu'elle refusa.

— J'ai peur, après je fais des cauchemars. Je me demande quel plaisir on peut avoir à regarder ces phénomènes hideux.

Henri n'avait pas insisté. A dater de ce jour, l'amitié des premières semaines avait fait place à l'amour. Bien considéré par Mathilde, qui appréciait les articles signés d'Henri et par Julien, ils avaient, lors du repas dominical, des discussions passionnées sur la vie politique et littéraire. Henri et Thérèse songeaient au mariage mais Mathilde pensait qu'il fallait attendre. Le métier de journaliste lui paraissait bien vulnérable.

— Nous, fit-elle remarquer un jour, nous avons

peu ou prou toujours un bout de tissu à produire. Mais vous ? Il suffit que vous écriviez sur l'un de nos grands hommes ou sur la stupidité d'une loi, le préfet vous interdit. Vous êtes sous le joug de la censure. C'est déjà arrivé, souvenez-vous de Charles X ! Quant à son successeur, j'ai une confiance limitée.

D'une voix chagrine, Thérèse constata que sa mère était trop alarmiste. Mais Henri, quant à lui, ne perdait pas espoir de convaincre Mathilde que la presse avait un avenir.

— La preuve, expliqua-t-il, c'est que les chefs d'atelier vont publier eux aussi leur journal.

Henri s'était intéressé à ce projet dès qu'il en avait eu connaissance. Il avait eu de nombreuses conversations avec Julien et, si celui-ci commençait à mesurer l'importance pour la Fabrique d'avoir un journal, Henri l'avait influencé pour partie ; en outre, ils étaient de la même génération. Agé de vingt-quatre ans, fils d'instituteur, il avait de son métier grande conscience. Sa plume était sûre, le mot sonnait juste. Il considérait qu'un journaliste ne pouvait être simple spectateur dans ce monde en mutation industrielle. Etre neutre, disait-il, c'est une forme de lâcheté. Dans le journal *La Glaneuse*, de sensibilité républicaine, il rendait compte de la vie lyonnaise. Observateur attentif des mouvements d'idées qui commençaient à poindre, il avait été impressionné par le discours des saint-simoniens. Ce jour-là, devant plus de quinze cents personnes réunies dans la salle de la Loterie, place Saint-Clair, Jean Reynaud, orateur redoutable, envoyé en mission à Lyon, sa ville natale, avait soulevé la foule par ses propos. Henri les avait encore gravés dans la mémoire.

— Je l'entends encore : « Lyon, centre de vie et d'activités, ville de commerce et de production, jetée comme une île entre deux grands fleuves qui l'embrassent, comme un anneau d'attache et d'alliance, comme une station de repos et d'échange entre le Nord et le Midi ; toi qui reposes si bien entre ces collines fleuries et ombragées de la Saône qui te dominent avec leurs touffes de verdures et leurs clochers aériens... Reine d'industrie, toi que la terre semble avoir pris plaisir à entourer de tout ce qu'elle a de plus noble et de plus prestigieux, n'auras-tu donc jamais que des habitations infectes et des rues croupissantes pour ceux dont le travail te fait si riante et si riche ? Quoi ! toujours la misère pour ceux qui enfantent l'opulence ? Quoi ! ce sera toujours du sein d'une désolante pauvreté que naîtront ces tissus magnifiques, destinés à alimenter le luxe des classes privilégiées de la naissance ! Et les sources où la société vient puiser son éclat et ses jouissances seront toujours entourées d'affliction et de dégoût, exhalant comme des miasmes pestilentiels, funestes à ceux qui sont réduits à habiter près d'elles ? Toujours pour ceux qui vivent entourés des plus splendides couleurs et des plus orgueilleuses parures, des haillons, des figures exténuées par la fatigue, livides par la maladie ! Non, pour des peuples qui marchent vers un Etat universel d'association, fondée sur l'industrie et le travail pacifique, un pareil état de choses est monstrueux. » C'est ce jour-là que j'ai fait la connaissance d'Arlès-Dufour, industriel, militant saint-simonien et adjoint au maire. J'avais remarqué cet homme en costume sombre, au visage serein, avec une abondante chevelure blanche, un peu désordonnée. Son allure me donnait à penser que c'était un artiste et cela m'avait étonné de le trouver au milieu de cette cohue. M'étant approché de lui et marquant mon enthousiasme pour ce que je venais d'entendre...

— C'est vrai que le discours de Jean Reynaud était très courageux, coupa Julien.

— J'engageai la conversation avec Arlès-Dufour et lui fis part de ma surprise...

— A ce qu'il paraît, remarqua Julien, il y a, parmi les dirigeants de ce mouvement, des notables qui sont banquiers ou hommes d'affaires et, dit-on, des écrivains.

— Je questionnai Arlès-Dufour, qui m'exposa succinctement l'idée qui dominait dans la doctrine de Saint-Simon. « La classe industrielle, me dit-il, est la classe fondamentale, la classe nourricière de toute la société, celle sans laquelle aucune autre ne peut exister. Notre objectif est de faire passer la société de l'état militaire et aristocratique à l'état scientifique et industriel. Et puis, avait-il rajouté, nous considérons qu'il ne doit y avoir aucune différence entre les hommes et les femmes. L'égalité en tout et pour tous. »

De tels propos avaient naturellement suscité la curiosité d'Henri, qui avait souhaité en savoir plus.

— Venez un samedi matin en mairie, lui avait alors dit Arlès-Dufour, nous poursuivrons ce dialogue.

La force de conviction de ce dernier impressionnait Henri. C'est au cours de l'un de ces entretiens qu'il lui avait proposé d'être correspondant du journal *Le Globe.*

— Tu sais, Julien, tu devrais le rencontrer.

— Oui, l'autre jour, Joseph Reynier m'a parlé du saint-simonisme et de leur maître, le père Enfantin. C'est intéressant mais je trouve inquiétant cette sacralisation d'une personne.

Julien n'avait pas oublié les propos de Thérèse et la curiosité le conduisit auprès de Marie-Louise Catulle. « Que me veut-elle ? C'est peut-être un piège, suite à ce qui s'est passé avec son mari. Ah, je verrai bien ! »

Il fut accueilli avec amabilité dans le salon particulier de madame Catulle. Elle portait une longue robe mousseline à pois, agrémentée d'une traîne discrète, la taille haute valorisait le buste, un châle de soie rose couvrait négligemment l'arrondi des épaules. Julien était sous le charme. Elle engagea la conversation sur les étoffes tissées par lui.

— Vous êtes un artiste, dans le milieu des négociants vous êtes apprécié.

Julien l'écoutait. « Elle est plus agréable que son mari, pensait-il en l'observant. Mais qu'est-ce que je suis venu faire là ? Ces compliments, je n'en ai que faire. » Tout en parlant, elle se leva et s'approcha :

— Je suis chagrinée de ce qui s'est passé entre vous et mon mari. J'espère que vous n'avez pas de rancune ?

— J'ai de la mémoire et je ne souhaite pas revoir monsieur Catulle.

— Vous savez, Julien, me permettez-vous de vous appeler ainsi ?

Julien préféra ne pas répondre.

— Le monde des affaires est terrible aujourd'hui, la concurrence avec les Etats-Unis, l'Italie, est redoutable. Il ne faut pas croire que Lyon est le centre du monde ! En ce moment, mon mari doit être en Angleterre pour développer sa clientèle.

— Je travaille pour des commissionnaires ou des négociants qui sont dans la ville et cela suffit à ma peine.

Comme Julien restait indifférent, elle s'avança un peu plus. Le parfum discret qui émanait de sa personne mettait les sens du jeune homme en éveil.

— Vous me feriez vraiment plaisir de travailler pour mon mari.

« Ce n'est quand même pas pour ça qu'elle m'a fait venir », songea Julien, qui commençait à s'amuser de la situation. Il souriait en se remémorant une de ces maximes de la sagesse lyonnaise – les cornes, c'est comme la coqueluche, ça se prend du monde qu'on fréquente. « C'est pourtant pas l'envie qui me manque d'en mettre une belle paire sur la tête du Joannès. »

— Vous savez, lui dit-elle, que vous avez le même prénom que le dernier héros de Stendhal.

« Elle veut m'appâter ! » L'image de Mariette s'imposa à lui et Julien manifesta le désir de se retirer ; mais elle insista pour qu'il reste. En vain ! En le raccompagnant, elle lui prit la main, la garda longuement dans la sienne.

— Faites-moi plaisir, dites-moi que nous nous reverrons bientôt.

Julien ne répondit pas. Il n'avait qu'une hâte, respirer l'air et le parfum des arbres de la place Bellecour.

Quinze mois s'étaient écoulés depuis les journées de juillet 1830. Les attentes restées sans suite accentuaient le mécontentement de la majorité de la population. Cela n'était pas sans préoccuper les maires de Lyon et du Faubourg, qui laissèrent entrevoir des risques de troubles lors d'un entretien chez le préfet. « J'informe le ministre des Finances », avait conclu celui-ci. Ne percevant aucune initiative de la part des autorités et conscients de la force qu'ils représentaient si chefs et compagnons se regroupaient en un seul corps, les responsables mutuellistes décidèrent d'engager une action revendicative. Le lundi 10 octobre, les rues de la Croix-Rousse étaient particulièrement animées, chefs d'atelier et compagnons par petits groupes se dirigeaient vers la place de la Croix-Rousse, au café Orcières. La réunion, provoquée par Bouvery et Charnier, s'annonçait difficile. Il y avait certes la tension sociale mais à celle-ci s'ajoutaient des divergences sur les revendications et les moyens d'obtenir satisfaction. Quelques jours auparavant, lors d'une réunion, certains s'étaient montrés prêts à s'armer et à occuper les places publiques pour exiger une juste rétribution de leur travail. Julien, accompagné d'Henri et de Benoît, avait pris place dans les premiers rangs. D'un signe de la main, il saluait le voisinage.

— Ben, mon gone, t'as vu cette foule ! s'exclama Simon. J'ai cru ne pas arriver jusque-là.

Henri fit remarquer à Julien que le commissaire de police Prat était présent.

— Et ses hommes sont dans le quartier, confirma Simon.

— Au moins, ils auront un beau rapport à faire. Ils pourront écrire à Paris que la salle de danse du café Orcières ne pouvait contenir tout le monde et qu'il y en avait autant à l'intérieur que dans la cour.

La salle s'échauffait, Bouvery, fondateur du Devoir mutuel, prit le premier la parole :

— Nous devons nous organiser. Aujourd'hui, nous comptons environ huit mille chefs d'atelier, je propose que nous nous formions en circonscriptions de quartier ; chacune devra élire deux délégués ; ceux-ci formeront la commission chargée de représenter les chefs d'atelier et compagnons auprès des autorités en vue de la fixation du tarif.

Un murmure d'approbation enveloppa la salle lorsque Pierre Charnier, assis à côté de Bouvery, prit la parole :

— Le premier travail est de faire une pétition qui doit être claire et surtout très concise... Il faut demander la création d'une commission permanente, composée de négociants et de chefs d'atelier.

— Il a raison ! s'écrièrent plusieurs.

D'un geste de la main, il demanda le silence.

— Je voudrais préciser ma pensée. Le tarif est l'opium pour endormir les ouvriers en temps de révolution. Il faut établir quelque chose de durable et non d'éphémère comme un tarif. Au lieu de réformer les abus, vous allez en créer.

Un énorme brouhaha se répandit dans la salle. Charnier tenta vainement de s'expliquer. Julien monta sur une chaise et s'écria :

— Il faut le laisser parler, écoutons-le. Le tarif que nous réclamons n'est peut-être pas la bonne solution.

— Le tarif, le tarif ! criait la salle.

Une bousculade obligea Julien à quitter son perchoir et la réunion se termina dans la confusion. Henri fit remarquer à Julien qu'il y avait des similitudes entre ce que défendait Charnier et l'analyse des saint-simoniens.

Les autorités furent rapidement au fait des déchirements qui régnaient au sein de la Fabrique. En l'absence du docteur Prunelle, maire de Lyon, ce fut le premier adjoint, Boisset, qui prit l'initiative.

— Nous devons tout mettre en œuvre pour éviter des troubles, confia-t-il à son entourage.

Informé de la volonté municipale, le général Roguet, nouveau commandant de la septième et de la dix-neuvième division militaire, intervint d'autorité auprès du vice-président du conseil des prud'hommes pour qu'il convoque une réunion exceptionnelle afin de normaliser la situation. Prévenu, Boisset acquiesça. L'idée lui paraissait excellente.

— Il faut un homme d'autorité qui impressionne les représentants des chefs d'atelier et qui rassure les fabricants. Le général Roguet fera très bien l'affaire.

La réunion eut lieu le 11 octobre et se déroula dans une atmosphère pénible. D'aucuns, parmi les chefs d'atelier, admettaient difficilement la présence d'un général pour régler une question portant sur le salaire des tisseurs. Au moment de conclure, le général Roguet déclara avec adresse :

— Considérant qu'il est de notoriété publique que beaucoup de fabricants paient réellement des façons trop minimes, j'estime utile qu'un tarif minimum soit fixé par les soins du conseil pour les soieries unies et articles courants et façonnés.

Rassemblés au café Orcières, les chefs d'atelier tombèrent d'accord pour ne pas accepter ce qui était proposé.

— Voilà, s'exclama Julien, ils ont ce qu'ils veulent, nous n'allons pas entrer dans cette combine !

— Je ne te comprends pas, s'étonna Benoît.

— Tu as bien entendu ! Ils ont convenu de faire établir le tarif par le conseil des prud'hommes, c'est la part belle pour les fabricants, car dans cette organisation, nous ne sommes pas représentés, il n'y a que les fabricants. Nous devons nous opposer.

— Que veux-tu ?

— Qu'une commission se réunisse sous l'autorité du préfet et non d'un général, et que nous arrêtions un prix minimum pour chaque type de fabrication !

Les jours suivants, les chefs d'atelier et compagnons ébauchèrent un tarif minimum. Réunis à la chambre de commerce, les négociants firent de même. Le 16 octobre, se tint une assemblée générale des tisseurs pour se prononcer sur le contenu de la pétition, à adresser au préfet selon la suggestion de Bouvery. Après la lecture de plusieurs textes, celui rédigé et lu par Bernard, chef d'atelier à la Croix-Rousse fut retenu :

« Depuis longtemps, monsieur le Préfet, la partie

industrieuse et intéressante de la population de cette ville, confiée à votre administration, souffre, en butte, par sa position sociale, à des tracasseries sans nombre dans l'exercice de son industrie ; le moment est venu où, cédant à l'impérieuse nécessité, elle doit et veut chercher un terme à sa misère.

« Loin d'elle, monsieur le Préfet, l'idée d'arriver à son but par des voies violentes et illégales. La classe ouvrière, éclairée de jour en jour par le flambeau de la civilisation, n'ignore pas que c'est par l'ordre et la tranquillité qu'elle obtiendra cette confiance, base fondamentale du commerce, qui lui assure par son travail une ressource à ses besoins journaliers et lui donne les moyens de pourvoir au soutien de sa vieillesse.

« Le court espace d'une simple adresse ne nous permet pas, monsieur le Préfet, de vous détailler tous les abus dont nous avons à nous plaindre, ni les moyens que nous proposerons pour les détruire. Mais si, contre toute attente et toute justice, nous étions trompés dans notre espoir, nous nous réservons de les consigner dans un mémoire où nous déroulerons, aux yeux de nos concitoyens, toute la turpitude d'un trop grand nombre de négociants sans pudeur avec lesquels nous sommes en rapport, pour la fortune desquels nous devançons l'aurore et nous prolongeons, bien avant dans la nuit, un travail dont ils ne rougissent pas de diminuer journellement le salaire.

« C'est dans ce but, monsieur le Préfet, que les maîtres ouvriers, fabricants de la ville de Lyon et des faubourgs ont choisi deux d'entre eux par quartier pour former une commission, chargée de recueillir tous les renseignements qui concernent leur industrie et les moyens d'en détruire les nombreux abus, par la création d'un tarif et d'un règlement qui seront discutés et réglés par les parties intéressées...

« Nous mettons en vous notre espérance et vous supplions d'agréer l'assurance du plus profond respect, avec lequel nous avons l'honneur d'être,

« Signé : Bouvery, président, Falconnet, vice-président, Guillot, Labory, Rosier, Maçon-Sibut, Bernard, Marrel, Charnier, Bonnard, Lavallée. »

Le 21 octobre 1831, le quartier des Jacobins était en effervescence. Arrivaient par affinités à la préfecture les maires de Lyon et des faubourgs, les membres de la chambre de commerce, du conseil des prud'hommes, vingt-deux négociants et vingt-deux représentants des chefs d'atelier. Lorsque chacun fut en place, le préfet leur adressa un mot de bienvenue :

— Messieurs, je vous félicite d'avoir répondu à mon invitation. J'ai pris connaissance avec grand intérêt des documents et pétitions que négociants et chefs d'atelier m'avez adressés. Je souhaite que cela ne soit pas que des intentions. Nous devons nous mettre d'accord sur un tarif minimum. Je vous écoute.

Julien observait les lieux. C'était la première fois qu'il pénétrait dans un endroit où s'exerçait le pouvoir. « C'est donc ici que l'on décide de notre vie. » Son regard se posait sur chacun des participants. Ne les connaissant pas tous, il essayait de dénombrer ceux qu'il pouvait identifier. Soudain, son front se plissa ; son exploration visuelle s'arrêta sur le visage de Joannès Catulle, qui siégeait près du préfet. « Ce n'est pas avec ce genre d'individu que nous allons négocier le prix de notre travail. » La discussion commença par l'intervention d'un représentant des négociants.

— Monsieur le Préfet, nous nous félicitons de cette initiative mais, en répondant à cette invitation, il était dans notre esprit d'être à l'écoute de vos services car nous ne sommes mandatés par personne pour engager et *a fortiori* arrêter un tarif. Nous ne représentons que nos maisons individuellement.

Un mouvement parcourut la salle. Le préfet leva la main pour exiger le silence. Bouvery se leva et s'adressa au préfet :

— Cette rencontre, nous l'avons sollicitée et nous l'avons préparée. Nous avons des propositions à faire. Nous sommes ici au nom des huit mille chefs d'atelier de l'agglomération. Ce que nous voulons, c'est traiter avec des négociants mandatés et non avec des représentations individuelles. Messieurs les négociants, ne nous faites pas croire que vous n'avez rien préparé !

— Ils cherchent à gagner du temps, murmura Julien, ils devaient bien se douter que nous n'allions pas venir pour une conversation de salon.

— Messieurs, déclara alors le préfet, je propose que nous reportions cette réunion. Je voudrais dire mes regrets aux délégués des tisseurs pour le retard apporté à l'accomplissement de vos souhaits. Je vous conjure néanmoins d'employer toute votre autorité pour empêcher des incidents graves avant de nous retrouver. Et je demande aux parties en présence de travailler sur une proposition de tarif minimal. Je veux que cette question soit réglée pour le 25 octobre.

Calmement, portant leur désillusion, les chefs d'atelier sortirent les premiers de la préfecture. Sur la place des Jacobins, les compagnons et ouvriers d'autres corporations s'étaient rassemblés. Tous comprenaient sans mot dire. Les chefs d'atelier se dispersèrent dans la foule qui commençait à s'agiter, certains invectivant les négociants, le poing levé en direction de la préfecture. *La Marseillaise* retentit. Julien traversa la place, marchant comme un automate, le visage fermé, accompagné de Benoît et de Simon. Il se laissa porter en direction de la rue Mercière. La grisaille automnale coiffait les toits des immeubles et assombrissait cette rue étroite et longue.

Ces lieux ne lui étaient pas inconnus. Tandis qu'il passait devant les boutiques, les souvenirs s'éveillèrent. Dans son imagination, des représentations lointaines se bousculaient puis disparaissaient aussitôt. L'animation de la rue lui échappait, les émotions de l'instant le renvoyaient à son enfance. C'est en accompagnant son père qu'il avait découvert un atelier d'imprimeur. L'odeur de l'encre et du papier, le bruit des presses, tout resurgissait.

En fin d'après-midi, quelques centaines d'ouvriers déferlèrent dans les rues du quartier du Griffon, où s'exerçait l'essentiel du négoce. Par crainte de heurts, magasins et entrepôts furent fermés. L'exaspération des ouvriers s'exprima pendant une bonne partie de la nuit mais les forces de police n'intervinrent pas. Le lundi 24 octobre, en prévision de la réunion du lendemain, fixée par le préfet, les négociants lui adressèrent une lettre, l'avisant qu'ils s'abstiendraient si, sur la place de la préfecture, des rassemblements de chefs d'atelier et de compagnons se formaient. Ils exigeaient du préfet qu'il prît des mesures pour interdire tout regroupement. A Joannès Catulle, venu lui apporter cette requête, le préfet répondit :

— J'ai autant que vous le souci de l'ordre et je suis là pour le maintenir mais je ne veux pour autant exciter les passions par un déploiement de policiers et de militaires. Je ferai ce que me dicte ma conscience. Et puis, je crois que le moment est venu pour vous et vos confrères de montrer votre bonne volonté. A demain, monsieur.

Joannès Catulle se retira la rage au cœur. « Celui-là, il faudra le faire sauter, il accorde sa confiance aux ouvriers, contre nous. Nous allons lui montrer qui nous sommes. »

Le préfet avait reçu des assurances de la part des représentants des chefs d'atelier. Ceux-ci lui avaient rappelé qu'ils voulaient un règlement et un tarif par la négociation, mais, avaient-ils expliqué au préfet, « nous ne pouvons empêcher çà et là des mouvements suscités par des agitateurs qui pourraient être poussés par des négociants... » Si le préfet pensait pouvoir maintenir l'ordre dans les quartiers sensibles de la ville, il s'entoura toutefois de précautions et fit porter aux maires des communes voisines, sous le sceau de la confidentialité, une lettre leur demandant de « prendre avec circonspection les mesures propres à dissiper les attroupements qui pourraient se présenter dans vos communes et à protéger les établissements qui existent dans les environs, notamment la fabrique de La Sauvagère, dans le cas où elle serait menacée. »

La nuit résistait encore au jour lorsque, discrètement, ce mardi 25 octobre, l'armée investit la place des Jacobins et les rues adjacentes. Le préfet Bouvier-Dumolart reçut la délégation des chefs d'atelier et des négociants ; l'atmosphère était tendue.

Dans son propos d'accueil, le préfet ne manqua pas de mentionner devant chacun sa responsabilité. Joannès Catulle demanda la parole.

— Avant d'engager cette discussion, où nous allons entrer dans des détails de fabrication qui nous échappent pour partie, je voudrais, monsieur le Préfet, expliquer notre situation et nos difficultés, compte tenu entre autres de la concurrence étrangère.

— Vous êtes commerçants, donc la concurrence est la loi de votre marché, répondit le préfet. Je ne puis accepter cette réserve. Nous sommes ici pour la fixation du tarif et je pense que, chefs d'atelier et négociants, vous avez, dans l'élaboration de ce tarif, pris en compte vos situations respectives.

— C'est un guet-apens, s'écria soudain un négociant, entendez ce tumulte qui vient de la rue !

Tous se précipitèrent aux fenêtres. Les chefs d'atelier restèrent à leur place. Joannès Catulle s'écria :

— Les voilà, les forbans, ils veulent nous faire céder par la pression de la masse populaire. Monsieur le Préfet, vous devrez rendre compte !

Calmement, le préfet demanda que chacun se

ressaisisse. Puis il alla à la rencontre des manifestants, venus par milliers des quartiers du centre-ville, des Brotteaux et de La Guillotière, ainsi que des faubourgs. Face à cette marée humaine, il s'adressa aux organisateurs :

— Soyez raisonnables, nous sommes en réunion de travail avec vos représentants, je vous promets de veiller aux intérêts de chacun. Je comprends les motifs qui vous amènent ici, vous êtes impatients de connaître au plus tôt la résolution qui va être prise, mais la malveillance calomniera vos intentions et dira que vous avez arraché par la force les concessions qui pourraient vous être accordées. Vous gâtez votre cause, vos délégués vont venir pour défendre vos intérêts, il faut que cette délibération soit libre, que les effets en soient justes et durables. Ne faites pas dire qu'elle a été prise sous l'influence de la peur. Tant que je vous verrai ici, je n'ouvrirai pas la séance.

Les paroles rassurantes du préfet se répercutèrent parmi les manifestants, qui se regroupèrent place Bellecour. Le préfet dut user de toute son autorité pour que les négociations reprissent.

Profitant du désordre, Joannès Catulle apostropha le préfet :

— Vous n'allez pas dire que vous n'êtes pas au fait de cette manifestation, qui n'a rien de spontané. Vous les avez vus se retirer dans un ordre quasi militaire, organisés en décuries et en centuries !

— Je ne peux pas vous laisser dire n'importe quoi, répliqua Bouvery. Il y a dans leur présence calme et raison. Pas un n'avait une arme.

Sèchement, le préfet interrompit la discussion, qui risquait de dégénérer. Depouilly intervint :

— Je suis négociant et fabricant, je dirige une maison dont l'industrie donne les moyens d'existence à plus de mille ouvriers de divers genres. Les prix fixés dans le tarif exigé par les ouvriers sont tels qu'ils auraient pour effet certain de pousser à faire à l'étranger la plus grande partie de l'étoffe unie et de laisser à Lyon sans ouvrage plusieurs milliers de métiers.

— Chantage ! s'écria Julien.

— Je ne veux pas discuter avec vous, rétorqua Depouilly, je ne vous reconnais aucune légitimité pour cela. Vous ne savez que fomenter des troubles sociaux. Monsieur le Préfet, je me retire de cette réunion, qui n'est que mascarade.

Il supposait que d'autres négociants allaient le suivre mais l'ensemble de la délégation des négociants resta en place, espérant remettre en cause les prétentions ouvrières, et ainsi faire valoir et reconnaître leur point de vue, notamment par l'autorité préfectorale. Les manifestants furent rapidement mis au courant de l'incident et il s'ensuivit une rumeur colportant le renvoi des négociations à deux jours. Il devenait impossible de contenir six à sept mille ouvriers concentrés sur la place Bellecour depuis quatre heures. Une multitude s'engagea alors rue Saint-Dominique et arriva place des Jacobins. Le tumulte occasionné par les cris, « point de renvoi, point de renvoi ! », s'entendit jusque dans les salons de la préfecture. Le commissaire de police et l'officier, chargés de maintenir l'ordre, tentèrent en vain de convaincre les manifestants qu'il n'en était rien. Ce fut un déchaînement.

— Monsieur le Préfet, s'insurgea Joannès Catulle, vous n'allez pas nous laisser lyncher par cette meute.

— Hâtez-vous, messieurs, c'est le seul moyen d'éviter les complications.

Au fil des discussions, certains chefs d'atelier s'apprêtaient à accorder quelques concessions à des négociants avec lesquels ils avaient l'habitude de travailler. Les clameurs provenant de l'extérieur rappelèrent aux représentants des tisseurs qu'ils avaient mandat pour établir un tarif sur lequel chefs d'atelier et compagnons s'étaient mis d'accord.

La place des Jacobins ne pouvait contenir la masse des ouvriers, soutenus par la population. La cour et les escaliers d'accès au salon furent envahis.

— Dépêchez-vous d'en finir ! insista le préfet.

Rouge de colère, Joannès Catulle l'apostropha :

— Vous êtes leur complice, vous n'avez rien fait pour arrêter ces chiens qui jappent : « point de renvoi, point de renvoi ».

— Monsieur, je n'accepte pas toutes vos vociférations ! répliqua Bouvier-Dumolart. C'est à cause de vos manières de faire qu'éclatent les guerres civiles. Sachez que nous ne sommes plus au temps des serfs et des manants ! Alors, messieurs, je vous signale que, dans une demi-heure, je sortirai m'adresser aux manifestants pour leur donner le résultat de nos travaux. Une demi-heure, rien de plus !

— On aura tout entendu ! s'esclaffèrent quelques

négociants, proches de Joannès Catulle. Ce préfet est un socialiste !

A dix-sept heures, le préfet parvint avec difficulté à sortir du salon. Se frayant un passage dans les escaliers, il annonça avec solennité la signature d'un accord sur un tarif minimum exécutoire le premier novembre 1831.

La foule exultait, des centaines de voix criaient « vive le préfet » et ceux qui étaient dans les rues avoisinantes en amplifiaient l'écho. La joie était telle que le préfet Bouvier-Dumolart ne put remercier les milliers d'ouvriers assemblés pour avoir gardé raison pendant les discussions. Tous se regroupèrent en bon ordre, drapeaux tricolores en tête, et c'est aux accents de *La Marseillaise* qu'ils rejoignirent leurs quartiers respectifs. En compagnie de Simon, Benoît et Henri, Julien regagna la place de la Croix-Rousse.

— Enfin, soupira-t-il, nous l'avons. Et, s'adressant à Henri : Tu vas pouvoir faire un bel article car c'est un jour historique. Pour la première fois, un accord social, portant sur la valeur du travail, est signé entre les parties. Ce 25 octobre 1831 fera date dans l'histoire ouvrière.

Lorsqu'ils arrivèrent, la population de la Croix-Rousse était en liesse. Ce n'étaient que chants, rires et danses.

— Nous allons boire à la santé de nos métiers ! s'exclama Benoît.

— Salut, Vidal, qu'écris-tu ?

— Dans un instant, tu le sauras, Julien.

Chacun commentait cette journée, lorsque

Antoine Vidal, tulliste à la Croix-Rousse, se percha sur une table.

— Ecoutez, c'est la chanson que vous chanterez à vos belles ce soir.

Et d'une voix légèrement éraillée, il entonna cette mélodie :

Lisette, ma douce amie,
Pare ton corset de fleurs ;
Dieu, protégeant l'industrie,
Vient de finir nos malheurs,
Tu ne seras plus pauvrette,
Allons ! reprends ta gaieté,
Chante avec moi, bonne Lisette,
Chante : vive la liberté !

— Reprenons tous ensemble le refrain. « Chante avec moi, bonne Lisette, chante : vive la liberté ! »

4

Il était cinq heures du matin. Julien se leva difficilement. Il se couvrit d'une veste de laine, regarda par la fenêtre. La place de la Croix-Rousse était enveloppée d'une brume automnale un peu plus épaisse que d'ordinaire. Il discernait quelques passants. Il lui sembla distinguer des hommes en uniforme. « Tiens, ils craignent quoi, puisque tout est en ordre et signé ? » Tout en chargeant le poêle, il se mit à fredonner : « Lisette, ma douce, chante avec moi : vive la liberté... Il a fallu presque un siècle pour arriver à ce tarif. Dormez en paix, nos aïeux, vos fils sont debout. »

Tout à ses pensées, il lui fallut un instant pour constater la présence de Simon, qui venait d'entrer discrètement.

— Viens donc te réchauffer avec ce bol de bouillon que je nous prépare.

— Ça va me décaper la boyasse !

— Hier, je t'ai vu heureux, Simon.

— Mon petit Julien, ce qui s'est passé, je n'y croyais pas, depuis le temps !

— Dis voir, Simon, il m'a semblé apercevoir des uniformes sur la place. Ai-je la berlue ?

— Non, j'ai parlé avec l'un d'eux avant de monter. Il m'a répondu qu'ils avaient reçu l'ordre de patrouiller toute la journée dans le quartier.

— Que craignent-ils ? Maintenant, tout va rentrer dans l'ordre !

— Sur le tard, hier au soir, il y a eu une rumeur qui est remontée jusque sur le plateau. A ce qu'il paraît, les négociants refuseraient l'application du tarif et adresseraient une pétition au gouvernement demandant la destitution du préfet Bouvier-Dumolart.

— Eh bien, je comprends pourquoi il y a des forces de police dans nos rues. Simon, il va falloir faire attention car il peut y avoir des provocations. Soyons sur nos gardes. En attendant, au travail !

Alors que, du métier, retentissait le bistanclac, Julien chantonna :

Riante, apparaît l'aurore,
Plus de chagrins, plus de soucis,
Je me réjouis encore du bonheur de mes amis,
Du travail, une couchette,
Puis vient la prospérité,
Chante avec moi, ma bonne Lisette,
Chante : vive la liberté.

L'obtention d'un tarif stimulait l'ardeur dans les ateliers. Certains négociants considéraient l'accord signé comme acceptable et le préfet informa le gouvernement que l'ordre avait été maintenu sans verser une goutte de sang. Vers dix-neuf heures, Julien se rendit place Neuve-des-Carmes, siège de

L'Echo de la Fabrique ; le journal devait être publié ce dimanche. A l'effervescence des dernières heures avant la parution du premier numéro s'ajoutait l'enthousiasme consécutif à l'entrée en vigueur d'un tarif, obtenu par la force de la négociation. Autour de Falconnet, élu rédacteur en chef, Antoine Vidal, Bouvery, Charnier, Bonnard, Labory, Bret, Julien et Henri. Bouvery relisait un article relatant les journées du 21 au 25 octobre et s'adressa à chacun :

— Il faut terminer cette mise en page au plus tôt. Ensuite, quelques-uns iront aider l'imprimeur, qui est au 1 de la rue Chalamont, pour que tout soit en place demain dans les lieux de vente.

Falconnet intervint pour rappeler ce qui allait être publié dans cet hebdomadaire :

— Dans chaque numéro, un article historique sur la fabrication de la soierie, toutes les découvertes qui y ont trait, tous les griefs imputés aux divers chefs de commerce et appuyés par des preuves authentiques, les débats détaillés de tout ce que les séances des prud'hommes offriront de plus piquant, quelques articles de localité, et enfin une colonne d'annonces pour les insertions de tout ce qui peut intéresser la fabrique des étoffes de soie, au prix de dix centimes la ligne. Par ailleurs, nous avons un certain nombre d'écrivains qui nous ont promis leur concours pour donner à cette noble entreprise tout l'intérêt dont elle est susceptible. Demain, nous publions le tarif minimum certifié par le préfet et le maire avec cette note d'explication : « Pour tout ce qui sera livré, passé le 1er novembre, le tarif recevra sa pleine et entière exécution et nul négociant ne pourra sous aucun prétexte y déroger. Nous pouvons assurer aujourd'hui que les premières maisons de commerce ont donné l'impulsion du bon exemple et que les pièces livrées, jeudi, vendredi ont été portées au prix du minimum. Quelques-uns seulement ont menacé de fermer leur magasin, pour forcer l'ouvrier à leur accorder quelques concessions ; mais qu'ils y réfléchissent à deux fois, parce qu'ils pourraient bien les tenir fermés plus longtemps qu'ils ne le voudraient.

« Les chefs d'atelier, pénétrés de cet axiome que l'union fait la force, viennent de former une association générale et mutuelle de secours pour parer aux besoins de ceux qui manqueraient d'ouvrage, par l'égoïste spéculation de certains chefs de fabrique, ou qui ne pourraient travailler pour cause de maladie grave, ou de malheur imprévu et de force majeure. »

— Dans les griefs imputés aux divers chefs d'établissement, il faudrait, remarqua Julien, dénoncer aussi les pressions qu'exercent certains négociants.

— Si nous avons des preuves, répondit Falconnet.

— Henri, repartit Julien, tu étais au café Orcières. Explique ce qui s'est passé.

— Ils étaient trois négociants : il y avait Lecourt, Lachapelle, et Desmaillan, accompagnés de deux types que je ne connais que de vue. Ils avaient rendez-vous avec Jacob, un des nôtres qui était en préfecture, le 25 octobre. Ils ont tout fait pour qu'il remette en question le tarif. Ils lui promettaient du travail à l'année et, pour le gagner à leur cause, ils faisaient défiler les pots de beaujolais. La discussion dura bien une bonne heure. Le Jacob a été un bon résistant, et au beaujolais et aux pressions. Pour lui, s'il y avait quelques protestations à faire, a-t-il dit à haute voix, il irait à la chambre de commerce, aux prud'hommes, voire à la préfecture. Il faut dénoncer dans votre journal ce genre de manœuvres en donnant les noms de ces semeurs d'angoisse.

— Prépare un texte d'une vingtaine de lignes, demanda Falconnet, et je l'insère.

Il était vingt et une heures trente lorsque Julien, Henri, Charnier, Vidal, Falconnet et Bouvery s'engagèrent d'un pas rapide dans la nuit lyonnaise en direction de l'imprimerie.

La publication de *L'Echo de la Fabrique*, où paraissait le tarif, accentua l'exaspération de certains négociants, qui se réunirent dans l'une des salles de la maison des Fabricants, rue Saint-Dominique.

— Nous ne devons pas céder, déclara d'une voix forte Joannès Catulle. De quel droit nous impose-t-on un tarif ? Et maintenant ils ont leur journal ! C'est la fin d'un monde. Soyons fermes, si ces ouvriers et soi-disant chefs d'atelier veulent du travail, qu'ils en demandent au préfet, qui est leur complice. Nous vivons des heures graves et lourdes de conséquences pour l'avenir. Avec l'application de ce tarif, nous ne sommes plus compétitifs. Qu'est-ce qu'ils s'imaginent ? Que les places de commerce étrangères comme Leipzig, New York ou Londres ont tellement besoin de nos étoffes qu'elles vont les acheter quel qu'en soit le prix ? Bien au contraire, elles peuvent se passer des soieries lyonnaises. D'ailleurs, il n'y a qu'à voir leurs commandes, elles servent à garnir leurs comptoirs. Ça fait beau d'avoir des soieries lyonnaises, surtout dans les étoffes façonnées.

— Quant aux étoffes unies, poursuivit Depouilly, la Savoie, la Suisse et même la Prusse les font quand nous ne voulons ou ne pouvons pas leur fournir.

— Il y a aussi un autre problème qui n'a pas été réglé, déclara Bonnet. Je m'explique : toutes les commandes qui s'exécutent en ce moment ont été données en septembre et octobre, suivant le cours des prix de façon, établis à cette époque ; il y a rétroactivité du tarif et par là même injustice à exiger que l'ouvrage donné au métier avant le 1er novembre subisse une augmentation que nous ne pouvions ni prévoir ni calculer.

Joannès Catulle reprit la parole d'un ton dramatique :

— Ces conséquences fâcheuses ont déjà entraîné l'arrêt de trois mille cinq cents métiers et il y en aura huit mille à la fin du mois ! C'est quand même nous qui faisons vivre ces gens-là ! Les ouvriers aujourd'hui se créent des besoins factices pour se donner l'air bourgeois. Nous livrons annuellement à la consommation intérieure et à l'exportation pour quatre-vingts millions de produits. Nous avons le droit de compter sur une haute protection qui, nous l'espérons, saura reconnaître nos mérites.

L'esprit et le ton qui dominaient cette réunion contrariaient une partie de l'assistance. Afin de dépassionner le débat, Arlès-Dufour se leva et, d'un geste de la main, tenta d'instaurer le silence. Il était négociant, adjoint au maire de Lyon et saint-simonien convaincu. Au-dessus d'un front haut et large, une abondante chevelure blanche coiffait un visage serein inspirant confiance par la sagesse qui en émanait.

— Messieurs, je ne suis pas venu à votre invitation pour assister à une querelle de boutiquiers. Vous êtes contre le tarif, je dois vous confesser que pour moi ce n'est pas la meilleure solution. Mais vos, ou plutôt nos représentants l'ont adopté en présence de l'autorité préfectorale, il est donc recevable par chacun d'entre nous.

Joannès Catulle et Charles Depouilly bondirent de leur chaise.

— Vous êtes à leur solde !

— Messieurs, je vous ai écoutés avec patience, je souhaite poursuivre. Je tiens à vous dire que, si vous continuez cette escalade, aujourd'hui en paroles et demain en actes, nos belles sorieries lyonnaises sortiront de nos ateliers et de nos magasins baignées de sang. Car enfin, messieurs, c'est sur votre demande que l'exécution du tarif au 1er novembre a été convenue et, qui plus est, monsieur Bonnet, vous affirmez que le tarif s'applique avec effet rétroactif sur les commandes passées aux mois de septembre et octobre, c'est-à-dire celles qui actuellement sont sur les métiers. Je ne puis vous laisser dire tout et n'importe quoi. Ce qui a été décidé est que le tarif ne serait pas applicable aux pièces, coupes, écharpes, mouchoirs, châles, fichus, etc., qui, commencés avant le 1er novembre, seront rendus après, mais qu'il sera exécutoire pour toutes les pièces commandées après le 1er novembre. J'ajouterai qu'un négociant dont je tairai le nom avait demandé que le tarif eût son exécution sans égard aux dates de commande des coupes. Ce fut sur la demande des ouvriers, ne voulant pas donner d'effet rétroactif au tarif, que cette proposition fut rejetée. Ainsi, tous les délégués, négociants et chefs d'atelier restèrent unanimement d'accord sur la convention, qui fut approuvée par monsieur le Préfet et par le maire de Lyon. Et pour conclure, j'aimerais connaître le nombre de négociants qui contestent le tarif.

Joannès Catulle se leva, se précipita vers la table sur laquelle était posée la pétition à signer et à faire parvenir au gouvernement. Rapidement, il compta et, d'un air triomphant, brandissant une feuille de papier, hurla :

— Cent quatre ! Oui, monsieur le saint-simonien, nous sommes cent quatre. Foutez le camp, laissez-nous travailler.

Un bruit indescriptible couvrit les insultes, Arlès-Dufour resta de marbre. Un semblant de calme revenu, il monta le ton et interpella Joannès Catulle.

— Vous annoncez cent quatre signataires sur environ mille quatre cents négociants. C'est ridicule ! Ce que je vous reproche, c'est que vous mettiez en péril non seulement les quinze cents ouvriers qui travaillent pour vos cent quatre signataires contestataires, mais aussi la Fabrique dans son entier. Il est vrai que, enhardis par la lâcheté de l'autorité et la terreur que font régner les fabricants, les ouvriers ne travaillent pas, s'agitent, menacent. Ils ont nommé des commissaires pour visiter les métiers et empêcher de travailler au-dessous du tarif. Depuis dix à douze jours, il ne rentre presque point d'étoffes. Aujourd'hui, il y a encore de nombreux rassemblements à la

Croix-Rousse et les propos les plus affreux y sont tenus hautement. Les choses en sont venues au point que, pour qu'elles reprennent leur cours naturel, il faudra absolument une démonstration énergique. Et si demain le sang coule, c'est vous qui en serez comptable !

Après deux heures de réunion houleuse, ils se séparèrent en s'affirmant d'un seul corps.

Dans les salons, les conversations n'étaient guère optimistes. La plupart des notables manifestaient leur inquiétude en se rappelant les heures sombres et tragiques de 1793. Certains étaient préoccupés par cette solidarité des négociants, d'autres la qualifiaient d'apparente, en évoquant la controverse entre Joannès Catulle et Arlès-Dufour. Lorsqu'il était invité, Henri répondait toujours positivement car ces lieux où se croisaient les hommes détenteurs des pouvoirs politiques, économiques et religieux étaient riches d'informations. Les rapports qu'entretenaient les représentants de ces institutions le fascinaient. Ayant eu écho de ce qui s'était passé lors de la réunion des négociants, il était d'autant plus attentif. Le salon de madame Desportes était un observatoire privilégié. Verre en main, Henri avait remarqué un petit groupe de personnes qui, supposait-il, échangeaient leurs impressions sur la situation. Discrètement, il s'approcha pour capter ce qui se concertait.

— Cet après-midi, j'assistais à une réunion à la chambre de commerce. Nous sommes déterminés, nous n'avons pas fait les journées de Juillet 1830 pour en perdre le bénéfice aujourd'hui !

— Plaise à Dieu que vous ayez raison, mon cher Desportes, soupira le banquier Alfred de Saint-Jérôme. Quand je pense à ce que ma famille a fait pour cette ville et ces tripoteurs d'étoffe ! Nous sommes le parti de la résistance, le roi compte sur nous.

« Tu parles d'une résistance, il n'y a pas plus conservateur, pensa Henri. Ils sont résistants à toute concession démocratique. Ils ont fait les Trois Glorieuses pour leur petite boutique. Quant à ce Saint-Jérôme, qu'est-ce qu'il a fait ? Sa famille, au moment de la Révolution, a embarqué les métiers et les ouvriers, qu'ils ont installés à Zurich. Et depuis ce temps-là, ils font des étoffes qu'ils mettent en concurrence avec les soieries tissées dans nos ateliers. Banquiers et négociants, c'est ainsi qu'ils ont fait leur fortune ! »

— Alors, monsieur le journaliste, je vous trouve bien songeur !

Absorbé dans ses réflexions, Henri n'avait pas remarqué l'adjoint au maire qui s'approchait de lui.

— J'entends des choses qui me laissent rêveur, monsieur Boisset.

— Pour ma part, cher monsieur, vos articles ne me produisent pas cet effet-là !

— Je ne fais que rendre compte de ce que je vois et constate.

— Mais vous allez un peu plus loin, quand même, vous prenez position !

— Et alors ! Un journaliste se doit de mettre sous les yeux du lecteur toutes les données du sujet qu'il traite, c'est ça la démocratie, monsieur Boisset. Vous-même, je veux dire vos journalistes qui écrivent dans *Le Précurseur*, journal fondé par le maire, monsieur Prunelle, et Terme, n'est-ce pas, prennent bien position pour le pouvoir en place ! A propos du maire, s'intéresse-t-il toujours à la ville de Lyon ?

— Plus que vous ne l'imaginez !

— J'aimerais pouvoir le rencontrer pour qu'il nous donne son avis sur la tension qui persiste dans cette ville. Nous sommes à la veille d'une guerre civile et monsieur le Maire est à la cour gouvernementale !

— J'ai lu ce que vous avez écrit à ce propos, laissant entendre que monsieur Prunelle est plus préoccupé de faire valoir ses talents oratoires à la Chambre des députés que de résoudre les problèmes municipaux. Dans le temps présent, il est bon qu'il soit près du gouvernement. Mais je crains que, si la presse continue ses attaques, nous ne connaissions la censure comme par le passé.

— C'est bien ce que je pensais, monsieur l'adjoint, le parti de la résistance est celui de tous ces messieurs qui doivent ce qu'ils sont à la politique du gouvernement de Louis-Philippe. Tout ce que je souhaite, c'est que le pire nous soit évité. Et ça, c'est de la politique ! Alors faites votre métier, moi je fais le mien, et je continuerai même clandestinement s'il le faut ! A vous revoir, j'espère !

Henri inclina légèrement la tête pour saluer quelques notables qui, installés confortablement, jouaient au bridge, et se retira.

Dans cette nuit de novembre, le clair de lune blanchissait le quartier des Jacobins. Henri croisa quelques passants qui sortaient du théâtre des Célestins, où était jouée une comédie en trois actes de monsieur Ancelot, *Le Favori ou la Cour de Catherine II.* Au deuxième étage de la préfecture, il remarqua de la lumière. « Tiens, pensa-t-il, le préfet est dans son bureau ! Il est vrai que la situation ne doit pas lui laisser beaucoup de répit. »

— Décidément à Paris, ils n'ont rien compris ! Ecoutez, Alexandre, ce que me dit monsieur le Ministre du Commerce. Il me rappelle à l'ordre et me reproche d'avoir pris une initiative malheureuse en cautionnant la fixation du tarif.

Le préfet tentait de maîtriser sa colère devant son secrétaire général. Pour se calmer, il arpentait la pièce en maugréant contre le ministre, les négociants et la presse.

— Monsieur le Préfet, ne soyons pas trop excessifs, car nous avons des négociants qui sont d'accord avec les dispositions que vous avez prises et des journalistes qui rendent compte assez objectivement de l'évolution de la situation.

— Enfin, Alexandre, vous avez lu ce qu'écrit *Le Précurseur* ? Il m'accuse d'avoir fait acte d'autorité et d'avoir imposé aux négociants ce tarif. Il n'ose pas dire que je suis socialiste mais ça ne saurait tarder. Il mérite cette mise au point que je vous dicte.

Le secrétaire général s'installa devant le bureau...

— « Monsieur le rédacteur en chef, vous donnez à entendre que le tarif a été violemment imposé par l'autorité qui lui a donné par son intervention une force d'exécution illégale. Comment donc ignorez-vous ce que tout le monde sait, qu'il a été provoqué par une délibération du conseil des prud'hommes et librement débattu en présence et avec l'assentiment de la chambre de commerce par les délégués des fabricants et des ouvriers ? Sur qui donc et comment la contrainte aurait-elle été exercée ? Quelle est la puissance qui aurait pu obliger les fabricants à se réunir pour nommer leurs délégués ? L'autorité n'est intervenue que comme médiatrice pour donner aux intérêts opposés le moyen de se rapprocher et de s'entendre. Elle n'a exercé aucune contrainte et tout le monde sait qu'un pareil despotisme serait impossible aujourd'hui. Elle s'est bornée à certifier ce qui s'est passé en sa présence, et sa signature, apposée dans cette intention, n'a pu donner au tarif une force d'exécution qu'il n'aurait pas eue lui-même. Alors qu'est-ce donc que ce tarif ? Monsieur, c'est un contrat d'honneur qui n'a qu'une force morale mais qui n'en est que plus loyalement exécuté par l'immense majorité des fabricants parce que loyalement consenti par eux. C'est, pour le conseil des prud'hommes, non une loi, mais une règle, ou au moins un renseignement utile pour éclairer les débats qui s'élèveraient entre les fabricants et les ouvriers. » Me fais-je comprendre, Alexandre ?

— Monsieur le Préfet, j'ose espérer que vos propos seront interprétés dans leur juste sens.

Une minorité de négociants refusait d'appliquer le tarif et le conseil des prud'hommes eut à statuer sur bon nombre de contentieux opposant les chefs d'atelier aux négociants jusqu'au 17 novembre. Mais ce jour-là, lors de la séance, le président des prud'hommes donna lecture de la lettre du préfet et le conseil cessa alors de condamner les négociants qui n'appliquaient pas le tarif.

« Le conseil des prud'hommes est au variable, Dieu nous préserve de la tempête », murmurait-on dans les ateliers.

Au café Orcières, place de la Croix-Rousse, autour de César Dequaire, chef d'atelier, les conversations s'échauffaient ; légèrement à l'écart, Henri terminait un article pour *L'Echo de la Fabrique*. Il fut interpellé par Joanin :

— J'espère que tu as dénoncé toutes leurs menteries !

— Oui, mais ne vous excitez pas à vouloir tout casser, ils ont autant besoin de vous que vous d'eux.

César Dequaire, d'une voix grave, imposa le silence :

— Dis-nous ce que tu as écrit.

— Bien volontiers. « Depuis la dernière séance des prud'hommes, un grand nombre de chefs d'atelier et d'ouvriers viennent à notre bureau demander des explications sur divers bruits qui circulent. On nous demande s'il est vrai que le conseil des prud'hommes a déclaré le tarif nul et non avenu, s'il est vrai qu'il est arrivé de Paris des ordres portant que le tarif ne doit point être exécuté. Nous avons répondu et nous répondons, à ceux à qui cela cause de l'inquiétude, que ces bruits sont faux, que si quelques négociants tenaces ne veulent point s'y soumettre et cherchent tous les moyens d'exaspérer la population, les chefs d'atelier et les ouvriers, forts de la justice de leur cause, doivent persister dans l'exécution de ce tarif consenti par messieurs les négociants. Mais ils doivent persister avec calme car nous ne saurions leur prêcher que l'amour de l'ordre et la modération. »

— Tu parles comme un curé ! s'exclama Dequaire. L'amour de l'ordre, on sait comment ils l'aiment l'ordre, à coups de pied au cul et sans modération !

— Il faut, expliqua Henri, montrer que les agresseurs, ce n'est pas nous mais eux, avec leur façon sournoise de nous monter les uns contre les autres.

L'obstination d'une partie des négociants ainsi que la position du conseil des prud'hommes provoquèrent des incidents. Une importante manifestation eut lieu sur la place de la Croix-Rousse. Des voix s'élevèrent au cri de « Tous à Lyon pour l'application du tarif ». Rapidement, dans un grand désordre, la foule ne forma plus qu'une clameur, puis entonna *La Marseillaise*. Les chefs d'atelier, qui avaient pourtant lancé le mot d'ordre de ce rassemblement, ne purent contenir les débordements qui s'ensuivirent. Tout laissait craindre des troubles. Chaque jour, des rassemblements de compagnons et de chefs d'atelier qui n'avaient pas de travail prenaient de l'ampleur. Ils étaient d'ailleurs rejoints par des ouvriers et ouvrières d'autres corporations, parmi lesquels des couturières, rubanières, dévideuses. Cette fermentation sociale préoccupait les rédactions de *L'Echo de la Fabrique* mais aussi de *La Glaneuse*, journal littéraire des salons et théâtres qui ne dissimulait pas ses sympathies pour les idées républicaines et démocratiques. Henri y tenait une rubrique sur la vie de la société lyonnaise. Deux fois par semaine, il se rendait rue d'Amboise, dans les bureaux de *La Glaneuse*. Adolphe Granier, rédacteur gérant du journal, l'appréciait pour son talent littéraire, son sens de l'humour, la justesse de sa plume.

— Voilà, monsieur Granier, mon papier pour le prochain numéro.

— Je suis content de te voir, car j'ai dans le nez comme une odeur de poudre. Aussi ai-je pensé qu'il serait bon de tenter une action concernant ceux qui se trouvent en ce moment sur la paille. Nos lecteurs, qui appartiennent pour une bonne part à la bourgeoisie lyonnaise, doivent être sensibilisés à la situation. Notre mission n'est pas de faire du tragique mais d'être dans ce monde des témoins et des éveilleurs de conscience. Aussi, je vais ouvrir une souscription en faveur des ouvriers en soie de Lyon.

— Bonne idée !

— Ecoute, je vais te lire ce qui sera à la une, dimanche 6 novembre.

Henri s'assit, attentif.

— « Si l'émeute fermente au sein de nos villes, si une classe utile et nombreuse souffre depuis longtemps, ce ne sont ni les fabricants, ni les ouvriers qu'il faut en accuser ; le mal vient de plus haut et date de plus loin... Il a malheureusement jeté de profondes racines, et ce n'est ni par des menaces ni par la force des baïonnettes que l'on parviendra à le calmer. La violence pourrait peut-être pousser le malheur à de funestes égarements. Il est des gens à qui les plus infâmes moyens sont toujours bons et ces éternels conspirateurs ne craindront pas d'exploiter au profit de la légitimité le désespoir et la faim.

« Lyonnais ! Nous qui nous sommes émus à des infortunes lointaines, nous qui avons tendu une main secourable à la Grèce, à l'héroïque Pologne, resterons-nous froids à l'aspect des souffrances de nos concitoyens, de nos frères ?

« Que les imprévoyants aboyeurs du juste milieu en appellent aux armes et ne craignent pas de menacer d'un fer citoyen des hommes que le malheur presse ! Nous qui voulons aussi l'ordre public, mais qui sommes avant tout profondément affectés de l'affreuse position de la classe ouvrière, nous en appelons à tout ce qui porte un cœur généreux. Les patriotes se réuniront à nous. Ils répondront à notre appel ; et alors honte et malédiction à ceux qui resteront impassibles devant tant de misère. »

Le dimanche suivant, dans son salon Empire, revêtu de son uniforme de la Garde nationale, Joannès Catulle se contempla une dernière fois avant de se rendre place Bellecour. La froidure l'obligea à marcher d'un pas cadencé.

Arrivé près de la tribune, il salua largement ceux qui se trouvaient alentour.

— Vous êtes magnifique, cher ami !

— Mon cher Depouilly, ce n'est pas tous les jours que nous pouvons assister à la cérémonie de prise de commandement, comme général de la Garde nationale, du baron Ordonneau. Et pour vous aussi, Depouilly, c'est un grand jour : vous allez, dans quelques instants, être reconnu comme colonel de la 1re légion, tandis que Laforest sera promu lieutenant-colonel de la 3e. Nous allons pouvoir une fois de plus montrer notre force face à ces paltoquets et au préfet. D'ailleurs, le voilà qui arrive.

— J'espère, renchérit Depouilly, qu'il n'y aura pas d'incident.

— Combien sommes-nous, d'après vous ?

— Environ dix mille.

— Vous savez, Depouilly, combien le roi nous porte en estime car il n'oublie pas que la Garde nationale dont nous sommes est le rempart de la monarchie. A combien estimez-vous, sur les dix mille présents, le nombre de nos amis prêts à faire front en cas de désordre ?

— C'est bien simple, il n'y a qu'à regarder la tenue et la fraîcheur des uniformes. Voyez ces chefs d'atelier, on croirait des livreurs de bestiaux endimanchés ! Ce sont nos amis et relations du centre-ville qui font l'orgueil de la Garde nationale, et nous représentons environ quinze cents personnes. D'ailleurs, faites une évaluation vous-même.

Se hissant sur la pointe des pieds, Joannès Catulle balaya du regard son environnement.

— Vous avez raison, Depouilly, ça se remarque. Alors, les autres viennent d'où ?

— Du quartier Saint-Georges, évidemment de la Croix-Rousse, de la Guillotière... Nous sommes quinze cents à faire honneur à cet uniforme. Ah ! voici le baron Ordonneau. Montrons que nous sommes des gens d'ordre.

Après avoir passé en revue l'ensemble de la Garde nationale, le général Ordonneau, dans une allocution, rappela entre autres la mission de la Garde nationale :

— J'aurai besoin, je ne crains pas de le dire, du conseil des premières autorités et surtout de votre zèle à concourir avec moi au maintien du bon ordre et de la tranquillité si nécessaires au commerce et à l'industrie de cette intéressante ville. N'oublions jamais cette belle devise de la Garde nationale : « Liberté, union, ordre public ».

Quelques frémissements dans les rangs accueillirent ces propos. Les dissensions du moment étaient présentes dans tous les esprits. Malgré quelques tentatives de provocation envers les chefs d'atelier, portant sur l'inélégance de leurs uniformes, aucun trouble sérieux ne perturba la cérémonie.

Malgré le mauvais temps, la population s'était déplacée en nombre. Julien, accompagné de Mariette, s'était mêlé à la foule venue à la parade, avec pour chacun une arrière-pensée car tous avaient peu ou prou un membre de sa famille dans la Garde nationale, et, compte tenu de l'effervescence qui agitait les ateliers, ils étaient attentifs à l'ambiance du jour.

— Julien, regarde si tu vois mon père.

— Comment veux-tu que je le remarque au milieu de tous ces hommes en uniforme ? D'autant que ceux qui sont sur la place Bellecour n'appartiennent pas tous à nos ateliers, même si les nôtres sont en majorité. D'autres métiers sont là, comme les chapeliers, les menuisiers, que sais-je encore !

Sur le chemin du retour, tous deux s'engagèrent en direction de la rue Mercière. La grisaille automnale assombrissait la rue.

— Vois-tu cette enseigne ? Elle indique qu'ici il y

avait un imprimeur. Es-tu entrée un jour dans un atelier ?

— Ma foi, non !

— C'est en accompagnant mon père que j'ai découvert ce qu'était l'imprimerie, l'odeur de l'encre et du papier, le bruit des presses. J'étais médusé. Aujourd'hui, Lyon est célèbre grâce à la fabrication des tissus, de soie, d'or et d'argent, mais aussi par l'imprimerie. C'est magique de pouvoir fixer les idées dans les livres que tout le monde peut lire. Je me souviens d'un imprimeur qui disait : « Ce sont les graveurs de la mémoire du temps et les diffuseurs du savoir ! »

— C'est bien ce que fait Henri quand il écrit pour son journal ?

— Maintenant, il rend compte de ce qui se passe. Plus tard, ce sera une page de la mémoire de l'instant vécu.

Ils arrivèrent dans le quartier du Griffon, place Croix-Paquet, et aperçurent un attroupement d'hommes et de femmes lisant une affiche.

— Ça va exploser ! clama l'un d'eux.

Julien s'approcha et lut : « Les chefs d'atelier sont prévenus au nom des quinze mille ouvriers que tous les métiers cesseront le lundi 21 novembre jusqu'à nouvel ordre. Le même jour, les ouvriers se rendront sur la place de leurs quartiers à sept heures du matin pour monter à la Croix-Rousse. On vous recommande le bon ordre. »

Julien fronça les sourcils, resta quelques instants silencieux, puis il prit Mariette par le bras.

— Viens, il n'y a pas une minute à perdre. Peux-tu aller voir ma mère et lui dire que je ne serai peut-être pas là pour le repas de midi ? Mais qu'elle ne s'inquiète pas pour moi, je suis au journal.

Julien rejoignit rapidement la place Neuve-des-Carmes, où étaient en discussion, autour de Bouvery, Chastaing et Charnier, une dizaine de chefs d'atelier.

— Vous avez lu l'affiche placardée sur les murs de la ville ? s'exclama Julien.

— C'est de cela que nous débattons.

— Qui en est à l'origine ? poursuivit Julien. Ce qui est écrit laisse supposer que nous sommes opposés aux compagnons. Autrement dit, les chefs d'atelier seraient contre la grève de demain et donc du côté des négociants !

— Il est vrai, Julien, que tous les chefs d'atelier ne sont pas prêts à suivre ce mouvement. Rien que pour nous, ici, nous ne sommes pas d'accord sur la marche à suivre.

— Mais pour moi, tout est clair ! Nous nous sommes battus pour avoir un tarif et, aujourd'hui, il n'est pas ou si peu appliqué, parce que certains négociants ne respectent pas leur parole. Demain, je suis aux côtés des compagnons et je serai à sept heures place de la Croix-Rousse.

— Julien a raison sur le fond, déclara Charnier, mais le fait de lancer un mot d'ordre de grève le jour de la présentation de la Garde nationale sera perçu comme une provocation !

— Quoi qu'il en soit, insista Julien, nous devons être solidaires des quinze mille ouvriers et faire savoir notre position à la population.

— Voici le texte que je vous propose, intervint Charnier : « Les chefs d'atelier et les ouvriers, forts de la justice de leur cause, doivent persister dans l'exécution de ce tarif consenti par les négociants. Mais ils doivent persister avec calme. » Je demande un vote à main levée.

Tous votèrent pour cette motion et se séparèrent. Une grande partie de la nuit, nombreux furent les habitants de la Croix-Rousse à se tenir éveillés.

5

Dès six heures du matin, de petits groupes commencèrent à se former. Afin d'éviter tout débordement, ceux qui avaient été désignés en tant que chefs de section rappelèrent les consignes de calme.

— Nous devons éviter les provocations, cria l'un d'eux, nous sommes rassemblés pour manifester contre une injustice sociale, non pour nous battre avec la Garde nationale !

La nuit s'estompait lentement. Vers neuf heures du matin, des centaines de manifestants se tenaient avec dignité sur la place de la Croix-Rousse. Des clameurs et des applaudissements accueillaient l'arrivée de chaque chef d'atelier. Julien se démenait :

— Il faut que nous formions un cortège qui descende jusqu'à la mairie, puis nous traverserons la ville jusqu'à la préfecture.

— Oui, nous devons montrer notre solidarité avec les ouvriers, il faut marcher la main dans la main avec Romand.

— Où est-il ?

— Il s'est installé au café Orcières.

— Allons-y !

Se frayant difficilement un passage dans la foule, ils rejoignirent Romand.

— Je savais bien que je vous verrais, dit celui-ci, mais il a fallu vous bousculer, hein ! Je ne parle pas pour toi, Julien, ni pour toi, Benoît, car je sais que vous en avez dans le pantalon, mais il y en a qui sont pour la compromission. Je suis d'accord avec votre proposition, mais pas d'armes ! Nous travaillons avec nos mains nues, battons-nous de même !

Alors qu'ils mettaient en place l'organisation de cette première journée de grève, des cris et des bousculades firent écho jusque dans la salle du café.

— Romand, viens vite, viens vite, ils sont là !

— Qui ?

— Regarde la 1re légion de la Garde nationale, baïonnette au fusil ! C'est eux qui brillaient hier, place Bellecour avec Ordonneau et Depouilly !

— Allons-y ! hurla Julien.

Lorsqu'ils furent face aux fusils, Julien et quelques autres tentèrent d'apaiser le climat. Cependant, l'officier qui commandait cette milice armée d'une soixantaine d'hommes ne voulut rien entendre et ordonna une action d'intimidation. Se sentant menacés, les ouvriers se défendirent à coups de jets de pierre.

— Nous ne voulons point de gardes nationaux, les brigands veulent nous faire mourir de faim.

— Aux armes ! Les fabricants viennent chez nous pour nous assassiner ! Défendons-nous !

Le commandant du détachement, Firmin Gentelet, fabricant de son état, cria en tirant son sabre :

— Mes amis, balayez-moi cette canaille-là !

La Garde nationale se replia de quelques mètres et, dans la bousculade, fut encerclée par des manifestants qui désarmèrent et chassèrent sous les huées ces troupiers de parade.

— Tu as vu cette déroute ! s'écria Simon, qui n'en revenait pas.

Julien et Charnier rassemblèrent les chefs d'atelier présents.

— C'est le moment de nous bouger, déclara Julien d'une voix forte. Avec Romand, nous sommes d'accord. Nous allons former un cortège et, en bon ordre, nous descendrons la Grand-Côte. Si vous en voyez un de la Garde nationale qui a perdu ses collègues dans la panique de tout à l'heure, passez indifférents, ne le touchez pas.

Un éclat de rire collectif accueillit ces propos.

— Faut pas le faire prisonnier ? s'écria un manifestant.

— Qu'en feras-tu, de ton prisonnier ? Il faudra lui donner à manger et nous n'avons déjà pas de quoi pour nous, à moins qu'il fasse carême !

— En bon ordre ! répétèrent ensemble Charnier, Julien et Romand. Comme nous avons fait le 25 octobre ! Evitez les provocations.

Onze heures du matin sonnaient au clocher de Saint-Denis. La brume matinale s'était dissipée. Les manifestants, en rangs serrés, le visage grave, commencèrent leur marche en direction de la mairie de Lyon. En tête, Romand portait un drapeau noir sur lequel était inscrit : « Vivre en travaillant ou mourir en combattant. » La mort rôdait. Invisible jusque-là, elle se montra soudain sous l'uniforme de la Garde nationale. La milice avait regroupé ses hommes dans les rues et places du quartier du Griffon lorsque les ouvriers arrivèrent sur la place Croix-Paquet en chantant :

En avant marchons,
Contre leurs canons,
A travers le fer, le feu des bataillons,
Courons à la victoire.

Sans aucune sommation, une fusillade éclata. Huit ouvriers grièvement blessés tombèrent. Alors que chacun cherchait un abri, quelques-uns ramassèrent les blessés.

— Salauds, cria Julien, vous n'êtes que des lâches pour tirer sur des hommes désarmés !

Afin d'éviter un carnage, les manifestants se replièrent sur le haut des pentes de la Croix-Rousse. La nouvelle de cette fusillade fut rapidement connue de la population de la Croix-Rousse et de Lyon. Alors que les blessés recevaient des soins, au café Orcières, sous le drapeau noir, Romand, Charnier, Julien et Benoît élaboraient un plan de défense.

— Nous devons construire des barricades aux arrières des rues qui donnent accès à quiconque vient de Lyon. Benoît, fais passer le message à tous ceux qui sont sur la place.

— C'est bien, Romand, mais il nous faut des armes. C'est pas la cinquantaine de fusils pris ce matin à la Garde nationale qui va nous protéger. Nous avons sur la place près de quatre mille personnes, si j'ajoute quelques centaines de femmes.

— Tous ceux qui ont un fusil doivent le prendre.

— Mais nous n'avons pas de munitions !

— Fouillez les greniers, faites fondre le plomb des métiers à tisser et n'utilisez les armes qu'en dernier recours.

Romand s'adressa alors spécialement aux ouvriers :

— Aux armes ! Oui, aux armes, patriotes, et vous, braves ouvriers qui produisez à la sueur de vos fronts ces brillants tissus dont l'éclat et le luxe insolent font contraste encore davantage avec les haillons qui vous couvrent ! Puisque ceux qui nous gouvernent ont l'infamie de vous refuser le juste salaire de vos peines, saisissez vos armes redoutables et ne les déposez que lorsque vous aurez fondé un ordre des choses conforme aux besoins de notre belle patrie. Ce qu'il lui faut, à la France d'aujourd'hui, ce qu'il faut à nous tous, qui sommes ses enfants, c'est le rétablissement de cette république qui rendit nos pères si fortunés. Dès qu'elle sera proclamée, l'abondance renaîtra comme par enchantement dans toutes les classes de la société mais particulièrement dans celle des ouvriers. Alors nous serons indépendants, alors nous pourrons crier sans crainte du procureur du roi : « Vive la République, vive la liberté ! »

En bas de la Grand-Côte, des tirs sporadiques suscitèrent l'énervement des ouvriers rassemblés sur la place de la Croix-Rousse.

— Vous les entendez ? Ils veulent nous abattre !

— Ils veulent nous intimider.

Soudain, un mouvement accompagné de cris appelant aux armes alerta les chefs de section, qui se précipitèrent au café Orcières.

— Venez vite, il va y avoir un massacre.

Romand, Bouvery, Julien et Charnier se forcèrent un passage vers un attroupement d'hommes qui, pavés en main, menaçaient le commissaire de police, resté sur place afin de faire un compte rendu des événements. Charnier se précipita et, se plaçant devant le commissaire, s'écria :

— Vous m'assommerez le premier, vous êtes devenus fous ! Qu'aurez-vous de plus quand vous l'aurez tué ? Ce n'est pas par ces moyens que nous gagnerons notre cause. Vous vous conduisez comme eux. Montrons que nous ne sommes pas des lâches. Monsieur le commissaire, vous êtes sous notre protection. Partout où vous irez sur la commune, je serai à vos côtés, au-delà ce n'est plus de notre compétence.

A la mi-journée, l'armée prit position dans les rues avoisinantes. Pendant que les manifestants s'organisaient, une colonne de soldats tenta de passer en force pour occuper la place des Bernardines mais les officiers durent menacer de fusiller une dizaine d'hommes qui refusaient d'aller contre les grévistes. Pensant qu'il pourrait ramener le calme, le préfet Bouvier-Dumolart se fit accompagner sur les lieux par le général Ordonneau. Tous deux en grand uniforme s'avancèrent jusqu'aux premières barricades. Un bref dialogue s'engagea avec les insurgés.

— C'est en pacificateur que je viens ! s'écria le préfet. Peut-on faire taire les armes ?

— Dites à vos hommes que nous n'avons pas d'autres armes que nos mains, répondit un chef d'atelier.

— Ce n'est pas nous qui avons tiré ce matin mais bien les hommes d'Ordonneau. Adressez-vous à lui ! hurla Julien, debout sur un entassement de pavés.

— Si vous avez du courage, venez ici avec nous, monsieur le Préfet.

— Je viens !

Le préfet grimpa comme il put sur la barricade ; un chef d'atelier l'aida à descendre du côté des manifestants. Lorsqu'il mit pied à terre, il se trouva face au baron de Richemond, ceint du grand cordon de Saint-Louis.

— Que faites-vous ici ? s'étonna le préfet.

— Je suis aux côtés de ce peuple qui souffre !

— Et vous croyez que c'est en transformant cette commune en champ de bataille que vous soulagerez la misère ? Taisez-vous, Louis !

— Pourquoi me tairais-je ? reprit le baron. Je suis prince de sang, un jour, monsieur le Préfet, vous serez bien obligé de reconnaître en moi celui qui est Louis XVII.

— La situation est trop tragique pour prêter à rire, répondit le préfet.

Un groupe d'ouvriers et de chefs d'atelier accompagnèrent le préfet jusqu'à la mairie.

— Monsieur le Préfet, lui fit remarquer Charnier, les armes qui ont tiré ce matin sur le cortège sont celles du général Ordonneau, alors que nous nous rendions dans la dignité à la préfecture. En conséquence, ne vous étonnez pas que la tension se développe sur la commune de la Croix-Rousse et peut-être aussi dans les quartiers voisins. Vous avez ici l'ensemble des chefs d'atelier qui étaient dans votre bureau le 25 octobre dernier. Nous avons tenu nos engagements, nous ! Nous voulons poursuivre notre travail en appliquant le tarif qui a été décidé.

Le préfet exprima le désir de s'adresser au peuple de la Croix-Rousse à partir du balcon de la mairie. Lorsqu'il apparut, la foule le conspua et ce fut sans succès que les hommes présents à côté de lui intervinrent.

— Du travail ou la mort ! scandait la foule.

Plusieurs, à bout de nerfs, tentèrent de forcer la porte de la mairie pour s'emparer de la personne du préfet. Compagnons et chefs d'atelier firent barrage et mirent tout en œuvre pour apaiser les manifestants.

— Vous entendez, monsieur le Préfet, vous entendez ? cria Julien, blême. Le canon vient de tirer et les fusils tuent. Qui a donné l'ordre ?

Le préfet, navré et interloqué, ne trouvait aucun mot à dire.

— Trahison ! hurlait la foule.

A la vue de quatre ouvriers frappés à mort, la foule se déchaîna et réclama la tête du préfet. Le général Ordonneau, isolé et arrêté par les ouvriers, fut traîné jusque-là. Tous deux furent retenus prisonniers sous la protection de quelques chefs d'atelier et d'ouvriers désignés par Romand. Le jour déclinait et les insurgés s'apprêtèrent à passer une première nuit en état de siège.

— Il faut veiller à ce qu'il n'y ait pas de débordements qui porteraient atteinte à la vie du préfet et du général Ordonneau au cours de la nuit.

— Ces deux otages, Charnier, il nous faut les utiliser !

— Et comment ?

— Tu es avocat, tu dois certainement avoir une idée, on t'écoute, Perrier.

— Faisons signer un ordre par le général Ordonneau demandant quarante mille cartouches.

— Et ce papier, à qui tu l'adresses ?

— Au général Roguet.

Pendant une bonne heure, Perrier et l'état-major des insurgés firent pression sur le général Ordonneau, qui, à contrecœur, signa enfin l'ordre. Le général Roguet prit connaissance de cette demande :

— Je vous les enverrai en détail. Il faut bien qu'on vienne à bout de cette canaille ! hurla-t-il en donnant l'ordre de reprendre le tir du canon et de la mitraille.

Malgré son acharnement et plusieurs tentatives, il ne put franchir les barricades et dut se replier vers les Terreaux. Tout l'après-midi, il y eut des tirs en provenance du quartier du Griffon. Les insurgés, seulement armés de pioches et outils divers, résistèrent pour maintenir leur position. Vers vingt heures, les tirs devinrent sporadiques. A l'hôtel du Louvre, où il était gardé prisonnier avec le général Ordonneau, le préfet voulut instaurer un dialogue. Il s'adressa à Buisson, entouré de Guillot, Lacombe et Auclair.

— Rendez-moi ma liberté et, si le comte Roguet ne fait pas cesser le carnage, je marcherai à votre tête. Si vous croyez un seul instant que j'ai trahi vos intérêts, gardez-moi en otage ; mais si vous croyez que je puis vous être utile, laissez-moi retourner à mon administration.

— Monsieur le Préfet, nous voudrions bien vous croire !

— Guyot, ai-je jusqu'à maintenant failli ?

— Non, monsieur le Préfet, mais Ordonneau et Roguet, qui sont à la solde des négociants et la cause de notre misère de ce jour, eux, n'ont point de parole ! Qu'en penses-tu, Buisson ?

— Faisons confiance au préfet. Nous allons lui rendre sa liberté à condition qu'il s'engage à faire cesser les tirs de Roguet et que les négociants reviennent sur leur position et acceptent le tarif.

— Je peux agir immédiatement sur Roguet. Quant à votre demande vis-à-vis des négociants, ce sera certainement plus long.

Il était vingt et une heures. Une escorte formée des volontaires du Rhône, conduits par Guillot, l'accompagna jusqu'aux premiers postes de la Garde nationale.

— Que fait-on d'Ordonneau ?

— Nous le rendrons lorsque l'ouvrier que ses hommes ont arrêté hier sera de retour parmi nous.

La négociation aboutit à deux heures du matin mais ce fut seulement vers trois heures que Jean-Marie Bey rejoignit ses camarades de lutte et que le général Ordonneau fut rendu à ses hommes.

La place de la Croix-Rousse s'était transformée en un vaste dortoir. Pour se protéger de cette froide et humide nuit de novembre, les ouvriers avaient allumé des feux avec des moyens de fortune et les activaient pour tenir jusqu'au lendemain. Regroupés, les hommes veillaient et organisaient les tours de garde.

— Tiens, mon Julien, bois ce vin chaud, il y en a aussi pour vous autres.

— Mariette, que fais-tu ici à cette heure ?

— Il est quatre heures et, d'ordinaire, je suis debout pour aider mon père. De toute façon, je ne peux pas aller à Lyon. Autant que je sois avec vous ! Nous, les femmes, nous devons nous battre avec nos hommes.

— Bravo, Mariette !

Rassemblés autour des foyers, pour profiter au mieux de la chaleur qui s'en dégageait, les hommes prenaient un peu de repos et s'interrogeaient sur l'avenir.

— On a eu tort de lâcher le préfet et le général Ordonneau, il fallait les garder comme monnaie d'échange. On ne vous rend le préfet que si vous appliquez le tarif !

— Et tu crois qu'il resterait les bras croisés en disant : « T'as raison, mon gone » ?

— Nous verrons bien ce que sera la suite, il est quatre heures. Dans quelques heures, il fera jour. En attendant, je vais dormir. Salut, camarades, et si le canon tonne, dites-lui de ne pas faire trop de bruit, il y a des ouvriers qui récupèrent.

Vers cinq heures du matin, les hommes chargés du guet furent alertés par des bruits étranges provenant du côté de Saint-Denis.

— Réveillez les hommes !

En peu de temps, la place s'anima.

— Que ceux qui ont des fusils se tiennent prêts !

— Simon, j'ai l'impression que nous aurons du monde aujourd'hui, murmura Julien.

— Taisez-vous, bon Dieu ! bougonna Buisson. Ça y est, ils sont là ! Il faut les intimider. Qui vive ? Si vous avancez, vous serez reçus par une batterie de feu !

— On n'ira pas loin, chuchota Julien.

Pour seule réponse, une voix s'éleva :

— Ne faites rien, nous sommes avec vous. Buisson, fais pas le con, c'est Leclerc qui arrive.

— Julien, cria Henri, aie confiance si tu m'entends ! J'arrive avec les renforts des quartiers de Lyon.

— Lyon avec nous ! crièrent ceux qui avaient passé leur première nuit de veille à la belle étoile.

La jonction établie, Leclerc fit un rapport sur la situation dans la ville de Lyon.

— Tout est bloqué, il a fallu ruser comme le renard pour vous rejoindre. Nous avons formé une section aux Brotteaux. De là, nous sommes passés par La Guillotière et nous avons traversé le Rhône de nuit. Ensuite, nous avons longé la rive droite jusqu'au confluent et rejoint Saint-Just, où des compagnons attendaient, comme d'ailleurs à Vaise. Et nous avons marché jusqu'au pont Saint-Rambert, l'île Barbe. De là, on a grimpé jusqu'ici par la montée de Cuire.

— Mais dis-moi, s'enquit Buisson, ça fait des kilomètres ?

— Une vingtaine !

— Ça dû te rappeler le bon temps !

— Ah ça, oui ! Je m'y croyais. J'avais des jambes de vingt ans comme à Austerlitz, tu t'en souviens ? Et dire qu'on s'est battus comme des chiens aux côtés de l'Empereur pour en arriver là. Ah ! s'il était ici, t'inquiète que le tarif, on l'aurait. L'Empereur les aurait fait marcher, ces faux-culs de bourgeois !

Henri finissait de raconter à Julien les péripéties de la nuit.

— Tu le connaissais, ce Leclerc ? questionna Julien.

— Je l'avais rencontré une fois du côté des Brotteaux, ce devait être au cours de l'année 1827, lorsqu'il a fondé la Société de bienfaisance des fabricants de velours de Lyon. Et puis, souviens-toi, en juillet 1830, il a participé à la révolte.

— Comme nous, rétorqua Julien, et, comme nous, il est refait.

Ils traversèrent la place pour rejoindre Romand et les autres au café Orcières. Henri sortit de sa poche une affiche qu'il avait arrachée des murs de Saint-Just.

— Qu'est-ce qu'il dit, ton papier ? interrogea Bouvery.

— Il est daté du 21 novembre, c'est-à-dire d'hier, et signé par le comte Roguet, qui s'adresse ainsi à la population : « Lyonnais, la gravité des circonstances a nécessité la réunion des troupes de ligne et de la Garde nationale pour faire respecter vos personnes et vos propriétés. Chacun a fait son devoir. Des agents, des ennemis de votre industrie ont formé le projet insensé de vous dépouiller de cette illustration manufacturière qui fait la prospérité de votre cité et la gloire de la patrie. Demain, la Garde nationale prendra les armes à huit heures du matin. Les diverses légions se réuniront sur leurs places d'armes respectives. Inviter les citoyens à se rendre à leur poste, ce serait faire insulte à leur zèle, à leur courage et à leur patriotisme. Je suis convaincu qu'aucun d'eux ne manquera à l'appel de l'honneur. Lyonnais, rassurez-vous ! Les fauteurs de troubles et d'anarchie seront confondus. »

— Voilà, s'écria Henri, c'est dit ! A huit heures, ils attaquent.

Buisson et Romand se levèrent d'un jet.

— Nous répondrons et nous résisterons.

Arriva Charpentier, qui annonça que ceux de Collonges, de Saint-Cyr au Mont-Dore rejoignaient la Croix-Rousse.

— Et nous attendons les ouvriers de Tarare et de Thizy, qui, paraît-il, sont en route.

La proclamation du général Roguet n'eut pas l'impact mobilisateur qu'il espérait. Les affiches apposées sur les murs de la ville furent lacérées par la population. Quant à la Garde nationale, composée majoritairement de négociants, dont certains refusèrent l'affrontement armé, préférant fermer leurs magasins et se calfeutrer dans le confort de leurs salons, elle ne répondit pas aux attentes des autorités. D'autres, minoritaires, rejoignirent le camp des insurgés. A l'hôtel de ville, le maire adjoint, Boisset, s'inquiétait.

— Général Roguet, avez-vous suffisamment d'hommes pour rétablir l'ordre ?

— La défaillance d'une partie de la Garde nationale m'oblige à faire appel à des renforts. J'attends des troupes de Grenoble, Besançon, Valence.

— Cela ne me dit pas de combien d'hommes vous disposez.

— Ne comptant que les soldats, j'ai sous mes ordres pour l'instant 3 438 hommes et j'en attends dans la journée environ 1 400. Cela fera un total d'environ 4 800 soldats, dont 3 974 fantassins pour tenir contre les barricades.

— Et la Garde nationale ?

— A peine quelques centaines, monsieur le Maire.

Ainsi qu'il l'avait annoncé, à huit heures le général Roguet fit faire un mouvement de troupe en direction du plateau de la Croix-Rousse. Mieux équipés en armes que la veille, les ouvriers tenaient la place. En réponse à l'assaut, une violente bataille s'engagea. La troupe, à plusieurs reprises, tenta de franchir les barricades. Elle fut arrêtée par une défense armée, installée aux fenêtres des maisons. La résistance était telle que la troupe fut obligée de se replier vers le centre-ville. Les tirs d'artillerie et les canonnades mirent la population en émoi. Pour la deuxième fois en vingt-quatre heures, le préfet tenta un dialogue avec les ouvriers. Il mandata une délégation qui se présenta en fin de matinée devant les barricades. Les ouvriers exigèrent des envoyés du préfet le dépôt de leurs armes, ce qu'ils firent, à l'exception du docteur Monfalcon, qui refusa de se séparer de son fusil, à la baïonnette duquel il avait fixé la demande manuscrite d'une trêve signée du préfet. Mais les engagements pris la veille par ce dernier n'avaient pas été tenus, aussi les ouvriers refusèrent-ils le message qui leur était adressé, certains le considérant comme une provocation. Les hommes, à bout de nerfs et fatigués, devinrent menaçants. S'ensuivit une bousculade qui projeta le docteur Monfalcon à terre. Il fut épargné par l'intervention d'un ouvrier qui lui permit de repartir, le vêtement un peu fripé mais sain et sauf. A la mi-journée, la ville était en état d'insurrection.

La population soutenait le mouvement ouvrier, des barricades se dressèrent, les églises Saint-Paul et

Saint-Pothin sonnèrent le tocsin. La bataille fit rage toute la journée. Les corps de garde mis en place par les généraux Ordonneau et Roguet furent incendiés. Afin d'éviter toute manœuvre d'encerclement, les ouvriers firent le siège du pont Morand.

En fin de journée, sous la présidence de Bouvier-Dumolart, se tint une réunion restreinte du conseil municipal, à laquelle participaient le premier adjoint Boisset, le général Roguet, les conseillers Gros, Gautier et Duplan, de son état procureur général près la Cour royale.

— J'ai demandé cette réunion pour faire un point de la situation.

— Au regard de l'évolution, depuis le milieu de l'après-midi, convenez, mon général, que nous sommes en train de perdre la face. Pratiquement tous les points stratégiques sont entre les mains des insurgés.

— Monsieur le Maire, ou j'ai des renforts en nombre suffisant et rapidement, ou je me retire ! Mais cela dépend de votre autorité. Qu'en pense monsieur le Préfet ?

— Je crois qu'il nous faut, sans perdre notre honneur, mettre fin à ces combats. Il est vingt-deux heures, et entendez les canons et mitrailles en action ! La journée a été sanglante, nous devons agir. Pour cela, je propose que le général Roguet se replie au-delà de Saint-Clair.

— Ce que vous me demandez est déshonorant pour le soldat que je suis, c'est une vraie capitulation !

Puis, s'adressant au procueur Duplan :

— Je me retire, mais auparavant, je tiens à ce que vous informiez la population en des termes sauvant mon honneur car, messieurs, je suis conscient que les négociants ont une part de responsabilité dans cette douloureuse affaire. Mais de là à me mettre à genoux devant une masse populaire et des fauteurs de troubles, jamais !

Une discussion vive s'engagea sur le contenu de l'affiche qui devait être diffusée. Il était près de minuit lorsque le procureur, s'adressant au préfet, proposa le texte suivant :

— « Nous avons voulu faire cesser l'effusion de sang et le général, mû par un sentiment d'humanité, a consenti à la retraite de la garnison. Toujours dévouée au maintien de l'ordre, c'est à vous de nous apprendre si la voix de vos magistrats ne doit plus être entendue. Craignez l'anarchie ; songez aux biens de vos familles et de la cité. Nous sommes restés à écouter vos plaintes et à concerter avec vous les mesures d'ordre convenables à tous les intérêts ; et, à cet effet, nous demeurons en permanence réunis à l'hôtel de la préfecture. »

Dans le même temps, Buisson tenait conseil au café Orcières.

— Au cœur de la nuit, il faudra redoubler de vigilance. Voici plus de quarante-huit heures que nous combattons et les hommes sont éprouvés. Pourtant, il nous faut résister, nous devons tout mettre en œuvre pour garder les places conquises en renforçant les barricades. Il ne nous faut montrer aucun signe de faiblesse.

— Nous sommes pratiquement maîtres de la situation. L'arsenal d'Ainay est tombé, nos hommes l'occupent. Des femmes et des enfants ont pénétré dans la caserne du Bon-Pasteur, qui est maintenant sous notre contrôle.

— Ces gones ont été formidables, raconta Baune. Ils étaient les plus acharnés, les plus audacieux pour former les barricades. Quant aux femmes d'ouvriers, avec des tissus de récupération et des moyens de fortune, elles ont soigné les blessés sur les lieux du combat, au risque de leur vie. Il fallait les voir ranimer le courage des hommes qui repartaient au feu.

— J'ai vu, rapporta Henri, des fantassins de Roguet et Ordonneau passer de notre côté.

— Combien des nôtres sont tombés ? s'inquiéta Julien.

— Aucune idée pour l'instant, déclara Buisson. Ce que je sais, c'est qu'il y a beaucoup de blessés. Et quoi d'autre ?

— La poudrière de Serin est entre nos mains depuis la fin d'après-midi mais le bilan est lourd, quinze morts.

Ce fut vers deux heures du matin que le général Roguet rassembla ses hommes place des Terreaux et donna l'ordre de repli. La lune flamboyait dans un ciel dégagé et propageait une luminosité qui permettait de distinguer tous les mouvements de troupes. Ce n'étaient que bruits d'armes et de pas cadencés. Les ouvriers retranchés dans les immeubles du quai de Retz et du quai d'Herbouville, n'ayant pas été avertis du retrait des hommes de Roguet, pensèrent que la troupe s'apprêtait à prendre position en vue d'un assaut. Tout au long de la rive droite du Rhône, ce ne fut qu'un cri : « Aux armes, aux armes ! » La bataille fut d'une extrême violence. Toute la nuit, le tocsin sonna. Depuis la place Tolozan, les obusiers du général Roguet ciblaient les ouvriers des Brotteaux qui s'étaient déployés sur la rive gauche du fleuve afin de couvrir ceux qui, par les ponts, tentaient de rejoindre le centre de la ville. Des flammes s'échappant des octrois incendiés dansaient sur les ponts et formaient dans la nuit des figures hallucinantes. La lune commençait à décliner, les hommes épuisés tenaient cependant leur place. La plupart n'avaient plus de munitions, aussi utilisèrent-ils les tuiles des toits et les meubles pour les projeter sur les troupes qui tentaient de rejoindre Saint-Clair, abandonnant les canons car ils ne pouvaient passer les barrages. A l'aube naissante, les ouvriers relevèrent leurs morts et amenèrent les blessés de cette nuit atroce auprès des femmes qui, courageuses comme leurs frères, pères ou maris, avaient tenu sous le feu.

Dans la ville déserte, quelques ombres couraient le long des murs des maisons. Evitant les rues où s'élevaient des barricades, le préfet et le maire adjoint se faufilèrent de l'hôtel de ville à la préfecture. En quittant les lieux, ils avaient laissé les clés à portée de main de quinconque les trouverait. Les salons de la mairie étaient transformés en une infirmerie où gisaient à même le sol, blessés et agonisants. Des caves montaient les cris des prisonniers entassés depuis le début des événements. Debout au milieu de ces corps gémissants, la blouse maculée de sang, deux médecins dispensaient des soins aux victimes qui arrivaient.

— Quelle hécatombe ! soupira l'un d'eux.

— Docteur, celui-là se vide de son sang, que dois-je faire ?

— Commencez, mademoiselle, à nettoyer les plaies, je m'en occupe de suite.

Mariette se mit à genoux, déchira le bas de son jupon et plongea la main dans un vase qui contenait encore un peu d'eau, puis, délicatement, elle écarta les tissus de la chair. L'homme hurla de douleur ; le muscle de son bras droit était déchiqueté. La vue de cette blessure fit vaciller Mariette un court instant. Son front suinta, elle ne put s'empêcher de vomir, souillant sa robe, et resta un moment semi-inconsciente. Ce fut la voix du médecin qui lui fit reprendre ses esprits.

— Excusez-moi, docteur, c'est la première fois que je vois un homme souffrir autant.

Le médecin examina le bras meurtri et murmura :

— Pour celui-ci, je ne peux pas faire grand-chose. Il faudrait pouvoir le transporter à l'hôpital si ce n'est pas trop tard.

Puis, se relevant, il aperçut un prêtre.

— Allez le chercher, dit-il à Mariette.

Encore toute tremblante, elle s'approcha, attendit que le curé terminât la prière des agonisants et lui demanda de l'accompagner.

— Il a autant besoin de vous que de moi, lui lança le docteur en l'accueillant. Je vous laisse, reprit-il, mais faites vite, il y a peut-être encore une chance de le sauver si on parvient à l'emmener à l'hôpital.

Se penchant vers Mariette, le curé l'interrogea :

— Vous le connaissez ?

— Non, je suis venue pour aider mais je n'aurais jamais cru voir un tel malheur.

— L'orgueil, ma fille, et l'argent ! Il n'y a pas pire tueur que l'argent ! *Te absolvo*... au nom du Père, du Fils et du Saint-Esprit...

Aux dernières paroles du récitant, deux solides gaillards placèrent l'homme inconscient sur un brancard dérobé aux armées.

— Allez, en route pour l'Hôtel-Dieu, mon gars.

Mariette s'approcha d'une jeune femme qui depuis deux jours était aux côtés des médecins, les aidant dans les premiers soins.

— Mademoiselle, je voudrais être utile mais de voir tout ce sang, ces corps meurtris dont certains sont méconnaissables, entendre ces hurlements de douleur dès que l'on s'approche de certains d'entre eux, m'est insupportable. Comment faites-vous pour rester aux côtés des médecins sans faillir ?

— Je prie la Vierge Marie qu'elle me donne la force et lui demande d'alléger les souffrances de ces hommes qui se sont battus pour une juste cause. Tenez, prenez cette médaille, portez-la avec vous et priez dans les moments difficiles.

— C'est comment, votre nom ?

— Pauline Jaricot.

— Moi, c'est Mariette.

— Suivez-moi, allons auprès des blessés. Docteur, Mariette pourrait donner les premiers soins à ceux qui ont des blessures pas trop graves.

Le mouvement insurrectionnel s'était imposé. Hormis le préfet qui restait à son poste, aucune autorité municipale ou consulaire n'était acceptée par les ouvriers ou la population. Le mercredi

23 novembre, après deux jours d'affrontements sanglants, la ville de Lyon était à l'abandon, livrée à qui voulait la prendre. Vers cinq heures du matin, une trentaine d'ouvriers, terrassiers du quartier de La Guillotière, pénétrait dans l'hôtel de ville, à l'étonnement des deux médecins.

— D'où venez-vous ?

— Du pont Morand, où nous étions depuis deux jours, venus donner un coup de main aux tisseurs.

— Où sont-ils maintenant ?

— Ils ont préféré aller faire un tour dans le centre-ville, où il y a encore quelques postes tenus par les hommes de Roguet. Ils devraient nous rejoindre ici.

— J'avais récupéré les clés de la mairie, dit un médecin, et demandé à un jeune homme, venu nous aider, de les porter aux responsables qui tenaient le pont Morand. Où sont-elles, ces clés ?

L'un des terrassiers fit danser le trousseau au-dessus de sa tête et cria :

— Elles sont là, c'est nous les maîtres de ce bâtiment !

Quelques-uns des nouveaux occupants s'en allèrent libérer les prisonniers ; ceux-ci se précipitèrent sur la place des Terreaux en poussant des cris de joie et en chantant *La Marseillaise* sous le regard surpris des habitants des alentours qui osaient enfin sortir de chez eux. Les premières lueurs du jour se devinaient. Un groupe d'ouvriers en soie, descendant de la Croix-Rousse, parvint à l'hôtel de ville, sous la conduite de Lachapelle, capitaine des volontaires du Rhône. Ce dernier escalada à grandes enjambées l'escalier d'honneur et alla prendre possession du bureau de l'état-major de la Garde nationale. Installé, il réunit ses hommes :

— Il ne s'agit pas de se laisser aller à des actes de vengeance.

— Mais, lui rétorqua quelqu'un, voilà deux jours, et cette nuit encore, qu'on nous tire dessus et ça venait des immeubles du quai de Retz et de la place Tolozan. Et maintenant, tu nous demandes de croiser les bras !

— La vengeance peut entraîner des actes extrêmes comme le pillage. Je serai impitoyable avec les pilleurs. C'est comme ça et pas autrement, dit-il d'un ton autoritaire.

Ses ordres ne furent que partiellement suivis. Un groupe se rendit dans les bureaux et magasins de la maison Auriol, quai de Retz, força les portes, dégagea les meubles et leur contenu, qui furent projetés par les fenêtres, puis y mit le feu. Conscient qu'il fallait tout mettre en œuvre avant que des règlements de compte interviennent, Richan, maire de la Croix-Rousse, s'adressa aux ouvriers :

— Tous les citoyens sont obligés par l'honneur de se réunir en détachement et de se porter sans délai dans les quartiers de la ville de Lyon pour arrêter le pillage et l'incendie qui va les dévorer. Chaque détachement, en se présentant, s'annoncera comme commandé directement par l'autorité municipale.

Informé de ce qui se passait et craignant que l'hôtel de ville ne soit occupé par des groupements révolutionnaires ou autres aventuriers, le préfet Bouvier-Dumolart se mit en quête de l'homme qui pourrait avoir suffisamment d'influence et d'autorité sur la population pour rétablir l'ordre dans la ville. Après s'être concerté avec Boisset, l'adjoint au maire, il envoya chercher Jacques Lacombe, maître ouvrier en soierie et membre, depuis sa création en 1827, de la Société de secours mutuels des maîtres fabricants d'étoffes de soie de la ville de Lyon.

— Vous prenez des risques, monsieur le Préfet, c'est un des chefs de l'insurrection !

— Monsieur le secrétaire général, je n'ai pas le choix. Soit je négocie avec Lachapelle et les volontaires du Rhône, qui, forts de leur victoire, veulent transformer le mouvement en organisation politique, et Dieu sait où cela nous mènera, soit je veux rétablir l'ordre et c'est avec les mutuellistes que je traite. Eux n'ont aucune velléité politique, leur exigence porte seulement sur la reconnaissance de leur travail par le tarif que nous avons arrêté ensemble, ici même, le 25 octobre dernier.

L'envoyé du préfet rejoignit Lacombe près du pont d'Ainay, qu'il venait de franchir la tête d'un groupe d'ouvriers de Saint-Georges.

— J'irai chez le préfet, répondit-il, quand j'aurai enlevé l'arsenal.

Il était sept heures du matin lorsque Jacques Lacombe se présenta devant le préfet.

— Alors, monsieur Lacombe, vous êtes maître de la situation, le dernier bastion vient de tomber entre vos mains !

Lacombe resta silencieux quelques secondes, à l'écoute du préfet, puis, à son tour, questionna :

— Vous m'avez demandé ? Me voilà !

— Lacombe, il faut tout mettre en œuvre pour rétablir l'ordre dans les villes de Lyon et de la

Croix-Rousse. Je compte sur vous. Sachez que je vous aiderai. Je vous nomme en responsabilité de l'hôtel de ville.

La décision du préfet troubla Boisset, qui assistait à l'entretien. Il se leva, prit congé et s'adressa au préfet :

— Il ne m'est plus possible de rester à la préfecture, mon devoir m'appelle à regagner l'hôtel de ville.

— Je vous suis dans quelques instants, lui dit Lacombe en le saluant.

— Lacombe, reprit le préfet, mes services m'informent qu'un gouvernement provisoire est constitué et qu'il se réunit au théâtre des Célestins. J'espère que vous ne serez pas complice de cette mascarade. Ces gens se disent républicains !

— Monsieur le Préfet, dans l'état actuel, je ne connais d'autre gouvernement que celui qui existait avant tous ces événements.

— Je vous fais accompagner par le commissaire central Prat, qui me tiendra au courant.

Le jour commençait à poindre, la population découvrait, horrifiée, une ville meurtrie, jonchée de barricades, véritable camp retranché. Les flaques de sang encore fraîches laissaient imaginer la dureté des combats. Huit heures sonnaient au beffroi de l'hôtel de ville quand Jacques Lacombe et le commissaire Prat firent leur entrée. Ils constatèrent que Lachapelle s'était installé dans les lieux.

— Salut, l'ami, tu es là depuis longtemps ? interrogea Lacombe.

— Au petit matin, on nous a remis les clés. Avec

une poignée d'hommes, je suis arrivé par le pont Morand.

— Est-ce que Boisset est arrivé ?

— Pas vu.

— C'est bizarre, il était chez le préfet, il est parti un quart d'heure avant moi.

— Que faisais-tu chez le préfet ? demanda Lachapelle.

— Il m'a chargé d'une mission et, pour cela, m'a nommé à la tête de l'hôtel de ville.

Lachapelle apprécia peu la nouvelle.

— Nous allons nous mettre au travail, reprit Lacombe. J'espère, Lachapelle, que je peux compter sur toi.

— Oui, répondit celui-ci sans enthousiasme.

Le commandement bicéphale ne dura que deux heures. Lacombe s'imposa et demanda que tous les hommes valides soient réunis dans la cour de l'hôtel de ville :

— Ce n'est pas parce que nous avons gagné que nous devons nous conduire comme des galapians. Pensons à ceux de nos frères qui ont été tués pour que nous puissions vivre en travaillant. A partir de maintenant, je constitue un état-major provisoire, composé d'une représentation assez large de la population. Il n'est pas question que nous formions un mouvement politique. Nous devons rétablir l'ordre et remettre en marche nos métiers avec pour seul but l'application du tarif, tel que nous l'avons signé. Afin d'éviter des comportements extrêmes, nous allons immédiatement constituer des patrouilles armées pour débusquer les pilleurs. Je vais mettre en place une cinquantaine de postes de maintien de l'ordre afin qu'il n'y ait aucune atteinte aux personnes ou aux biens. Je sais que certains d'entre vous souhaitent que nous capturions la poignée de négociants, cause de notre malheur. Je vais vous surprendre, mais aucune violence ne sera exercée contre eux. Je ferai placer des sentinelles devant leurs portes. J'ai besoin aussi d'un groupe qui aura en charge de garder le trésor de la ville ainsi que le bureau de la conservation des hypothèques.

Les propos de Lacombe firent impression. Le commissaire central Prat lui-même s'en étonnait. « Ce n'est pas dans sa nature, pensa-t-il. Il suffit parfois d'être investi de pouvoir pour changer le comportement des hommes ; et troquer la vie de chef d'atelier en rébellion contre celui de maire n'est pas un exercice facile. »

— Bravo, Lacombe, tu as été bien ! s'écria Granier. Il faut, maintenant que nous sommes dans la place, foutre en l'air tout ce qui représente le pouvoir royal et instaurer un gouvernement de la ville avec les ouvriers.

— Où veux-tu en venir ?

— Avec Lachapelle et d'autres, nous pensons que l'heure est venue.

— Pour le moment, répliqua Lacombe, le maire de Lyon, c'est moi, et j'ai été nommé par le préfet. Qu'est-ce que vous voulez de plus ?

— Que tu sois maire, nous pouvons l'admettre mais que tu sois un maire, nommé par le préfet qui représente le roi, non ! Il faudra bien que tu te ranges à nos côtés, autrement tu es foutu.

— Je vais en référer à l'état-major provisoire.

— Nous nous en sommes occupés, rétorqua

Pérenon. Dans l'équipe, ils sont presque tous d'accord.

— J'ai besoin de réfléchir.

— Fais vite car nous allons rédiger une proclamation.

Après deux heures de discussions vives, Lacombe signa un texte qu'il cautionnait partiellement.

— Nous allons, clama Granier, l'imprimer sur les presses de *La Glaneuse* et le faire afficher à Lyon comme à la Croix-Rousse.

Lachapelle en donna lecture.

— Il faut que tout le monde soit bien d'accord. « Des magistrats perfides ont perdu de fait leur droit à la confiance publique ; une barrière de cadavres s'élève entre eux et nous. Tout arrangement devient donc impossible. Lyon, glorieusement émancipé par ses enfants, doit avoir des magistrats de son choix, des magistrats dont l'habit ne soit pas souillé du sang de leurs frères ! Nos défenseurs nommeront des syndics définitifs pour présider avec toutes les corporations respectives à la représentation de la ville et du département du Rhône. Lyon aura ses comices ou ses assemblées primaires. Les besoins du peuple provincial seront enfin entendus et une nouvelle garde citoyenne sera organisée...

« Plus de charlatanisme ministériel pour nous en imposer. Soldats, vous avez été égarés ; venez à nous, vos blessés vous diront si nous sommes vos frères. Gardes nationaux, des ordres donnés par des hommes perfides et intéressés ont compromis votre habit ; vos cœurs doivent être français ; unissez-vous à nous pour maintenir l'ordre, nous sommes sûrs qu'au premier appel chacun de vous se trouvera sur les places d'armes respectives. Tous les bons citoyens s'empresseront de rétablir la confiance en rouvrant leur magasin. L'arc-en-ciel de la vraie liberté brille depuis ce matin sur notre ville. Que son éclat ne soit pas obscurci !

« Vive la liberté ! »

Ereintés, le vêtement déchiré, le visage creusé et ridé, maculés de poussière et de sang, les ouvriers remontaient la Grand-Côte.

— J'espère qu'on s'est pas battus pour rien, le Pierre ?

— En tout cas, ça va changer les choses.

Un soleil pâle réchauffait la place de la Croix-Rousse.

— Tiens, voilà le Julien !

— T'as été blessé, gone ?

— La nuit dernière, j'ai pris un coup de baïonnette.

— Comment c'est arrivé ?

— Je m'approchais d'un poste de la montée Saint-Sébastien. Ils étaient deux qui ont surgi comme des diables à qui on allait couper les cornes.

— C'étaient ceux de Roguet ?

— Oh, que non ! C'était la Garde nationale, celle qui est à la solde des négociants.

— Qu'est-ce qui se passe là-bas ? Il y a du monde.

— Oui, on dirait qu'ils lisent une affiche. Qu'est-ce qu'ils vont nous annoncer encore ?

— J'espère que c'est la fin des combats. Car, tu vois, Julien, notre métier est dur. Debout avant le soleil, couché tard. Mais il est mieux d'être sur son métier que de s'étriper !

— Mais là, rétorqua Julien, c'était pour la bonne cause, c'était pour le tarif.

— Alors qu'est-ce qui est écrit ? Henri, lis-le-nous, mes yeux sont trop fatigués.

— Ce n'est pas possible, s'écria Julien, entendant ce que lisait Henri. Il est fou, Lacombe. On ne s'est pas battus pour ça, enfin, Henri !

— Tu as en partie raison. Mais il y a des choses intéressantes.

— Lesquelles ?

— Il est émis l'idée d'une participation, d'une représentation des ouvriers aux décisions intéressant la collectivité. C'est aussi une proclamation contre le pouvoir de Paris. Regarde, ils ont écrit : « les besoins du peuple provincial ». C'est révolutionnaire !

— Oui, mais toutes ces belles idées, c'est pas encore pour aujourd'hui. Là où je ne suis pas d'accord, c'est sur le terme de « magistrats perfides ». On laisse croire que le préfet a été de ceux-là, alors qu'il nous a toujours soutenus et qu'il a toujours cherché le contact avec nous, et encore la nuit dernière. Non, je ne peux pas être d'accord avec ça. Je descends à l'hôtel de ville voir Lacombe, Lachapelle, Frédéric et Charpentier, qui viennent de s'improviser syndics.

— On vient avec toi.

Les rues du centre de la ville reprenaient peu à peu leurs fonctions ; la population osait sortir. Accompagné d'Henri et de quelques chefs d'atelier, Julien, le bras en écharpe, se fit indiquer le lieu où siégeait le nouveau maire. En montant les escaliers, il entendit deux gardes :

— Il faut que nous prenions des hommes en armes pour arrêter le préfet et le maire, ça m'étonnerait que cela se passe bien.

— Vous êtes fous, vous aussi ! s'exclama Julien. Si vous sortez de l'hôtel de ville, je vais à la préfecture avec les compagnons de la Croix-Rousse et vous aurez affaire à nous !

— On a des ordres, on nous a dit d'arrêter Boisset et le préfet.

— Celui qui vous a dit ça va bientôt changer d'avis, compris ?

Le ton était vif et suffisamment fort pour que tous l'entendent. Sans autre formule de politesse envers Lacombe, Julien et Henri pénètrent bruyamment dans la pièce occupée par le maire. Ce dernier était en conversation avec Poirieux, qui venait de se nommer commandant de la place de Lyon.

— Alors, Lacombe, tu te prends pour le maire ? Tu signes n'importe quoi ! s'écria Julien. Après ces deux jours de bataille, tu veux refaire le monde ! Et tu crois que tu vas gagner ! Le combat que nous menons n'est pas terminé.

— Qu'est-ce que tu me reproches ?

— Tu ne peux pas déclarer que le préfet est un factieux, tu sais très bien que c'est faux.

— Granier, Pérénon, Filhol, Rosset, Drigeard-Desgarnier m'ont demandé de signer l'affiche.

— Ils te l'ont fait signer mais eux n'y figurent pas. Tu es un gamin, tu leur sers de faire-valoir. Enfin, réfléchis, Lacombe, de tous ceux que tu me nommes, aucun, mais aucun n'est tisseur. Ils ne savent même pas ce qu'est notre métier. Ils ont profité de l'occasion pour avancer leur pion, ça, c'est de l'idéologie. Leurs intérêts ne sont pas les nôtres. Depuis plus d'un siècle, nous nous battons pour notre cause. Rarement nous avons été aidés. Alors, Lacombe, ou tu changes ton fusil d'épaule, ou tu démissionnes. Mais auparavant, tu fais une déclaration à la population, qui n'y comprend plus rien.

— J'ai été forcé, clama Lacombe pour sa défense.

— Qu'est-ce que tu veux ? Qu'on se tue entre nous, pour des ambitions personnelles de quelques-uns ? Lacombe, la République, c'est une idée merveilleuse mais ça nécessite la volonté d'un peuple et le peuple qui est en ce moment dans les rues de Lyon ne s'est pas encore fait à cette idée. Henri, prépare un texte que nous allons faire afficher.

L'esclandre de Julien avait ameuté tous ceux qui étaient dans l'hôtel de ville. Une foule se constitua et hurla contre Lacombe, qui, par crainte d'être pris dans une bagarre générale, s'enfuit, protégé par Julien. Henri monta sur la table de celui qui s'était cru maire pendant quelques heures et lut :

— « Nous, soussignés chefs de section, protestons tout hautement contre le placard tendant à méconnaître l'autorité légitime qui vient d'être publié et affiché avec les signatures de Lacombe, syndic, Charpentier, Frédéric et Lachapelle. Nous invitons tous les bons ouvriers à se joindre à nous ainsi que les citoyens de toutes les classes de la cité qui sont amis de la paix et de l'union qui doit exister entre tous les vrais Français. Lyon, le 23 novembre 1831. »

La confusion était à son comble. Un brouhaha indescriptible enveloppait les salons de l'hôtel de ville. Henri essayait de ramener le calme lorsqu'une voix cria :

— Le préfet vient d'être arrêté, le peuple seul commande et a le droit de choisir ses chefs.

— Qui rapporte cela ?

— C'est Derieux.

— Portons-nous à la préfecture ! hurla Henri.

— Non, pas tout de suite ! tonna Bouvery. Ce n'est peut-être qu'une rumeur. Que les tisseurs et chefs de section se réunissent immédiatement. Nous venons d'approuver un texte qui ne remet pas en cause l'autorité du préfet. Je propose que nous allions en préfecture pour voir ce qu'il en est. Nous devons, quoi qu'il en soit, reprendre la situation en main car, depuis quelques heures, il me semble qu'elle nous échappe. Je rappelle que ce sont les compagnons et les chefs d'atelier tisseurs qui sont à l'origine d'une manifestation pour l'application du tarif. Malheureusement, ce qui était un mouvement de grève justifié a dégénéré à notre insu. Que les jeteurs de troubles récupèrent aujourd'hui le sang de nos frères est inadmissible. Gardons la tête froide.

Etienne Gauthier, conseiller municipal, avait souhaité assister à cette réunion. D'une voix grave, il rappela ce qu'avait fait le préfet pour les compagnons et les ouvriers. Il termina en s'écriant :

— Continuez à reconnaître le préfet, vous savez qu'il a été votre père, votre ami, il l'est encore, il s'occupe sans relâche de vos intérêts.

— Il est douloureux, déclara Julien, que des ouvriers s'affrontent de cette manière. Nous, ouvriers tisseurs, nous n'avons jamais imaginé renverser le gouvernement de la ville pour nous imposer. Notre lutte est sociale.

Le commissaire central Prat avait suivi, sans encombre, le déroulement de la journée. Il put rejondre le préfet et Boisset dès le début de la soirée.

— Monsieur le Préfet, nous sommes face à un état-major insurrectionnel. Il y a d'un côté les tisseurs qui vous reconnaissent, et d'un autre côté des corporations qui vous sont hostiles et refusent l'autorité que vous représentez. La plupart se disent républicains, ce dont je doute, car, parmi les tisseurs, l'idée républicaine est également très présente. N'oublions pas l'influence des saint-simoniens dans cette affaire.

— Qu'en pensez-vous, monsieur le Procureur général ?

Duplan resta quelques instants silencieux. Du bout des doigts, il boucla l'un de ses favoris puis se passa la main sur le visage.

— Monsieur le Préfet, depuis trois jours, nous sommes comprimés par une insurrection qui commença d'abord au nom de nos ouvriers en soierie, puis a fini par entraîner toute notre classe ouvrière. Elle s'est montrée forte dès son principe. Toute la partie de notre Garde nationale, composée d'ouvriers de différentes professions, a déserté les drapeaux de l'autorité. La garnison s'est trouvée trop faible. Les citoyens se divisent, les factions se dessinent et les partis cherchent chacun de son côté à s'emparer du mouvement. C'est l'anarchie dans toute son énergie, avec la perspective de nouveaux malheurs pour nous.

— A vous en croire, s'insurgea le préfet, l'avenir est sombre ! Pour ma part, j'accorde encore grande confiance aux ouvriers de la Croix-Rousse.

— Monsieur le Préfet, vous m'avez demandé mon avis, le voilà. C'est en cette forme d'ailleurs que je vais transmettre un rapport au ministre.

Une nuit d'encre couvrait la ville. Par les rues étroites et sombres, un groupe d'hommes armés, munis de torches, arrivait en préfecture.

— Monsieur le Préfet, nous vous portons cette déclaration, signée par seize chefs d'atelier et de section, manifestant ainsi notre opposition à la proclamation affichée sur les murs de la ville qui ne vous reconnaît plus dans votre fonction.

Le préfet prit acte et se tourna vers Boisset :

— Vous êtes, cher ami, toujours l'adjoint au maire. Je vous propose de m'accompagner. Allons visiter les différents postes de garde du centre et de l'hôtel de ville afin d'y mettre l'ordre nécessaire. Quant à vous, messieurs, j'apprécierai votre compagnie, d'autant qu'il faudra convaincre ceux qui n'ont pas eu le message de sympathie que vous venez de me remettre.

Il était un peu plus de vingt et une heures. Le cortège conduit par le préfet, l'adjoint Boisset, les seize chefs d'atelier et une centaine d'ouvriers arrivait à l'hôtel de ville. La foule assemblée place des Terreaux se tut. Tous les regards fixaient le préfet qui, avant de pénétrer dans la mairie, déclara à la population :

— Quelques hommes sans consistance veulent élever un pouvoir usurpateur à côté de l'autorité protectrice de vos magistrats ou, plutôt, ils veulent l'anéantir. Lyonnais, le souffrirez-vous ? Voulez-vous retomber dans l'anarchie ? Subirez-vous le joug d'une poignée de factieux ? Non. Vous m'entourerez pour me donner la force de rétablir l'ordre et la tranquillité. Votre ville a éprouvé assez de malheurs, arrêtons-en le cours. Aucune attaque n'est à craindre de l'extérieur. J'en réponds sur ma tête. Aidez-moi à sauver la ville des malheurs qui la menacent encore afin que je puisse m'occuper de vos intérêts. Vous n'abandonnerez pas la cause de l'ordre, c'est la vôtre ; parce que, sans ordre, point de travail. Nos ennemis de l'intérieur et de l'extérieur jouissent de nos dissensions ; ils sont prêts à en profiter.

Suivit un tonnerre d'applaudissements auquel se mêlaient les clameurs : « Vive le préfet, vive Lyon... » Sous les ovations, le préfet monta à l'étage. Face à lui, dans le grand salon, une dizaine d'hommes.

— Messieurs, je devrais vous faire arrêter car, contrairement à ce que vous avez affiché, je suis toujours garant de l'ordre. Cependant, je ne le ferai pas. Je vous demande de déposer vos armes. Vous avez profité d'une situation qui est devenue aujourd'hui équivoque pour tout le monde. A l'instant, j'assume toutes mes responsabilités et vous accorde une chance. Je veux que demain, jeudi 24 novembre 1831, vous ayez quitté l'hôtel de ville à sept heures du matin. Le commissaire central Prat fera le constat.

La nuit se dérobait lentement ; les brumes du Rhône voilaient les façades de la place des Terreaux. Quelques ouvriers patrouillaient devant l'hôtel de ville tandis que d'autres surveillaient les accès possibles par les rues avoisinantes. Un bruit sourd, provenant du quartier du Griffon, troubla le calme de l'heure matinale. Une troupe d'hommes, conduits par leur général en chef Martin Buisson, fit irruption sur la place des Terreaux. Quelques-uns prirent position sur le perron tandis que Buisson, Martinon et Diano investissaient les lieux.

— Dehors ! s'écria Buisson à l'endroit des quelques occupants. Les ouvriers de la Croix-Rousse ne se reconnaissent pas dans votre attitude. C'est nous qui allons occuper cette maison qui est la nôtre, tant que la situation n'est pas redevenue normale dans cette ville. Ah ! voilà le commissaire Prat, il nous manquait !

— Monsieur Buisson, le préfet m'avait chargé de procéder, à partir de sept heures, à l'expulsion de ces messieurs. Vous venez de le faire, c'est très bien ! Vous m'évitez cette besogne. Mais, à partir de cet instant, il revient à Boisset d'assurer ses fonctions de premier adjoint, en lieu et place du maire. D'ailleurs, le retour de celui-ci est annoncé.

— C'est ça, répliqua Buisson, il arrive après la bataille alors que sa place aurait été ici pendant tous ces événements. Il paraît, commissaire, qu'il y aurait quarante mille hommes de troupe qui marcheraient sur Lyon ?

— N'attachez pas trop de crédit à tout ce que l'on rapporte. Toutefois, il faudrait que vous m'accompagniez chez le préfet pour lui faire part de vos intentions.

Après un instant d'hésitation, Buisson demanda que Martinon, chef d'atelier, mutuelliste dans l'âme et capitaine de la Garde nationale de la Croix-Rousse, l'accompagne, ainsi que Diano, lui aussi chef d'atelier. Dans l'antichambre du bureau préfectoral, Buisson dressa un amer constat.

— Qu'est-ce qu'ils foutent ici, ceux-là ?

— Le préfet, expliqua le commissaire Prat, pense qu'il serait prudent d'avoir aux côtés des autorités municipales des représentants de l'état-major provisoire mis en place il y a quarante-huit heures.

— C'est une plaisanterie ! hurla Buisson. Ceux qui sont là ont profité d'une situation. Leur but, c'est de prendre le pouvoir ! Nous, c'est l'application d'un accord ouvrier négociant sur un tarif. Ça n'a rien à voir, nom de Dieu ! Où qu'il est, votre préfet, que je lui mette une fois pour toutes les points sur les i ?

— Me voici, messieurs !

— Nous ne voulons pas de responsables choisis par vous-même et Boisset. Seul à nos yeux est valable ce que décide la commission des ouvriers qui siège en permanence depuis quelques jours. Elle s'est réunie cette nuit et propose un nouvel état-major que nous vous demandons d'agréer.

Le préfet consulta la liste qui lui était soumise et constata que tous les membres de ce nouvel état-major étaient ouvriers ou chefs d'atelier tisseurs. Il remarqua d'autre part que les seize participants étaient ceux qui avaient signé la fiche dénonçant les factieux.

— Je vous ferai observer, monsieur le Préfet, que ce conseil des seize est composé de représentants de la Fabrique et de chacune des sections de la ville que nous avions mises en place en octobre dernier.

— Peut-être serait-il bon, suggéra le préfet, qu'il y ait d'autres personnes, d'autres métiers ?

— Il n'en est pas question !

— Eh bien, je souhaite bonne chance à ce gouvernement des chefs de section.

— Notre souhait, monsieur le Préfet, est de siéger aux côtés des magistrats élus.

C'est alors que Bouvery intervint :

— Maintenant, il s'agit de remettre les métiers en activité. Pour cela, il serait bien d'informer la population par voie d'affiche sur ce que nous venons de conclure avec le préfet et Boisset. Henri, tu vas rédiger un texte que nous leur soumettrons.

— Messieurs, revoyons-nous dans une heure, déclara Bouvier-Dumolart.

Sur les termes à employer, la discussion entre les rédacteurs fut vive. A l'heure prévue, ils se présentèrent devant le préfet et Henri en donna lecture :

— « Lyonnais, des circonstances que nous déplorons tous ont causé la suspension des travaux. Le bon esprit de la population nous a garantis des fâcheux résultats qu'elle pouvait avoir ; l'ordre règne ; le calme existe parmi nous, et déjà le vœu général demande la réouverture des ateliers. Fabricants, chefs d'atelier et ouvriers, que chacun de vous ait confiance ; que le passé s'efface, cette ville reproduira le tableau de la bonne harmonie et de son heureuse activité. En conséquence, j'invite tous les habitants à rouvrir leurs ateliers et magasins, et à reprendre le cours de leurs occupations habituelles. »

— Très bien, acquiesça le préfet.

Quelques heures après, l'adjoint au maire Boisset donna l'ordre de libérer sept ouvriers tisseurs, détenus pour avoir créé des troubles lors des manifestations de début novembre. Pour la première fois depuis un mois, la ville retrouvait un peu de calme. Sous le commandement de Buisson, la Garde nationale assurait le maintien de l'ordre.

— Ce soir, la Croix-Rousse paraît tranquille, murmura Mathilde.

— Ça devrait être la fête, nous avons gagné, répondit Julien.

— A quel prix ? rétorqua Simon. Ce soir, dans des ateliers, il y a des larmes. Cet après-midi, j'étais à l'hôtel de ville, ils parlaient de six cents victimes. Mais c'est de l'à-peu-près car il y a des blessés qui n'ont pas été déclarés. Du côté des tisseurs, il y aurait soixante-dix morts environ.

— Dans un mois, c'est Noël, il faudra penser à ces familles, dit Mathilde. J'espère que le conseil municipal accordera une aide financière.

— Un premier secours de deux cent mille francs a été voté par le conseil municipal. Cette somme doit être répartie entre les présidents de section pour soulager un peu de cette misère, rapporta Julien.

— Un peu, tu dis ? Ça n'est pas de l'aide, ça n'est même pas de la charité, c'est une aumône ! s'insurgea Mathilde.

— Quand je pense, rétorqua Simon, que nous avions le magot des banques et de la caisse municipale à portée de main et que nous n'y avons pas touché...

— Notre devoir était de préserver cet argent qui n'était pas à nous. Nous devions le préserver des pilleurs et autres voyous. C'est pour cela qu'il y avait des hommes de garde devant ces bâtiments, répondit Julien.

— Deux cent mille francs, tu parles d'une somme ! Mais au cours de la réunion, il paraît que des ouvriers ont réclamé une indemnité de sept millions ?

— C'est vrai, Simon, la demande a été prise en note mais le conseil municipal, comme le conseil des seize chefs d'atelier, ne pouvait répondre à une telle exigence, aussi la requête a été ajournée.

— Enterrée, tu veux dire !

Au lendemain de ces journées dramatiques, les canuts réunis au café Orcières organisaient les premiers secours auprès des blessés et des veuves, et *L'Echo de la Fabrique* ouvrait une souscription. Mais, au cours des discussions, la question du tarif était de nouveau évoquée.

— C'est bien beau, s'écria l'un d'entre eux, de faire une affiche pour dire à la population que nous reprenons nos métiers et que les magasins doivent rouvrir mais comment sera-t-on payés ? Vous pensez bien que les négociants vont nous faire tirer la langue !

— Il a raison, murmurait la salle.

— Nous avons eu un entretien avec l'adjoint au maire et le préfet, déclara Bouvery, et ils nous ont promis de convoquer les représentants des négociants et des chefs d'atelier de la Fabrique pour débattre les prix du tarif qui serait applicable à partir du 15 décembre. Mais, fait important, la ville s'engage, s'il en est besoin, à prendre sur la caisse municipale les fonds nécessaires pour assurer aux chefs d'atelier et ouvriers le paiement de la différence sur les façons des pièces livrées à la fabrication depuis le 21 novembre pour atteindre le prix du tarif au 1er novembre.

Arrivant de l'hôtel de ville, Charnier vint s'asseoir près de Garcin, qui présidait cette assemblée.

— Le bruit court en ville que vous êtes en partance pour occuper la mairie.

— Tu vois qu'il n'en est rien, nous sommes occupés à organiser la Société des ferrandiniers.

Charnier se leva et s'adressa à l'assistance :

— Voici six mille francs que le maire de Lyon vous envoie pour en disposer à votre gré, soit pour soulager les plus malheureux d'entre vous, soit pour aider à former votre caisse de bienfaisance.

Tel Mirabeau devant l'envoyé du roi, Garcin se leva et rétorqua à Charnier :

— Allez dire à monsieur le Maire de Lyon qu'on l'a trompé : nous ne demandons rien à personne... Nous n'avons besoin de rien, nous gagnons de quoi nous suffire par notre travail. Lundi prochain, nous rentrerons dans nos ateliers.

— Non, Garcin, s'écria l'un des assistants, prends-le, cet argent !

Une légère approbation de la salle accompagna ce propos.

— Non, nous ne voulons point de cet argent, répliqua Garcin. Si nous voulons une caisse de bienfaisance, nous saurons la former de nos économies. Si nous sommes malades, nous avons l'hôpital.

6

Les événements de Lyon avaient franchi les frontières des départements du Rhône. A Paris, les milieux d'affaires étaient très préoccupés, les cours de la Bourse servaient d'indicateurs et les quartiers populaires commentaient l'actualité lyonnaise. Une onde d'inquiétude parcourait le royaume. Louis-Philippe convoqua au palais des Tuileries un conseil extraordinaire. Il se tourna vers Casimir Perier :

— Monsieur le Président du Conseil, vous êtes aussi ministre de l'Intérieur. Quelles dispositions avez-vous prises pour mettre fin à cette rébellion ? Il faut mater ces gens qui menacent l'action du gouvernement et le pays. Pour ma part, j'ai demandé au baron Delaitre de passer une commande d'étoffes d'ameublement pour un montant de six cent quarante mille francs, à répartir entre les principaux fabricants de cette ville. Ainsi, je contribue à faire renaître la prospérité des manufactures de soie de Lyon.

— Sire, il faudrait de votre part un geste fort pour montrer à la population que le roi et son gouvernement ne sont pas disposés à laisser l'anarchie s'installer dans nos villes. J'ai reçu du préfet de police de Paris une lettre dans laquelle il précise que des affiches appelant les ouvriers parisiens à suivre l'exemple de Lyon recouvrent les murs de la capitale. Dans les milieux populaires, là où sont les ouvriers, les anarchistes de toutes couleurs se réjouissent des événements lyonnais et proclament que le moment est venu de frapper un grand coup.

— Que proposez-vous ?

— Il serait, je pense, très apprécié que Son Altesse Royale, le duc d'Orléans, et le maréchal Soult, ministre de la Guerre, se rendent immédiatement à Lyon.

Le roi resta quelques instants silencieux puis déclara solennellement :

— Vous avez mon accord, monsieur le Ministre de la Guerre. Vous accompagnerez le prince et vous serez autorisé à donner tous les ordres que commanderont les circonstances.

Le duc d'Orléans quitta Paris le 25 novembre à la tête d'une armée de vingt-cinq mille hommes et cent cinquante canons.

Debout près de la fenêtre qui ouvrait sur la place de la Croix-Rousse, Julien laissait errer son regard.

— A quoi penses-tu, mon fils ?

— A demain, après-demain...

— Qu'est-ce qui t'inquiète ?

— J'ai le sentiment que nous nous sommes fait piéger.

— Peut-être, mais attendons lundi de voir l'attitude de chacun, négociants, chefs d'atelier.

— C'est bien ce qui m'inquiète : les négociants ne vont pas nous faire bonne mine ! Surtout si la promesse du préfet et de Boisset de reprendre le travail au cours du tarif tel que nous l'avions fixé le 25 octobre est tenue.

— A chaque jour suffit sa peine et je suis bien heureuse de vous avoir tous. Le repas sera maigre mais vous êtes bien vivants.

Les premières froidures de l'hiver apparaissaient sur les bras dénudés des arbres. La ville semblait assoupie, les rues étaient désertes, chacun attendait.

— Henri, que lit-on dans le journal ?

— Toute la presse, Julien, relate les événements.

— Sais-tu que Charnier et Bernard sont partis pour Paris afin d'instruire le gouvernement sur ces trois journées que nous venons de vivre ? Mais, pour qu'ils puissent quitter le Rhône, il a fallu demander un passeport.

— Donc, ils ne seront pas mardi à la réunion qui doit avoir lieu entre négociants et chefs d'atelier pour remettre en place le tarif ! Qu'espèrent-ils de ce gouvernement ?

— Je ne sais pas si nous pouvons en attendre beaucoup, d'autant, Julien, que le roi nous envoie son fils et le maréchal Soult.

— Vous voyez que nous sommes piégés ! s'écria Julien, prenant à témoin tous ceux qui étaient réunis autour de la table. Si le roi a fait venir le ministre de la Guerre avec les pleins pouvoirs, ce n'est pas les bras chargés de cadeaux pour la Noël !

— Ne t'énerve pas, intervint Thérèse, ça ne sert à rien.

— Pourtant, il n'a pas tort. Ecoute ce que j'ai lu

dans *Le Temps*, qui se veut le journal du progrès, alors qu'il n'est rien d'autre que le porte-parole de la petite bourgeoisie mesquine. A propos de ce qui vient de se passer dans notre ville, ils osent écrire : « Quand la propriété est menacée, il n'y a plus d'opinion politique, de nuances, de ministérialisme et d'opposition... » Et un peu plus loin : « Il faut éviter que l'esprit de rébellion s'étende. Les mouvements ouvriers sont contagieux. »

— Et le maire, où est-il ? ironisa Mathilde.

— De retour, probablement dans les malles du ministre de la Guerre !

— Heureusement, dit Henri, qu'il y avait Boisset. Il a essayé de faire son possible, certainement sans demander l'avis de son maire. Car, pendant qu'il s'évertuait entre la préfecture et l'hôtel de ville, et que Duplan, conseiller municipal et procureur du roi, envoyait des rapports acerbes à Paris, monsieur Prunelle se tenait loin du monde et du bruit, et votait un texte répressif envers les ouvriers. Ecoutez un peu ce que nos députés ont adressé au roi : « Nous applaudissons au patriotique élan qui a porté le prince, votre fils, à se précipiter au milieu des Français, dont le sang coule, pour en arrêter l'effusion. La sûreté des personnes a été violemment attaquée, la propriété a été méconnue dans son principe ; la liberté de l'industrie menacée de destruction, la voix des magistrats n'a point été écoutée. Il faut que ce désordre cesse promptement ; il faut que de tels attentats soient énergiquement réprimés. La France entière est blessée par cette atteinte portée au droit de tous dans la personne de quelques-uns de ses citoyens ! Elle leur doit une éclatante protection. Nous sommes heureux, Sire, de vous offrir au nom de la France le concours de ses députés pour rétablir la paix partout où elle serait troublée, étouffer tous ses germes d'anarchie, affermir les principes sacrés sur lesquels repose l'existence même de la société, maintenir l'œuvre glorieuse de la révolution de Juillet. »

— Parlons-en, de l'œuvre glorieuse ! s'insurgea Julien. Ils sont venus nous chercher pour prendre le pouvoir à leur bénéfice. Quant à la propriété menacée, il ne manque pas de souffle, le maire, en votant ce texte. Quelle propriété ? Celle des négociants ? Et les nôtres, car nous sommes tous propriétaires de nos métiers !

— Et le roi, lorsqu'il a eu connaissance de ce document, qu'a-t-il fait ? interrogea Mathilde.

— Il a déploré ces excès et remercié les députés de leur dévouement à la Couronne.

— C'est foutu, Henri. Demain, nous reprendrons le travail. Quant au tarif, tu verras comment le ministre de la Guerre va l'appliquer.

Arrivés aux portes de Lyon, le 29 novembre, le duc d'Orléans et le maréchal Soult y campèrent jusqu'au 3 décembre. Ce jour-là, sous un ciel gris, en fin de matinée, ils entrèrent dans la ville, qui resta indifférente. Seuls quelques notables se précipitèrent dans les salons de l'hôtel de ville. La réception officielle terminée, le maréchal Soult entrait en action. Du roi, il avait reçu ordre de n'accepter aucune condition : la reddition devait être totale.

Après un court entretien avec le ministre de la Guerre, où il dut publiquement faire amende honorable, le conseil des seize démissionna.

Dans l'atelier où Julien avait repris le travail, le bruit familier du bistanclac résonnait lorsque Henri fit irruption.

— Tu avais vu juste, Julien : ils veulent nous soumettre !

— Qu'est-ce que tu veux dire ?

— La population doit déposer les armes entre les mains de l'état-major du ministre de la Guerre. La Garde nationale, chère à Buisson, est dissoute ; pour entrer ou sortir, il faut un passeport. Les ouvriers sont obligés d'avoir avec eux un nouveau livret de travail et ceci dans un délai de trois jours. A ce qu'il paraît, une centaine d'ouvriers auraient été ramassés et expulsés hors du département du Rhône. Romand a été arrêté ainsi que quatre-vingt-dix personnes. Quant au tarif, il est déclaré nul et non avenu. Tout cela sera affiché dans les prochaines heures.

— Les salauds ! murmura Julien, qui avait peine à contenir des sanglots. Tout ça pour rien, ce n'est pas possible, Henri, nous n'allons pas tomber à genoux !

La présence du duc d'Orléans et du maréchal Soult apaisa les milieux du commerce. Pour certains, l'heure était venue de nettoyer la ville de ces dangereux révolutionnaires qui excitaient les ouvriers. Aussi s'affichaient-ils de façon indécente dans les salons où se retrouvaient quelques notables régimistes, courbant l'échine devant les envoyés de Louis-Philippe.

— Alors, monsieur Catulle, vous voilà rassuré ?

— Monsieur le Ministre de la Guerre, vous êtes un sauveur ! J'espère que vous allez tout mettre en œuvre pour faire taire cette ville, à commencer par le préfet.

— Mon cher ami, soyez sans crainte, à l'heure qu'il est, il doit préparer ses bagages. Il est limogé ; le président du Conseil, ministre de l'Intérieur, le rappelle à Paris. Et, croyez-moi, il devra rendre des comptes. Un préfet n'a pas à prendre d'initiatives sans en référer auparavant au gouvernement. Il n'avait pas à s'immiscer dans la relation entre négociants et ouvriers ; il est sorti de sa mission.

— Et le général Roguet, qui a su exprimer la force de la loi ? Il faudra, monsieur le Maréchal, se souvenir de son courage.

— Monsieur Catulle, vous allez être complètement rassuré. Le général Roguet est nommé pair de France. Je vous annonce aussi la nomination de Gasparin comme préfet du Rhône. C'est un homme énergique, vous ne serez pas déçu.

— Monsieur le Maréchal, je me permets de vous présenter un de nos fidèles amis, qui, très éprouvé par les événements que nous venons de vivre, envisage de quitter la France.

— Tiens, s'étonna Soult, expliquez-moi pourquoi, monsieur Jacquier !

— Monsieur le Maréchal, ils ont maintenant l'outrecuidance de faire des quêtes pour leurs blessés et les veuves. Je ne donnerai pas une pièce à la Croix-Rousse. Elle est peuplée de canailles...

Qu'avions-nous fait, je le demande aux propriétaires, aux aubergistes et aux autres, pour qu'ils prennent parti contre nous avec les ouvriers ? Ces derniers seraient en quelque sorte excusables, ils avaient peut-être une espèce de raison, ils croyaient défendre leurs droits. Eh bien, à ceux-là seuls, je pardonne. Mais, quant aux individus étrangers à la Fabrique, je ne leur pardonnerai jamais. D'ailleurs, je serai forcé, ainsi que quelques collègues, de quitter Lyon pour aller en Suisse, impossible qu'il nous est d'habiter une ville dont toute la population est contre nous et dans laquelle nous-mêmes et nos commis ne pouvons aller sans appréhension et sans crainte, visiter les métiers que nous faisons travailler.

— Le roi a entendu votre appel. Nous sommes venus et l'ordre règne. Faites confiance au gouvernement de monsieur Perier.

— Que le ciel vous entende, monsieur le Maréchal ! marmonna Jacquier, le visage empourpré.

Attirant Joannès Catulle à l'écart, le ministre de la Guerre s'inquiéta :

— D'après vous, mon cher Catulle, est-ce que la pacification entreprise par le duc d'Orléans et moi-même rassure les négociants et les notables de cette ville ?

— Pour les négociants, ceux qui le sont, vous les avez en grande partie devant vous. Vous rappellerai-je que nous n'étions que cent quatre opposés à ce tarif ?

— Cent quatre sur combien ?

— Un peu plus de mille trois cents.

— Donc vous êtes une minorité ! Nous devons nous montrer vigilants.

— Monsieur le Maréchal, cette ville n'est jamais conquise.

— Bonaparte y était bien arrivé !

— C'est exact, monsieur le Maréchal, mais en faisant travailler les métiers. Il n'y avait pas de temps mort avec lui.

— A-t-il encore des sympathisants ?

— Quelques-uns, monsieur le Maréchal. Les Lyonnais n'affichent pas leurs sympathies ou antipathies. Ils sont tout sauf excentriques. Toutefois, il est des lieux d'influence.

— Ah oui ! Lesquels ?

— Il en est surtout un, c'est le salon de madame Yéméniz.

— Le duc d'Orléans n'a pas pu les rencontrer.

— Ça ne m'étonne qu'à moitié, ils sont plutôt légitimistes, d'après ce qui se chuchote.

— Qui est monsieur Yéméniz ?

— Un négociant. Il fait travailler deux ou trois ateliers de la Croix-Rousse.

— Qui voit-on dans le salon de madame ?

— Des poètes, des écrivains, enfin des artistes, précisa-t-il d'un air ironique.

— Ah ! mon cher Catulle, il faut toujours se méfier des endroits où sont les artistes. Les idées sont parfois plus redoutables que les armes. Enfin, nous verrons bien. De Paris, nous aurons un regard particulier sur la deuxième ville du royaume... Permettez maintenant que je me retire. Dans quelques heures, le duc d'Orléans et votre serviteur devront rejoindre la capitale. Mais il est vrai que cette ville reste à connaître, elle n'est pas comme les autres.

Dans les bureaux de *L'Echo de la Fabrique*, Falconnet et Henri préparaient le numéro à paraître le 11 décembre.

— As-tu lu cet article daté du 8 décembre, sous la signature de Saint-Marc Girardin ?

— Non.

— Voici ce qu'il écrit dans le *Journal des débats*, il a l'air de découvrir le monde, écoute : « Il ne faut rien dissimuler ; car à quoi bon les feintes et les réticences ? La sédition de Lyon a révélé un grave secret, celui de la lutte intestine qui a lieu dans la société entre la classe qui possède et celle qui ne possède pas. Notre société commerciale et industrielle a sa plaie comme toutes les autres sociétés ; cette plaie, ce sont ses ouvriers. Point de fabrique sans ouvriers et, avec une population d'ouvriers toujours croissante et toujours nécessiteuse, point de repos pour la société. Otez le commerce, notre société languit, s'arrête, meurt. Avivez, développez, multipliez le commerce, vous multipliez en même temps une population prolétaire qui vit au jour le jour et à qui le moindre accident peut ôter les moyens de subsister. Cherchez dans chaque ville manufacturière quel est le nombre relatif de la classe industrielle et marchande, vous serez effrayés de la disproportion. Chaque fabricant vit dans sa fabrique comme les planteurs des colonies au milieu de leurs esclaves, un contre cent, et la sédition de Lyon est une espèce d'insurrection de Saint-Domingue. » Attends un peu, Falconnet, ne t'énerve pas, écoute la suite. « Les barbares qui menacent la société ne sont point au Caucase, ni dans les steppes de la Tartarie, ils sont dans les faubourgs de nos villes manufacturières. »

— C'est un appel à la révolution, et il croit que nous allons nous laisser traiter de cette façon ! Mais que veulent-ils ? Nous abattre ! Il n'y a pas eu assez de sang versé. Entends bien, Henri, avant dix ans nous retournerons sur les barricades et ce sera terrible. Réfléchissons sur ce que nous donnerons comme réponse.

— A propos de colonies, est-ce qu'on fait paraître la proclamation du maire de Lyon qui invite tous ceux qui n'ont plus de travail ou qui sont sans travail à s'enrôler dans l'armée pour partir en Algérie ?

— C'est signé Prunelle ?

— Oui. Il aurait mieux fait de rester à Paris pour plaider la cause ouvrière que de jouer au sergent recruteur. Ça doit être sa manière à lui de vider les faubourgs de ces barbares.

La ville se repliait sur elle-même, une façon de se protéger des morsures de l'hiver et de panser ses blessures physiques et morales. Julien, envahi par cette grisaille, restait quinze et parfois dix-sept heures par jour fixé sur son métier, ressassant les semaines passées et les espoirs perdus. Rarement, il s'accordait une pause, faisait quelques pas dans l'atelier, saisissait *L'Echo de la Fabrique* et lisait un article d'Henri ou de Falconnet ; c'était sa seule relation avec l'extérieur. Mathilde tentait d'engager une conversation pour l'arracher à ce mutisme oppressant. Très respectueux envers sa mère, il écoutait mais souvent les mots se perdaient dans d'autres pensées.

— Julien, lui dit-elle un jour, tu devrais être plus attentif à Mariette, elle vient nous voir presque quotidiennement et tu restes indifférent. Je ne te comprends pas car elle a été courageuse, toujours auprès des blessés, s'inquiétant pour toi ! Je conçois que la tournure des événements te soit pénible à supporter, mais, de grâce, réagis !

Simon, qui exerçait une certaine influence sur Julien, s'efforçait d'aérer l'atmosphère en racontant le dernier bon mot ou la dernière histoire qui courait la ville.

— A ce qu'il paraît, vendredi dernier, un voyageur anglais, tout étonné de la brillante illumination de l'hôtel de ville et du déploiement de forces militaires sur la place des Terreaux, demanda quelle fête nationale on célébrait. Un malin lui répondit : « C'est la réconciliation des négociants en soierie avec leurs ouvriers. »

— Ce n'est pas demain la veille, répliqua Julien. Simon, as-tu lu *L'Echo de la Fabrique* à propos de la réforme du conseil des prud'hommes ? La fête continue, le roi vient de signer une ordonnance qui attribue neuf sièges aux négociants et huit aux chefs d'atelier et ouvriers, alors que nous avions demandé l'égalité. De plus, seuls ont le droit à la parole ceux qui possèdent en propriété au moins quatre métiers. Sais-tu combien cela fait d'exclus ? Plus des trois quarts ! Nous, par exemple, il y a dans cet atelier deux métiers, nous n'avons pas le droit d'élire nos juges. Simon, ne me parle plus de tout cela, je vais essayer de tenir le temps que je pourrai. Comme disaient les anciens, « le fabricant mange quand il a faim, le canut quand il a pain ».

Mariette, quant à elle, admettait ce qu'éprouvait Julien mais elle supportait mal qu'il se détournât de ce qui avait été jusqu'alors leur raison d'être.

— Alors, monsieur le taciturne, je viens prendre des nouvelles de votre santé car vous me semblez avoir perdu la flamme de l'amour.

Julien esquissa un rictus qui pouvait ressembler à un sourire. Elle s'approcha, posa un baiser sur sa joue et se campa devant lui :

— Je ne sais pas si tu te souviens, mais j'existe et je t'aime.

— Ma mère me le dit tous les jours.

— Je comprends que tu sois déçu, jusqu'à l'amertume, mais estime-toi heureux, tu n'as été que légèrement blessé. Pense à ceux qui ont été tués ou qui ne pourront plus jamais tisser une aune de soie. Ne serait-ce que pour ceux-là et leur famille, tu n'as pas le droit de baisser les bras et de ruminer à longueur de journée. Ton père serait fier de ce que tu as fait. Reviens au monde et reprenons nos projets d'avenir.

— Ecoute, Mariette, les projets, c'est fini ! J'ai mes deux métiers à faire tourner, le reste m'est égal.

— Et notre mariage, c'est fini, il n'en est plus question ?

— Non !

— Et pourquoi ?

— Mariette, je ne pourrais pas tenir, je n'ai que deux métiers et aujourd'hui, avec deux métiers, je suis un marginal de la Fabrique, tandis que ton père, qui en a quatre, lui, peut aller s'asseoir à la table des prud'hommes. Rien que cela nous sépare car je n'ai pas les mêmes droits alors que je fais le même travail. Tu comprendras que ton père ne soit pas d'accord pour un tel mariage, et moi non plus d'ailleurs. Et puis les négociants qui tiennent le commerce de la soie entre leurs mains ne vont pas confier leur production à ces canailles qui habitent la Croix-Rousse.

— Julien, tu te montes la tête sur mon père. Avant les événements, un jour, il nous a dit qu'il aimerait bien travailler avec toi.

— Que moi je travaille pour lui ? Ça, non ! Je suis tisseur, je travaille pour moi et ma famille. C'est mon grand-père qui a fait la renommée de notre atelier, je me dois d'être à la hauteur.

— Julien, et mon honneur à moi, qu'en fais-tu ? Je ne suis pas une Marie couche-toi là, j'ai cru en toi, je me suis donnée avec passion et amour. J'ai mal, Julien, j'ai très mal. Jamais je n'aurais imaginé que la bataille du tarif aurait une telle influence sur toi et sur notre vie !

— Mais cette bataille, c'était pour notre quotidien, pour que notre travail nous permette de vivre et d'élever des enfants. Moralement, nous avons gagné ; pratiquement, nous avons perdu et ça continue. Regarde le coup des prud'hommes !

Assise sur une chaise près du métier, Mariette hésitait à se lever. Ses jambes ne la portaient plus. Ils restèrent silencieux un long moment.

Ordinairement, le dimanche, Mathilde allait à la messe très tôt. Ce jour-là, elle s'était absentée volontairement en fin de matinée, espérant que Mariette aurait suffisamment d'influence sur Julien et l'aiderait à surmonter cette crise de découragement dans laquelle il s'enfermait. De retour, elle s'étonna malicieusement de la présence de Mariette :

— Ne t'ayant pas vue à la messe, j'ai pensé que tu étais peut-être malade, j'ai prié pour toi.

— Vous pouvez aussi prier pour votre fils afin qu'il redevienne comme avant.

— Je t'en prie, Mariette, ça suffit ! Laissez-moi tranquille.

— Bien, puisqu'il veut rester seul, je m'en vais. Mathilde, j'espère que nous aurons l'occasion de nous revoir, car moi, je ne remettrai plus jamais les pieds ici pour ne plus déranger monsieur. Qui sait, Mathilde, je vous inviterai peut-être à mon mariage !

Le visage de Mariette, d'habitude si coloré, était diaphane, marqué par deux cernes qui donnaient au bleu de ses yeux une expression fantomatique et démentaient la légèreté de ses propos. Elle quitta sans bruit l'atelier.

En sortant de l'église Saint-Denis, Mathilde avait croisé Henri.

— J'ai besoin de voir Julien. Comment est-il ?

— Il réfléchit beaucoup en ce moment.

Simon, à qui il avait posé la même question, lui avait répondu : « Il a le cerveau noir comme un cul de poêle. »

Le jour déclinait. Henri arriva alors que Julien faisait ses comptes.

— Alors, l'ami, ça ne va pas ?

— Après ce que nous venons de vivre !

— Julien, je suis aussi meurtri que toi, mais on ne peut pas se faire une gueule de croque-mort, au contraire ! Plus rien ne sera comme avant !

— As-tu parlé de l'affaire des prud'hommes ?

— Tu as lu l'article que j'ai fait paraître dans *L'Echo de la Fabrique* ? Qu'on ne s'y trompe point ! De la nouvelle composition du conseil des prud'hommes dépend la prospérité ou la décadence de notre industrie car c'est de ce conseil qu'on doit attendre les nombreuses améliorations désirées depuis longtemps. Que les chefs d'atelier se pénètrent de ces questions : qui doit fixer le montant qu'ils veulent établir à la place du tarif ? Qui doit juger les différends entre l'ouvrier et le fabricant ? Qui doit protéger l'ouvrier contre l'égoïste ? Qui doit enfin faire tomber ces abus sans nombre qui accablent et ruinent l'ouvrier ? C'est le conseil des prud'hommes que les chefs d'atelier sont appelés à nommer, eux seuls tiennent l'avenir en leurs mains. Les chefs d'atelier possédant quatre métiers sont responsables envers ceux qu'on a privés du droit d'élire leurs juges. Une élection comme celle-ci, qui nous engage tous, doit être préparée. Il faut que nous choisissions ceux qui doivent être candidats, et là, il n'est nul besoin d'avoir deux ou quatre métiers, ceux que nous désignerons devront s'engager à défendre les ouvriers de la Fabrique.

Julien avait écouté sans mot dire.

— Un jour, reprit Henri, les prud'hommes seront le tribunal social où siégeront à égalité les patrons et les ouvriers. Mais ce n'est pas en restant le cul sur ta chaise que nous gagnerons. Tu sais, c'est une façon de nous imposer autrement que par les armes.

La puissance de conviction d'Henri troubla Julien.

— Il faut que je réfléchisse à tout ce que tu viens

de dire. Tu sais bien que je suis sceptique sur la bonne volonté des gros vis-à-vis de nous.

— Quand je suis arrivé, tu faisais tes comptes. As-tu des inquiétudes pour le travail ?

— Oui, car les loups ne se mangent pas entre eux. Nous, bien que propriétaires, que dis-je, petits propriétaires, de notre outil de travail, nous sommes vulnérables. Les gros ont l'argent et la marchandise, nous n'avons que nos mains.

— Julien, ils ne sont pas tous pourris, Dieu merci, il n'y a eu que cent quatre négociants qui ont fait obstacle au tarif. A ceux-là, on peut en rajouter une bonne trentaine qui, sournoisement, ont été leurs complices. Il en reste tout de même treize cents et, parmi ceux-là, j'en connais avec qui l'on peut faire bon commerce. Tu sais que, sur la fameuse commande du roi, il y a eu quarante-sept négociants qui ont soumissionné, il y a de tout à faire. J'ai relevé des brocarts or et soie avec bordures riches sur fond de satin couleur cramoisi, bleu et vert. Il y a du gros de Tours, pour la chambre à coucher de la reine et bien d'autres choses. Cette commande va occuper au moins deux cents métiers pendant cinq ou six mois. Tu pourrais peut-être avoir quelques longueurs à tisser.

— Bah ! Je suis sûr que le gros Catulle et sa bande vont se tailler la plus belle part !

— Je n'en sais rien mais il ne faut pas faire une fixation sur Catulle. Il y a quelques jours, j'ai été présenté à l'anti-Catulle, monsieur Nicolas Yéméniz. Il est négociant, installé vers la place Bellecour, c'est un homme de bien. Il fait surtout commerce de belles étoffes pour l'ameublement...

Il a contribué largement à la décoration des châteaux de Fontainebleau et des Tuileries. Au cours de la conversation, j'ai parlé de toi et de ce que tu tissais. Il a semblé très intéressé, tu devrais aller le voir, ses bureaux sont quai Saint-Clair.

Les Yéméniz habitaient l'hôtel de Cuzieu, au 30, rue Sainte-Hélène. Le salon de madame Yéméniz, femme d'esprit et très élégante, était fréquenté par l'élite de la société lyonnaise ; poètes, musiciens, hommes de lettres, maîtres de barreau s'adonnaient aux jeux de l'esprit. Certaines soirées étaient enrichies par la présence de célébrités de passage dans la ville pour qui c'était un honneur d'être reçus chez les Yéméniz. C'est ainsi que s'y retrouvaient Prosper Mérimée, Lamartine, Montalembert, Victor de La Prade, le célèbre avocat Berryer, Lacordaire, Lamennais.

La préfecture faisait surveiller discrètement les abords de l'hôtel de Cuzieu, considéré comme l'un des lieux légitimistes où se retrouvaient les opposants au gouvernement. Le commissaire central de police chargé de la sécurité, s'était plaint en ces termes : « J'ai l'honneur de vous prévenir que messieurs Lamennais et Lacordaire, prêtres connus pour leurs opinions politiques, sont logés à l'hôtel de Provence, chez Gabet. Il m'est impossible de les faire surveiller autant que je le désirerais, faute d'argent. » Tous deux étaient sous surveillance depuis qu'ils avaient fondé le journal *L'Avenir*, dans lequel ils prônaient un catholicisme libéral, adapté à l'esprit de ce siècle en pleine mutation industrielle. Ils s'étaient prononcés en faveur de la liberté de l'enseignement et contre toute censure, reprochant aussi à la hiérarchie de l'Eglise de ne pas être à l'écoute du peuple. Lors des événements de Lyon, ils avaient pris fait et cause pour les insurgés. « Ceux-ci, proclamait Montalembert, n'avaient fait que reconquérir leurs droits. » Il approuvait ce qui était écrit dans *La Gazette de France*, journal légitimiste : « La cause de l'insurrection est dans la misère, provoquée par la stagnation du commerce, qui est elle-même un résultat du système dans lequel on est engagé. » Quant à Lamennais, à ceux qui lui reprochaient ses prises de position, il répondait : « On tremble devant le libéralisme, eh bien, catholicisez-le ! Et la société renaîtra. » De tels propos scandalisèrent l'épiscopat, qui en référa à Rome. En route pour la Ville éternelle, Lamennais et Montalembert firent une halte à Lyon, où ils furent reçus chez les Yéméniz, qui leur témoignèrent grande affection.

Veste bleu vif, culotte à la française, d'un gris sombre, chaussures basses, Julien était ce jour-là élégamment vêtu.

— Te voilà bien apprêté !

— Simon, nous sommes certes des travailleurs, mais nous ne devons pas pour autant aller tout dépenaillés. Nous tissons des étoffes riches, portées par des dames qui rivalisent dans la distinction. Nos tissus, c'est notre réputation.

Il chargea sur son épaule le rouleau d'étoffes terminé.

— Je vais à la Condition des soies, ensuite quai Saint-Clair, rencontrer monsieur Yéméniz.

— Ah, celui-là, si tu pouvais travailler pour lui !

— Tu le connais ?

— Non, mais dans la Fabrique, il a bonne renommée.

— Je verrai !

Chemin faisant, Julien se remémorait les propos d'Henri. « Il a peut-être raison », pensait-il. Il essayait d'entrevoir l'avenir pour lui et la Fabrique. « Il faudrait mettre de l'ordre car les épreuves de ces derniers temps ont certainement laissé des traces. Et puis il faut nous réunir pour préparer l'élection des prud'hommes. »

— Voici un moment que la Condition des soies n'avait pas eu le plaisir de te voir.

— Je tissais, répondit sèchement Julien, et aujourd'hui, je viens rendre mon travail.

— Tu le livres avec une semaine de retard !

— Je sais !

— Tu ne pouvais pas jouer au révolutionnaire et être à ton métier.

Julien resta silencieux. Le négociant inspectait son travail, fit la pesée de ce qui était rendu en matière première.

— Nous nous étions mis d'accord sur un prix ?

— Oui, répondit Julien.

— Je t'avais même versé un acompte. Je le déduis ainsi que la pénalité de retard. Voilà ton dû. Si tu veux continuer à travailler, j'ai un damas à faire. Regarde le dessin.

Julien, après un instant d'hésitation, accepta.

— J'évalue à deux mois de travail, lui dit le négociant. Et là, pas de retard, sinon nous ne pourrons plus traiter avec toi ! On n'a pas le temps de prendre des risques.

« Toujours hargneux, celui-là ! » pensa Julien.

— J'ai à faire dans le quartier, je viendrai en fin de matinée prendre la marchandise.

Un pâle rayon de soleil réchauffait les rues étroites et sinueuses du quartier du Griffon. Par la petite rue des Feuillants, Julien parvint rue Royale. Devant lui, le Rhône, impétueux, puissant, tels mille chevaux au galop, déployait sa force en s'époumonant. Toujours fasciné par le fleuve, il s'attarda quelques instants puis s'engagea en direction du quai Saint-Clair. Les lieux lui étaient familiers. Dans ce quartier, avant la Révolution et sous l'Empire, la maison Pernon était installée. Elle représentait l'un des plus grands noms de la soierie lyonnaise, pour qui son grand-père avait travaillé. Sur le métier de cet ancien avaient été tissées les étoffes d'ameublement pour le château de Versailles et les soies pour Marie-Antoinette. Par la suite, son père tissa des damas et des brocarts, commandés par Napoléon. Tout imprégné de ses souvenirs, il se présenta devant monsieur Yéméniz.

L'homme, de taille commune, était habillé d'un vêtement de drap gris clair ; un regard chaleureux animait, sous une chevelure coupée court, un visage lisse orné de favoris.

— Monsieur, vous avez eu une rencontre avec un journaliste qui m'a dit vous avoir parlé de mon travail.

Nicolas Yéméniz fit un léger effort de mémoire.

— C'est exact, répondit-il après quelques

instants, et rajustant ses lunettes finement cerclées · Vous souhaitez travailler pour moi ?

— Tout dépend de ce que vous me demandez.

— Je suis très exigeant sur la qualité, je fournis des étoffes en Europe et même en Amérique, et je demande un travail impeccable.

— Monsieur, j'appartiens à une famille qui est dans la soie depuis le roi Louis XIV. Mes ancêtres ont tissé les plus belles étoffes du royaume. A cette époque, monsieur Pernon nous passait commande et nous avons toujours donné satisfaction.

— J'ai une commande en instance, voici le dessin que je voudrais.

— Quel délai exigez-vous ?

— Deux mois maximum ! Quant au règlement, je paie toujours le bon prix. Je suis même souvent au-dessus du tarif qui nous a valu ces heures tragiques.

Nicolas Yéméniz impressionnait Julien, qui ne savait que dire. Etait-ce une provocation ou seulement un point de vue ? Aussi préféra-t-il ne pas répondre et revenir sur l'offre qui lui était faite.

— J'ai un autre travail en chantier, monsieur, mon métier ne sera disponible que dans un mois.

— Je prends note de votre demande, venez me voir dans une quinzaine de jours.

Sur le chemin du retour, Julien s'arrêta à la Condition des soies.

— Tu as compris, Julien, pas une demi-journée de retard ! lança sur un ton sarcastique le commis du négociant.

Julien le toisa férocement. « Encore un qui veut

briller devant son patron, ça gagne une misère et ça rampe devant ses profiteurs. »

Les semaines passèrent ; au retour des beaux jours, la ville s'anima. Mathilde profitait de la douceur printanière pour s'attarder l'après-midi sur la place de la Croix-Rousse. Elle admirait les arbres et la verdure environnante, cela lui rappelait son enfance, la magnanerie de ses grands-parents. Elle se plaisait de temps à autre à faire un voyage dans ce passé qui s'éloignait année après année. Elle allait parfois au-delà des remparts, par la porte Saint-Sébastien, gagnait les pentes et, de là, contemplait la ville, écoutait les grondements du Rhône s'engouffrant entre les berges qui avaient peine à le contenir. Ces temps-ci, elle était apaisée, Julien était moins sombre. « Heureusement, pensait-elle, qu'il y a Simon et Henri, tous deux m'ont bien soutenue. » De retour dans l'atelier, elle racontait à Julien les rencontres qu'elle avait faites et ajoutait sa petite note personnelle.

Fortement marqué par les événements, le gouvernement poursuivait sa répression. Certains ministres et notamment le président du Conseil, Casimir Perier, considérant que tous les regroupements d'ouvriers ou de chefs d'atelier étaient des foyers de subversion, n'hésitèrent pas à employer des méthodes jetant le discrédit sur certains mouvements tels que celui des saint-simoniens, soupçonnés d'être, par leurs discours, à l'origine de la révolte. Le gouvernement tenta de les faire condamner pour une prétendue affaire d'escroquerie.

C'était l'un de ces jours où Mathilde était heureuse, rassemblant autour d'elle tout son petit monde. Chacun entrenait cet esprit de famille qui avait soudé les générations. Elle avait surmonté bien des épreuves mais jamais elle ne s'était laissée aller à quelque abandon. Pour son âge, elle gardait une certaine fraîcheur ; le temps était passé sans s'incruster. Le repas dominical était, à de rares exceptions près, un moment de fête bien que souvent la composition du menu rappelât un jour de carême. Mais tous se contentaient de ce qui se présentait.

— Ils sont capables de tout, clama Henri. Ils veulent mettre le pays à leur botte et que triomphe leur libéralisme ! Tous suspects, tous comploteurs ! Mathilde, répondez-moi franchement : pensez-vous que dans l'Eglise, il y ait des comploteurs ?

— Ma foi, non !

— Eh bien, pour le préfet et le gouvernement, il y aurait danger. Avez-vous entendu dire que l'association fondée, il y a peut-être cinq ans, par Pauline Jaricot, d'une famille de soyeux, était un repaire de conspirateurs ?

— La Propagation de la foi ?

— Oui ! Ses membres, qui sont pour la plupart des petites gens du milieu ouvrier de la soierie, ont formé une chaîne de prière, le Rosaire vivant. Vous savez qu'ils distribuent à qui veut une petite médaille représentant Notre-Dame de Fourvière.

Sous prétexte que trois fleurs de lys y sont gravées, grossièrement d'ailleurs, les autorités soupçonnent mademoiselle Jaricot et plusieurs de ses membres de menées carlistes. Pour eux, cette médaille est un signe de ralliement. D'ailleurs, récemment, à la tribune de la Chambre, le député Mauguin a soutenu que Lyon était un foyer de jésuites et de carlistes. Ils surveillent notre âme, conclut Henri ironiquement.

— N'exagérons rien, soyons vigilants, c'est tout.

— Mathilde, votre indulgence vous aveugle ! Dans le quartier du Griffon, l'une des femmes du Rosaire vivant, que les gens du peuple surnomment la petite Marie des Terreaux, est recherchée par la police ; chaque jour, elle doit changer de domicile. Dernièrement, le commissaire Prat est venu en personne pour l'arrêter. Comme il a fait chou blanc, il est reparti en jurant qu'il lui mettrait la main dessus.

Julien écoutait, silencieux.

— Ça ne te fait pas réagir ?

— Je ne suis pas surpris.

— Tu sembles absent, à quoi penses-tu ? Tu as une belle dans la tête ?

— Peut-être !

Le silence laissa quelques instants chacun suivre le fil de ses pensées.

« Comme le temps passe, nous voici déjà à la mi-année », pensa Mathilde. Puis elle se tourna vers Thérèse :

— Tu vas avoir bientôt vingt ans, j'ai l'impression de ne pas t'avoir vue grandir. Te voilà femme, bonne à marier !

— Mais nous y songeons sérieusement, risqua Henri, entourant de son bras la taille de Thérèse. N'est-ce pas, ma belle !

Thérèse rosit, baissa pudiquement les yeux et attendit les réactions de sa mère.

— Vous avez prévu ce mariage pour quand ?

— Au mois d'août.

— Pourquoi si tôt ? Y a-t-il un caractère d'urgence ?

— Si tôt, si tôt, cela fait encore quatre mois, s'insurgea Thérèse. Et je te rassure, il n'y a aucune précipitation. Non, ma mère, je ne suis pas enceinte ! Nous nous aimons, tout simplement. Pourquoi attendre ? Nous nous connaissons bien, maintenant, depuis le temps !

— Thérèse, le mariage est une affaire sérieuse. Si tel est votre désir, pourquoi pas ? Mais dans le monde incertain qui est le nôtre, mon devoir est de vous mettre en face de vos responsabilités. Car il faudra vous suffire à vous-mêmes. Ensuite viendront les enfants...

— Qu'aurais-je de plus ou de moins en attendant ? questionna Thérèse.

— Comprends-moi, j'ai le droit de me faire du souci. Henri, je ne vous entends plus, qu'en pensez-vous ?

— Je vous rassure pour ce qui est de l'avenir, nous avons mesuré l'importance de notre décision. L'amour fera le reste.

Mathilde arbora un large sourire.

— C'est beau d'être jeune !

Julien n'avait pas pris part à la discussion. « Après tout, pensa-t-il, s'ils sont heureux, qu'est-ce que ça peut faire, aujourd'hui ou demain ? » Henri se tourna vers lui :

— Alors, beau-frère, tu ne dis rien ?

— C'est la surprise qui me rend muet.

Esquissant un sourire, Thérèse dit à son frère :

— Tu dois en avoir, des surprises, car voilà un moment que tu es avare en paroles ! Pourquoi es-tu toujours bougon ?

Julien se leva de table, s'approcha de la fenêtre :

— Voici bien longtemps que nous n'avions pas eu une journée de printemps aussi rayonnante de lumière ! Si nous allions faire une promenade dans la campagne ?

— Allez, les jeunes, lança Mathilde, je vais me reposer un moment. Profitez, profitez.

L'annonce du prochain mariage de sa sœur ne laissait pas Julien indifférent ; elle faisait revivre le souvenir de Mariette. « Qu'est-elle devenue ? » Thérèse avait bien ébauché une conversation sur elle mais Julien n'avait pas relevé. « Après tout, pensait-il, ce n'est pas à ma sœur de régler mes affaires. » Sa préoccupation était de renouer avec Mariette sans perdre la face. Mathilde, d'ailleurs, le subodorait. Avec mille précautions, elle allait au-devant des désirs de son fils, s'appuyant sur la complicité d'Henri et de Thérèse. Au cours d'un repas de famille, la conversation s'engagea sur le mouvement mutuelliste et Julien s'échauffa rapidement.

— Il faut reprendre tout cela en main, tu as raison, Henri !

— Mais sais-tu qu'ils t'attendent ? Personne ne comprend ton absence. Mardi dernier, en sortant de la mairie de la Croix-Rousse, j'ai rencontré l'Antoine, le père de Mariette. Il m'a demandé si tu étais malade car, m'a-t-il dit, « par ma fille je ne sais rien, seraient-ils fâchés ? ».

— Qu'as-tu répondu ?

— J'ai fait l'étonné.

— Il est toujours mutuelliste ?

— Il semble ! Le mieux, c'est d'aller voir. Six mois ont passé depuis les événements. Il serait judicieux d'en mesurer les conséquences car cela a eu des répercussions que je n'aurais jamais imaginées.

— Tu plaisantes ! Notre sort n'intéresse personne !

— Julien, tu as tort. Quand je rassemble les informations d'Allemagne, par exemple, je peux te dire que le chancelier Metternich a été très inquiet. Il voit dans cette expression populaire la défaite des classes moyennes et une décomposition de la classe bourgeoise. Dans un journal de Berlin, on peut lire : « Les événements qui ont eu lieu à Lyon donnent sujet à de sérieuses réflexions sur la situation actuelle de la France et, quelle que soit leur issue définitive, nous sommes en présence de faits indiscutables et évidents qui ont une signification exceptionnellement importante pour l'avenir du pays. » Au Piémont, les cours de la soie ont considérablement baissé. Quant aux Anglais, ils ont envoyé la semaine dernière le docteur Bowring, chargé de mener pour le compte du gouvernement, une enquête sur l'industrie de la soie dans notre pays. Il a eu un long entretien avec Arlès-Dufour. Je crois d'ailleurs qu'ils se connaissaient. Et aussi avec Charnier, Falconnet et l'Antoine, le père de Mariette.

— Pourquoi lui ?

— Parce qu'il représente une partie des chefs d'atelier, ceux qui sont propriétaires de quatre métiers. D'ailleurs, il est intéressant de voir qu'Arlès-Dufour, notable s'il en est, écrit maintenant régulièrement dans *L'Echo de la Fabrique*. Et, dans le numéro qui va sortir, il lance avec Vidal un appel à tous les travailleurs d'Europe. Ecoute simplement ce passage : « Que notre exemple ne soit pas perdu pour vous, et vous ferez, comme nous, de grandes et magnifiques choses, sans les payer par d'aussi immenses sacrifices... » Un peu plus loin : « Vos ennemis sont aussi les nôtres car ce sont eux qui, pour détourner votre attention, votre énergie de vos véritables intérêts, ont entretenu pendant si longtemps entre vous et nous l'esprit de haine et les guerres sanglantes qui les ont enrichis, eux vos maîtres, et nous ont appauvris, vous et nous, travailleurs. »

Depuis le début de l'année 1832, bon nombre de ceux qui avaient participé aux journées de Novembre 1831 furent traduits devant les tribunaux, accusés de conspiration industrielle. Les cours de justice avaient pour mission de démontrer que les insurgés étaient manipulés par des associations secrètes à but politique dont le seul objectif était d'abattre la monarchie et de proclamer la République. Certains de ces procès se tinrent à Lyon, devant le tribunal de police correctionnelle. Les accusés avaient souhaité être défendus par Jules Favre, jeune avocat qui plaida la cause des ouvriers avec une telle force de conviction que le ministère public se désista. Les magistrats y furent sensibles et prononcèrent des peines de principe, qui ne pouvaient satisfaire les autorités. Aussi, dans la pénombre des bureaux préfectoraux et sur les injonctions du ministre de l'Intérieur, fut-il décidé de traduire devant une autre juridiction quelques fauteurs de troubles. Neuf accusés furent cités à comparaître devant la cour d'assises de Riom. De retour du Puy-de-Dôme, Henri, qui avait suivi ces cinq journées de procès pour le compte de *L'Echo de la Fabrique*, les commenta à Julien ainsi qu'à Falconnet et Vidal.

— Sur les neuf prévenus, pas un membre de la Fabrique. Tous furent accusés d'avoir trempé dans un complot qui avait pour but de changer le gouvernement, d'exciter les citoyens ou habitants de la ville de Lyon et de ses faubourgs ou communes voisines, de s'être armés contre l'autorité royale.

— Il fallait ça pour justifier les assises !

— Oui, Falconnet, mais ça ne justifiait pas un procès dans le Puy-de-Dôme.

— Bien sûr que si ! Le même procès à Lyon risquait de provoquer des manifestations, ce que redoutent les autorités. Tandis qu'en Auvergne...

— Ils ont quand même fait venir de Lyon une quarantaine de témoins, dont l'adjoint au maire, Boisset, qui relata scrupuleusement les journées de Novembre.

— Ce déploiement judiciaire indique la volonté du gouvernement de sévir, ce sont des avertissements qu'il nous adresse. Prudent, il juge ailleurs, et les prévenus n'ont, de près ou de loin, rien à voir avec la Fabrique.

— C'est plus subtil que cela, Julien, car à Riom ils ont tous été acquittés ; mais dans le même procès, mettre sur le banc des accusés, Granier, le gérant du journal *La Glaneuse* et Charvin, l'imprimeur, montre bien les intentions du pouvoir, qui sont de museler la presse. En effet, l'avocat général comme le préfet ont mesuré l'importance de la presse dans les événements de Novembre, comme d'ailleurs en juillet 1830. Ils sont d'autant plus acharnés à nous faire taire que *L'Echo de la Fabrique*, journal du monde ouvrier, rendra compte de tout sans passer par les services officiels. De plus, depuis le 1er juillet, l'économiste anglais Bowring, devenu actionnaire du journal, le fait réimprimer en Angleterre, où il est lu avec grand intérêt.

— D'où l'importance de nous organiser comme les canuts ! s'exclama Vidal en regardant Julien. Il y a deux jours, nous avons, au cours d'une réunion dans les locaux du *Précurseur*, fondé l'Association lyonnaise pour la liberté de la presse.

Cette initiative n'eut pas l'heur de plaire aux autorités. Elles s'étaient réjouies de la disparition le 20 avril, par manque de finance, du *Globe*, journal saint-simonien qui, dès 1830, avait posé la question sociale dans ses éditoriaux. Bien que pacifistes, les saint-simoniens avaient pris fait et cause pour le mouvement ouvrier en écrivant notamment : « L'événement grave dont Lyon vient d'être le théâtre n'est point un de ces accidents sans valeur, isolé, sans lien, sans rapport avec le fait général de la production et de la répartition des produits du travail. Ce fait, au contraire, est un éclatant symbole de la situation industrielle de toute la France. Il faut remonter à la source du mal ; des réformes radicales sont urgentes, inévitables, la condition politique des travailleurs de tous les ordres doit changer. Le gouvernement doit être conduit par eux et pour eux. »

Ces phrases revenaient à la mémoire de Julien, lui qui, jusqu'à ce jour, avait évité la confusion entre le social et le politique. Certes, il était républicain, probablement par atavisme ; il avait souvent entendu des conversations sur des idées nouvelles qui apporteraient le bonheur au peuple mais il n'avait pas pris le temps de faire la distinction entre toutes ces nouvelles doctrines qu'étaient le communisme, le socialisme, le libéralisme. Ces questions étaient pour lui de la politique. Il considérait que l'association des mutuellistes pour les chefs d'atelier et celle des ferrandiniers pour les compagnons constituaient une force suffisamment représentative pour faire aboutir les revendications des producteurs de la Fabrique. Mais depuis, il y avait eu les journées sanglantes de Novembre, et d'autres questions se posaient à lui maintenant, d'autant que bon nombre d'associations de sensibilité républicaine, traquées par la police de Louis-Philippe, avaient quitté la capitale et s'étaient repliées sur Lyon, où elles pensaient trouver un accueil favorable dans les ateliers. Ainsi, au cours des mois, s'étaient formées des coalitions d'ouvriers. Les braises de novembre étaient toujours chaudes, sans doute suffirait-il d'un fort coup de vent...

Le ciel d'été s'assombrissait lorsque Julien et Henri sortirent du bureau de *L'Echo de la Fabrique*.

— Alors, quoi de neuf ? questionna Julien.

— Rien que tu ne saches.

— Les noces, c'est pour bientôt ?

— Avant les vendanges.

— Eh bien, c'est proche ! Car, avec la chaleur de cette année, le raisin devrait être à maturité début septembre.

— Comment sais-tu que ce sera à ce moment-là ?

— Sauf grand caprice de la nature, en principe, à la floraison du lys, tu comptes quatre-vingt-dix jours et tu prends dix jours de marge pour la lune. Tu connais à une semaine près la date des vendanges. Pour ton mariage, tu ne vas pas faire du tralala, parce que nous avons tout juste de quoi boucler notre quotidien. Je ne voudrais pas que ma mère se mette en grands frais et prenne un crédit.

— Sois tranquille, Julien, il y aura mes parents, vous, Simon et... Mariette.

— Dis-moi, une fois mariés, ma sœur va-t-elle continuer son métier de couturière ?

— Bien sûr ! Je pense même qu'elle va s'installer à son compte. Dans une ville comme Lyon, il y a de la place pour quelqu'un qui exécute un travail soigné. D'ailleurs, elle a fait part de ce projet à sa patronne, qui a même envisagé de s'associer avec elle. Tu ne m'as pas répondu pour ce qui est de la présence de Mariette à mon mariage...

— J'ai rien à dire ! Mariette a toute sa place, elle a grandi avec Thérèse...

— Que penses-tu de la conversation que l'on vient d'avoir avec Vidal, Falconnet et l'Antoine ?

— Il faut y réfléchir, il va peut-être falloir s'engager politiquement si c'est le moyen de changer cette société où nous sommes exploités. Quand je dis nous, il y a la Fabrique mais je tiens compte de tous les corps de métier qui sont dans cette ville. Il ne faut pas que le mutuellisme devienne une doctrine politique. C'est avant tout un état d'esprit. Regarde ce qui s'est passé chez les volontaires du Rhône. Dès qu'ils ont voulu se former en une structure d'action politique, le mouvement a éclaté, on l'a vu au moment des événements.

Ils marchèrent un moment en silence.

— Julien, as-tu entendu parler de la franc-maçonnerie ?

— Oui, par ma mère, elle m'a dit que mon grand-père en faisait partie. Pourquoi cette question ?

— Je pense que tu y aurais ta place.

Julien restait perplexe.

— Si tu veux bien, Henri, nous parlerons de tout cela à l'occasion. Pour l'instant, j'ai besoin de mettre de l'ordre dans ma tête.

Lorsqu'il avait à faire en ville, Julien partait tôt. Il aimait traverser le quartier de la Croix-Rousse et écouter le chant des métiers qui rythmait la vie des tisseurs. En descendant par les pentes, il découvrait toujours avec le même plaisir la cité qui s'exposait à la lumière de l'aube. Ce matin-là, il ressentait une certaine joie en se rendant à la Condition des soies pour restituer la pièce d'étoffe qu'un négociant lui avait commandée.

— Eh oui, me voilà ! J'ai même une journée d'avance.

Il s'adressa au commis avec un air ironique :

— Alors, jeune homme, qu'en dis-tu ?

— Julien, ne repars pas de suite, j'ai encore de l'ouvrage à te donner, une pièce pour dans un mois.

— Je ne peux pas, j'ai un travail à commencer. Si je disais oui, je ne tiendrais pas le délai.

— Pour qui, cette commande ?

— Ça ne te regarde pas !

Nicolas Yéméniz lui avait confié le tissage d'un damas de Lyon décoré de motifs floraux.

— Ce sera une belle étoffe, marmonna Simon lorsqu'il découvrit le dessin.

Le fait d'être un tisseur reconnu par Nicolas Yéméniz était pour Julien une forme de consécration qu'il savourait discrètement. Aussi s'appliquait-il un peu plus qu'à l'ordinaire. Au fur et à mesure que le tissu se formait, les motifs apparaissaient et son humeur reflétait toute la fierté qu'il ressentait.

Allons aux Brotteaux,
Ma mia Jeanne,
Allons aux Brotteaux,
Car il fait beau.
Nous y mangerons de la salade,
Nous y danserons du rigodon.

— Simon, est-ce que tu dansais le rigodon quand tu étais plus jeune ?

— Mon gone, je montrerai encore ce que je sais faire et, pour ça, pas besoin d'aller aux Brotteaux.

— Tu n'aimes pas beaucoup cet endroit ?

— Non, c'est un lieu de mauvais souvenirs. J'ai l'impression de marcher sur un cimetière que l'on a caché. C'est là que furent massacrés beaucoup de compagnons pendant la Terreur. Les condamnés étaient emmenés là-bas, attachés par dix ou quinze, placés face aux fusilleurs et, comme cela ne suffisait pas, ils leur tiraient dessus avec le canon. Il y a eu près de deux mille morts.

— Pourquoi cette tuerie ?

— Une rumeur qui est devenue une réalité. Lyon fut déclarée ville contre-révolutionnaire. Il est vrai que, si Lyon avait bien accueilli les idées de réforme et de progrès, émises en 1789, il en était tout autrement depuis le début de cette année 1793, où la population faisait l'amer constat de la faillite des grandes espérances sociales. La plupart des ateliers étaient fermés, les trois quarts des métiers arrêtés, un peu plus de trente mille ouvriers se sont retrouvés sans travail. Et c'est là qu'il fut décidé que Lyon serait détruite. Et ces salauds ont commencé à le faire. Par centaines, des supposés suspects ont été entraînés dans les prisons avant d'être envoyés à la mort, sans autre forme de procès. C'en était trop ! Lyon s'est insurgée contre la Convention. Et dans ces hommes, Julien, il y avait ton grand-père. Il a été exécuté par Fouché dans la plaine des Brotteaux.

Julien arrêta son métier et resta silencieux.

— C'est à ce moment-là, même un peu avant, qu'un nombre important de fabricants et maîtres ouvriers, ainsi que quelques compagnons, émigrèrent en Angleterre. D'autres sont partis en Allemagne, où un certain nombre d'avantages leur étaient offerts. Beaucoup s'exilèrent en Suisse. C'est ainsi que Gaillard, Germain, Richard-Margaron, Boy créèrent des ateliers qui devinrent très rapidement réputés et concurrentiels. Saint-Olive s'installa à Constance, où se retrouvèrent la plupart des ouvriers lyonnais. Puis il se fixa à Zurich, où il a soutenu et développé la tradition soyeuse. Partout, les maîtres ouvriers et les fabricants lyonnais ont imposé un savoir-faire apprécié par la clientèle européenne. Tu comprends maintenant pourquoi je n'irai jamais danser le rigodon aux Brotteaux, où la terre est encore humide du sang de nos anciens.

« Mon père avait dix-huit ans », pensa Julien.

— Il s'est tenu debout, il a fallu serrer les dents pour prendre la suite de ton grand-père. La chance a voulu que Pernon, qui s'était exilé en Italie, revienne à Lyon et reprenne les affaires. Il a obtenu des commandes très importantes sous l'Empire car Napoléon Ier avait décrété que tous les hommes et toutes les femmes qui avaient une position officielle devaient s'habiller d'étoffe lyonnaise et en changer le plus souvent possible. Quand je pense que ce Louis-Philippe n'a passé qu'une commande à la Fabrique, et encore parce que nous nous sommes mis en colère !

Julien était très ému par ce qu'il venait d'apprendre. Il reprit le métier en se disant : « Il faut que je sois digne de ceux qui m'ont précédé. »

Ce dimanche 5 août, la ville était écrasée de chaleur. Julien sortit un instant à la recherche d'un coin ombragé un peu plus frais que l'intérieur de l'atelier. Il rencontra quelques voisins qui ne portaient pas la joie avec eux. Il ne posa guère de questions. « Chacun a ses soucis », pensa-t-il. Mais ces airs sombres qui n'étaient pas de coutume sur la place des Tapis l'intriguaient. Ce fut Henri qui lui en donna la raison. Il arrivait de l'hôpital, où il était allé se recueillir devant le corps de Vidal, qui venait de s'éteindre. Cette annonce bouleversa Julien ; il était très proche de lui. Au mois de mai précédent, Vidal avait été nommé à l'unanimité gérant de *L'Echo de la Fabrique* en remplacement de Falconnet, qui, élu aux prud'hommes, avait donné sa démission pour éviter toute accusation de cumul et de dépendance.

— Lui qui croyait à l'union universelle entre les travailleurs par-delà les frontières, il ne le vivra pas.

— Julien, j'ai vu Marius Chastaing, un ami d'Antoine Vidal depuis 1820. Son chagrin est immense et il me disait que l'état de détresse auquel s'était trouvé réduit Vidal était le résultat de son indépendance littéraire, de sa philosophie et surtout de sa piété filiale. Ses amis n'ont pas à en rougir et lui-même parlait de sa pauvreté sans honte ni orgueil.

— Vous vous souvenez, s'écria Julien, de la chanson qu'il nous avait écrite quand nous avons obtenu le tarif le 25 octobre de l'an dernier ?

Et Julien se mit à chanter :

Lisette, ma douce amie,
Pare ton corset de fleurs ;
Dieu, protégeant l'industrie,
Vient de finir nos malheurs,
Tu ne seras plus pauvrette,
Allons ! reprends ta gaieté,
Chante avec moi, bonne Lisette,
Chante : vive la liberté !

— Allez, tous en chœur, à la mémoire de Vidal !

Chante avec moi, bonne Lisette,
Chante : vive la liberté !

Au cours des jours qui suivirent, la succession d'Antoine Vidal était dans la plupart des conversations. Chefs d'atelier et compagnons étaient préoccupés par le devenir de *L'Echo de la Fabrique*. Depuis quelque temps, les avis divergeaient sur l'évolution du journal et sur son implication auprès des associations de sensibilité républicaine.

— Je pense, exposa Henri au cours d'une réunion, que nous devons garder la ligne des origines. Nous sommes aujourd'hui un journal dont les articles sont des références ; nous le devons à Vidal et à Chastaing. Nous sommes la voie du mutuellisme, développons nos idées en maintenant cet état d'esprit. D'ailleurs, Arlès-Dufour, au moment des funérailles d'Antoine, le rappela très bien. « Vidal, a-t-il dit, voyait dans le journal des ouvriers, le premier de ce genre en France, un puissant moyen d'amélioration physique, intellectuelle et morale de la classe ouvrière. »

— Et l'amélioration de notre condition, c'est-à-dire la question sociale, qu'en fais-tu ?

— Julien, il y a maintenant près de six mois que nous avons rajouté au titre : « journal industriel et littéraire ». Cela ouvre quand même des possibilités de publier des articles sur la question sociale.

— Pour l'instant, tenons le cap de cette façon, nous verrons bien la suite.

Nommé rédacteur en chef par l'ensemble des présents, Chastaing voulut rassurer une partie de son auditoire.

— J'ai entendu tout ce qui s'est dit au cours de la soirée. Je tiens à préciser que je n'ai pas l'intention d'assumer seul cette lourde responsabilité. J'ai demandé à Falconnet, Bouvery, Henri et d'autres de m'aider, notamment sur la ligne éditoriale. Nos opinions sont connues, nous saurons les défendre de quelque côté que vienne l'attaque. Nous ne faillirons pas à la mission qui nous est confiée. Nous mettons au contraire tous nos efforts à en être dignes. Nous regardons en effet la profession de journaliste comme une fonction publique. Ainsi, nous ne croyons pas devoir être exclusifs, et cela dans l'intérêt même des ouvriers en soie que nous représentons toujours spécialement. Quoique cette classe soit la plus nombreuse à Lyon, elle n'est pas seule ; nous voulons appeler les autres au succès de notre entreprise. Nous serons le journal de la caste prolétaire tout entière. Que *L'Echo de la Fabrique* soit pour vous un centre de réunion, un point d'appui et de ralliement ; qu'il vous serve de tribune, toujours ouverte pour votre défense, si vous êtes attaqués. Qu'il vous serve aussi de tribune pour attaquer à votre tour les préjugés, les abus, les monopoles, les privilèges qui de toutes parts vous étreignent et vous privent de vos droits. La presse est aujourd'hui une puissance supérieure à toutes les forces physiques, nous vous offrons son égide tutélaire. Voilà notre ligne de conduite.

La salle applaudit en clamant : « Bravo, Chastaing, on est avec toi ! » Julien, quant à lui, restait méditatif. Ce qu'il venait d'entendre ne l'avait pas convaincu. Certes, il n'était pas hostile à une certaine ouverture aux autres corporations mais *L'Echo de la Fabrique* devait être avant tout la voix des tisseurs, chefs d'atelier et compagnons.

— A quoi penses-tu, Julien ?

— A tout ce qui vient d'être dit. J'ai besoin d'un peu de fraîcheur. Ici, il fait trop chaud !

Henri le suivit.

— Je n'ai pas saisi où vous vouliez aller avec le journal. Je crains qu'avec votre vision nous ne devenions un dévidoir de revendications. Car enfin, Henri, nos problèmes au sein de la Fabrique, ce ne sont pas ceux des artisans maçons ou d'autres. Entre une étoffe de soie ou de velours, et un mur en pisé ou en pierre, il y a quand même une différence. Ce que vous allez faire, c'est, ni plus ni moins, un journal du mouvement ouvrier. Autant le dire tout de suite. Fondons un syndicat des travailleurs, organisé en sections, section soie, section maçonnerie, etc. Si c'est ça la succession de Vidal, je ne vous suivrai pas longtemps. Et puis, pourquoi vouloir faire ce que *Le Précurseur* et *La Glaneuse* réalisent déjà ?

— Aie confiance, Julien, les intérêts de la

Fabrique ne seront pas négligés. Nous veillerons sur Chastaing. C'est un républicain ! Alors...

— Oui, façon Robespierre !

Henri s'impliquait dans la vie du journal. Reçu régulièrement chez les Yéméniz, il acquérait de nouvelles relations dans la société lyonnaise. Madame Yéméniz lui avait fait part de l'intérêt qu'elle portait aux articles littéraires paraissant dans *L'Echo de la Fabrique*. Dans son salon, poètes, romanciers, musiciens côtoyaient avocats, médecins, industriels. Il était toujours très étonné de la diversité des invités car, à Lyon, il avait souvent constaté que les notables se recevaient entre gens du même monde, les soyeux entre eux, les banquiers entre eux, etc. Quelquefois, pour les besoins de leurs causes, le cercle s'élargissait mais il n'était question que d'affaires. Un jour, il en fit la remarque à madame Yéméniz.

— Vous êtes la seule, madame, à prendre en considération les gens de plume que nous sommes. Je puis vous assurer que, dans certains milieux, musiciens et écrivains sont regardés avec condescendance, et je ne vous parlerai pas des journalistes ! Ce que j'apprécie, lui avait-il confié, ce sont les soirées lecture.

— Soyez des nôtres le jour où Lamartine viendra. Il aime tellement nous faire découvrir ses œuvres avant qu'elles ne soient publiées ! J'ai lu d'ailleurs, dans *L'Echo de la Fabrique*, l'un de ses poèmes que vous avez édités. Connaissez-vous monsieur Lamennais ?

— De réputation. C'est bien lui qui était le directeur du journal *L'Avenir* ?

— C'est cela. Ce journal dont il a été obligé de suspendre la publication, hélas, ne reparaîtra pas car la curie romaine n'en apprécie pas le contenu ! Pensez donc, il dénonçait le manque d'engagement de l'épiscopat aux côtés des populations défavorisées. A cela vous ajoutez la liberté d'expression. Il avait inscrit en exergue dans son journal : « Dieu et la liberté », formule chère à Voltaire ! J'entretiens une correspondance régulière avec cet homme, bien que je ne partage pas tout dans ses prises de position. Mais il est sincère et ouvre une réflexion qui mérite l'attention des catholiques. D'ailleurs, lors des événements de l'an dernier, monsieur Lamennais était à l'écoute. Je peux vous dire qu'il soutenait les ouvriers en soie, très attentif à leurs conditions de vie. Il prêche un catholicisme social. Il faudrait que vous le rencontriez, c'est un personnage passionnant.

L'été avait tenu ses promesses ; la date des vendanges se précisa, ainsi que celle des noces de Thérèse et d'Henri. Bien qu'Henri ne fût pas de la Fabrique, le quartier était en émoi. La fille de Mathilde se mariait et, pour chacune des familles du voisinage, c'était aussi la fête. Thérèse était rayonnante. Ce fut Julien, fort élégamment vêtu, qui lui offrit son bras pour entrer à l'église Saint-Denis, comble en cette occasion. Mathilde était déjà à l'intérieur, elle n'avait pas voulu suivre le cortège. Lorsqu'elle vit ses enfants, ses yeux rougirent. Elle se rappelait qu'un jour son mari avait dit à Thérèse : « Lorsque je te conduirai à l'église pour tes noces, ma fille, tu seras ma fierté. » Elle ferma les yeux et adressa une prière à son Joseph. Julien prit place aux côtés de sa mère. De temps à autre, il lançait quelques œillades à Mariette, qui feignait de ne pas le voir.

Une planche posée sur deux tréteaux supportait un tonnelet de beaujolais ; les verres prêtés par le café Orcières se levèrent à la santé des jeunes mariés.

— A nous, Mariette !

— Pourquoi nous, Julien, ce n'est pas nos noces, que je sache !

— Alors à toi, Mariette ! Tu m'en veux encore ?

— Oui, car tu as été odieux et, depuis, tu ne t'es guère intéressé à ce que je devenais.

— Aujourd'hui c'est la fête, regarde Thérèse comme elle est heureuse, faisons la paix.

Au cours de la journée, Julien fut des plus galants, entourant Mariette de mille prévenances. « C'est bien la première fois que je le vois aussi attentif, pensait-elle, c'est peut-être le beaujolais et la chaleur ! » Quand Mathilde apporta le craquelin, Mariette s'exclama :

— Quel beau gâteau, c'est Julien qui l'a fait, paraît-il !

— Il tisse déjà de la belle étoffe, ne lui demande pas d'être cuisinier, rétorqua Mathilde.

— La seule chose que je sache bien faire, c'est l'œuf dur !

Le repas achevé, il fut décidé d'aller se promener dans la campagne environnante.

— Alors, Mariette, toujours fâchée ?

— Julien, je n'aime pas les gens qui ont des sautes d'humeur parce que Louis-Philippe éternue ou que ta mère assaisonne un peu trop une salade de clapotons. A ce propos, aujourd'hui, elle était réussie.

Tout en parlant, le couple s'égara par les sentiers, jusqu'à ce qu'il soit seul. Julien enlaça Mariette. Il s'embrassèrent longuement puis se laissèrent glisser sur le sol sans rien dire. Leurs corps étaient à l'unisson, elle le pressait contre elle jusqu'à lui couper la respiration.

— Tu vas m'étouffer !

— C'est pour te garder longtemps en moi, Julien, je t'aime, j'ai été très malheureuse pendant tout ce temps où tu m'as ignorée.

Ils restèrent allongés un long moment, haletants sous leurs étreintes. L'astre solaire, seul témoin, se retirait. Les cloches d'un village avoisinant ou peut-être de Saint-Denis, marquaient l'heure de l'angélus. Sans un mot, ils se relevèrent et réajustèrent les habits que la passion amoureuse avait quelque peu dérangés. Approchant de la place de la Croix-Rousse, ils se laissèrent guider par le son d'un violon.

— Julien, je suis sûre que c'est mon père qui joue.

— Ton père ?

— Oui, mon père est un peu musicien. Et maintenant, tu vas me faire danser.

Lorsqu'ils arrivèrent sur la place, chacun et sa chacune, enlacés, se laissaient porter par la musique.

— Simon, c'est le moment du rigodon !

— Prête-moi Mariette et on le fait.

Sous les applaudissements, Simon s'exécuta. Bien que l'âge et la fatigue d'une vie de labeur eussent ankylosé la taille et les jambes, il fit une superbe démonstration. Julien invita Mathilde.

— Voilà bien longtemps, lui dit-elle, que cela ne m'est pas arrivé. Jadis, avec ton père, nous dansions souvent. C'est d'ailleurs comme cela que je l'ai connu.

— Il faudra que tu me racontes ça un jour.

— Il me semble que tu as retrouvé Mariette ?

— Oui, je t'annonce que nous allons nous marier.

— Décidément ! C'est pour quand ?

— Après cette danse, je vais demander la main de Mariette à son père.

Julien, profitant d'une pause de l'Antoine, prit Mariette par la main et l'entraîna devant son père.

— Alors, gone, c'est bien de faire danser ma fille !

— C'est encore mieux quand c'est vous qui nous faites danser. L'Antoine, le jour de mon mariage, je veux que vous fassiez danser l'assistance.

— Tu vas donc te marier, mais avec qui, grands dieux ? Elle est de la Fabrique ou tu as pris une petite bourgeoise ?

— Elle est de la Fabrique ! C'est votre fille et je vous demande sa main.

L'Antoine resta muet. Il rejoignit sa femme.

— T'as entendu le gamin ?

— Il fallait bien que ça arrive, ta fille aurait pu tomber pire. C'est un bon gars, il a du caractère et il est travailleur, qu'est-ce que tu veux de plus ?

Antoine s'adressa à Julien :

— C'est pour quand, ces noces ?

— Pour l'été de la Saint-Martin, répliqua Julien, si Mariette est d'accord.

— Eh bien, ma fille, il te faut préparer ton trousseau. Quant à toi, Julien, j'aimerais que tu viennes me voir. Car le mariage, c'est beau le jour même, mais pour ceux qui suivent, il faut avoir une assiette et de quoi mettre dedans. En attendant, buvons et dansons.

Mariette ne se tenait plus de joie. Elle se précipita dans les bras de Mathilde. Thérèse lui murmura :

— C'est moi qui te fabriquerai ta robe, tu seras ma première cliente.

Vers vingt-trois heures, Antoine donnait le dernier coup d'archet. A l'étage des maisons, les lumières s'éteignirent et la place de la Croix-Rousse se laissa envelopper par la nuit.

La vie ouvrière s'organisait de nouveau. Le conseil des prud'hommes fonctionnait presque normalement. Lyon avait été épargnée par l'épidémie de choléra qui s'était propagée dans vingt-deux départements et avait fait plus de quarante mille victimes, parmi lesquelles Casimir Perier, président du Conseil des ministres. Depuis le 16 mai 1832, c'était le roi en personne qui gouvernait. Il était particulièrement attentif à ce qui se passait à Lyon : tout mouvement était surveillé, voire réprimé par les tribunaux. Sur ordre du préfet Gasparin, les remparts furent renforcés pour affronter l'ennemi intérieur autant que celui de l'extérieur.

Au mois de septembre, *L'Echo de la Fabrique* publia l'avis suivant :

« Tous les jours, des ouvriers se présentent dans nos bureaux pour réclamer l'assistance de défenseurs. Ne pouvant nous livrer nous-mêmes à ce ministère, nous invitons les chefs d'atelier et ouvriers qui se sentent capables de défendre leurs camarades à vouloir bien se faire inscrire. Nous avons ouvert un registre à ce sujet. »

La nomination du maréchal Soult à la fonction de président du Conseil des ministres alerta la population de la Croix-Rousse et de Lyon. Dans les ateliers, chacun avait encore en mémoire la façon brutale dont il avait traité les manifestants au mois de novembre 1831 et déclaré nul et non avenu le tarif qui avait été pourtant négocié sous l'autorité du préfet Bouvier-Dumolart. A l'approche du premier anniversaire de ces événements, le préfet Gasparin redoubla d'attention et prit toutes dispositions pour éviter qu'une manifestation vînt troubler l'ordre qu'il maintenait d'une main de fer.

Malgré les incertitudes du lendemain, Julien et Mariette s'étaient unis pour le meilleur et pour le pire. L'Antoine avait conduit sa fille à la mairie et à l'autel de l'église Saint-Denis. Lorsqu'il entendit Mariette répondre oui, une larme glissa sur sa joue. Sa femme, tout aussi émue que lui, chuchota :

— Tiens-toi, tu n'es pas un gamin, mon homme.

Pour Antoine, c'était un moment difficile.

— Tu épouses une fille courageuse, dit-il à Julien, elle va manquer à la maison. Enfin, soyez heureux.

— J'y compte bien, l'Antoine, répondit Julien. Et

vous verrez, Mariette nous fera bientôt un beau petit.

— Prends ton temps, c'est pas ce qui est le plus urgent, clama Antoine dans un éclat de rire.

L'année commençait à s'échapper, laissant dans la mémoire des hommes les pages douloureuses de novembre. *L'Echo de la Fabrique*, dans un encadré de deuil, rendit un hommage aux insurgés sous la plume de Marius Chastaing. « Dormez en paix, victimes de novembre, que la terre vous soit légère. Votre sang a fécondé le sol où doit croître l'arbre de l'émancipation des prolétaires... Vous n'eussiez pas voulu d'une gloire souillée du sang de vos concitoyens... Votre mémoire cependant ne sera pas oubliée dans l'histoire du prolétariat. »

7

Dix-huit mois s'étaient écoulés depuis les événements de Novembre. Bien que les autorités eussent déployé beaucoup d'énergie pour maîtriser les moindres faits et gestes d'une population qui se relevait difficilement de ses épreuves, le monde des tisseurs s'organisait. Pour la plupart, le lieu de rencontre était le bureau de *L'Echo de la Fabrique*. Julien avait pour habitude de venir le dimanche matin ; il était sûr de rencontrer les chefs d'atelier, qui, durant la semaine, étaient comme lui retenus sur les métiers. C'était aussi l'occasion de commenter les nouvelles publiées par l'un ou l'autre journal. Un matin où il était venu avant d'aller voter pour le renouvellement de deux représentants des chefs d'atelier au conseil des prud'hommes, il fut surpris par l'agitation de certains, qui, un journal à la main, écoutaient Falconnet et Henri. Lorsque celui-ci le vit, il lui montra l'article, objet de la discussion :

— Tiens, lis !

« Pour la seconde fois les ouvriers en soie de Lyon sont appelés à élire leurs prud'hommes. On parle d'exiger d'eux un serment préalable de fidélité au roi. On assure que cette singulière formalité a été exigée dans les autres sections qui viennent également de procéder à l'élection. »

— Alors, Julien, qu'en penses-tu ?

— Il faut leur dire merde !

— Nous venons de rédiger notre réplique à cette provocation. La voici : « Les chefs d'atelier appelés à élire leurs prud'hommes, par suite de l'ordonnance de convocation du préfet, sont fondés à refuser tout serment qu'on pourrait leur demander, et ils doivent, plutôt que de laisser établir un précédent aussi dangereux, protester et se retirer de la salle d'assemblée. »

Les présents décidèrent de se rendre ensemble au bureau de vote. Au moment où Berger, gérant de *L'Echo de la Fabrique*, se présenta devant le président pour accomplir son devoir et que celui-ci lui demanda de prêter sement, il refusa. Le président lui interdit alors l'accès à l'urne, provoquant ainsi des mouvements dans la salle, amplifiés du fait de la distribution par les chefs d'atelier du numéro de *L'Echo de la Fabrique*. Prévenu, le préfet ne s'indigna pas outre mesure et fit suspendre la prestation de serment, ce qui permit la poursuite des votes. Mais l'incident irrita les chefs d'atelier car, dans le même temps, une nouvelle loi, visant à mieux contrôler les associations républicaines, était en projet. Réunis dans les bureaux de *L'Echo de la Fabrique* et bien qu'ils ne fussent pas tous de sensibilité républicaine, ils discutèrent de ce qu'ils considéraient comme une atteinte à la liberté d'expression.

— C'est grotesque, s'exclama Henri, commentant cette décision. On ne peut pas accepter une telle mesure. Il est prévu que les associations de plus de vingt membres doivent demander l'autorisation de la préfecture pour se constituer, et le comble, c'est que nous sommes tenus d'admettre un policier dans chacune de nos réunions.

— J'aimerais savoir, demanda Julien, ce qu'ils entendent par association républicaine.

— La Société des droits de l'homme, l'Association pour la liberté de la presse, par exemple.

— C'est un moyen de tout contrôler et de réduire au silence tout ce qui ne conviendra pas aux autorités. S'en prendre à l'Association pour la liberté de la presse qui se réunit dans les locaux du *Précurseur* serait un bon prétexte pour museler l'association et le journal. Qu'adviendra-t-il de la Société des mutuellistes, qui regroupe certes des républicains mais d'autres aussi ?

— C'est le moment de faire bloc face à ces intimidations et à ce procès. Nous avons la chance aujourd'hui d'avoir parmi nous Trélat, rédacteur en chef du *Patriote du Puy-de-Dôme*. Alors, Trélat, qu'en pensez-vous ?

— La question est grave car vous allez alors être accusés de coalition d'intérêts que l'autorité pourra briser en utilisant l'article 415 du Code pénal. Attendez-vous à des poursuites sous les motifs les plus divers. Leur but, c'est de nous pénaliser jusqu'à ce que nous courbions l'échine alors qu'à cette époque de transition les magistrats rempliraient une haute mission d'humanité s'ils savaient se placer entre des lois qui meurent mais dont ils ont la garde et les inspirations ou les pressentiments de l'avenir. Les conquêtes de la raison coûteraient moins de larmes et moins de sang à l'humanité. Encore une fois, quand l'action des lois devient difficile, c'est qu'elle cesse d'être en rapport avec les vœux et les besoins du temps.

Julien et Simon préparaient le métier pour un nouveau tissage. Les fenêtres étaient entrouvertes et de la place de la Croix-Rousse montaient les bruits et conversations de la rue.

— Cette pièce d'étoffe, Julien, tu dois la rendre quand ?

— J'ai prévu pour la fin septembre.

— Il me semble que tu es un peu court. Quinze jours de plus te seront nécessaires. Par honnêteté, il vaudrait mieux l'indiquer à monsieur Yéméniz, il te fait confiance et se montre satisfait de ton travail.

— Il faudra que je tienne ma parole, Simon. Enfin, je vais toujours commencer et, si je vois que je me suis trompé, je préviendrai monsieur Yéméniz.

— Dis voir, Julien, je trouve Mariette un peu pâlotte en ce moment. Elle n'est pas malade ?

— C'est la chaleur de ce mois de juillet !

Mathilde sourit et s'adressa à Julien d'un air malicieux.

— A Simon, tu peux le dire !

— Ça va, j'ai compris, j'espère que ça sera un vrai et beau gone.

— Julien, Julien !

Il crut reconnaître la voix d'Henri et s'approcha de la fenêtre.

— Descends vite !

— Pourquoi ?

— Viens vite, la police est à *L'Echo de la Fabrique.*

Au pas de course, ils se rendirent au 7, place de la Boucherie-des-Terreaux, dans les bureaux du journal. Lorsqu'ils arrivèrent, le commissaire de police Prat, accompagné de trois agents, effectuait une perquisition.

— Commissaire, s'écria Julien, voilà quelque temps que je ne vous ai rencontré ! La dernière fois, c'était pendant les événements de Novembre, où vous espionniez tous nos faits et gestes. Décidément, vous voulez notre peau.

— Qui vous envoie ? questionna Henri.

— Monsieur, répondit le commissaire, je n'ai pas à vous rendre de comptes et, si vous faites obstacle à ma mission, je vous mets en état d'arrestation.

— Essayez toujours ! dit Henri, ironique. J'espère seulement que vous courez vite !

— Monsieur le commissaire, nous sommes en droit de savoir ce qui nous est reproché.

— Sur un réquisitoire du procureur de la République et d'une ordonnance du juge d'instruction, je dois saisir tous les écrits et pièces tendant à établir l'existence d'une association en soie, créée dans le but de faire augmenter le prix de la main-d'œuvre.

— Je ne pensais pas avoir raison si tôt, confia Julien à Henri. Souviens-toi de notre conversation lorsque Trélat est venu. Aux yeux des autorités, les mutuellistes sont des dangereux républicains et, pour nous soumettre, ils commencent par perquisitionner notre journal.

Dans les semaines qui suivirent, les chefs d'atelier tinrent plusieurs réunions. Deux tendances se développaient, l'une légèrement minoritaire qui voulait un engagement plus politique, et l'autre qui ancrait son action dans le mutuellisme. D'aucuns voyaient dans l'attitude de Chastaing, rédacteur en chef de *L'Echo de la Fabrique*, la cause de ce qui s'était passé trois semaines plus tôt. Pressentant qu'il n'aurait plus une position de fédérateur, Chastaing préféra se retirer. César Bernard fut nommé à la gérance du journal. En 1831, il avait été désigné par les chefs d'atelier lyonnais comme délégué avec Charnier auprès de Casimir Perier, président du Conseil des ministres, pour exposer la situation de la soierie à Lyon. En tant que nouveau gérant, il s'adressa aux lecteurs en ces termes : « La rédaction principale et la gérance de *L'Echo de la Fabrique* viennent de passer en de nouvelles mains. Partisan dévoué à la classe ouvrière, dans les rangs de laquelle il s'honore de compter, son gérant continuera à l'exemple de ses prédécesseurs à signaler sans crainte et à frapper sans pitié la masse honteuse des abus, quel que soit le camp qui les renferme... Spécialement réservées aux intérêts industriels, nos colonnes ne s'ouvriront point aux discussions politiques ; mais le gérant recevra avec reconnaissance et accueillera avec soin les divers articles touchant à l'industrie en général et tout ce qui tend au bonheur des travailleurs et à leur instruction. »

L'ampleur que prenait depuis quelques mois le mutuellisme renforça le soupçon des autorités, qui n'hésitaient pas, dans les pages du *Courrier de Lyon*, journal au service du pouvoir, à laisser planer des rumeurs sur les intentions révolutionnaires qui se développaient dans les ateliers et menaçaient l'ordre public. Accusés de coalition, quatorze chefs d'atelier et un ferrandinier comparurent devant le tribunal de police correctionnelle. Ce jour-là, les métiers restèrent silencieux. Descendus de la Croix-Rousse, les chefs d'atelier et compagnons venaient soutenir les leurs. A l'heure où Julien et Simon arrivèrent, la foule avait envahi la place Saint-Jean et les rues avoisinantes ; ils réussirent non sans peine à se faufiler jusqu'à l'hôtel Chevrière, siège du tribunal. Dans l'étroite salle d'audience, seul Julien put entrer ; il alla prendre place aux côtés d'Henri, qui couvrait le procès pour *L'Echo de la Fabrique* et deux autres journaux nationaux. Neuf négociants plaignants faisaient face aux accusés, et pas moins de trente-sept témoins étaient appelés à la barre. Maîtres Jules Favre et Chanay assuraient la défense.

— Il est reproché aux accusés d'avoir exercé des pressions sur les négociants présents à l'audience sous prétexte qu'ils auraient pratiqué des prix bien inférieurs à ceux payés par d'autres maisons de commerce.

— Prix inférieurs, s'exclama maître Jules Favre, au tarif minimum imposé par les mutuellistes !

— Qui dit prix imposé, rétorqua l'accusation, laisse supposer qu'il y a eu entente et, par voie de conséquence, coalition. C'est ce délit qui est puni par l'article 415 du Code pénal.

— Messieurs, un peu de calme ! demanda le président Baudrier.

Il s'adressa au chef d'atelier Colombat :

— Sur ces faits et gestes, qu'avez-vous à dire des reproches qui vous sont adressés ?

— Il est possible que nos démarches soient considérées comme des menaces mais n'est-ce pas nous menacer que de nous recevoir dans les magasins avec les pistolets sur la banque ?

Les chefs d'atelier et compagnons manifestèrent leur indignation alors que l'accusation exprimait son irritation. Le calme revenu, les témoins commencèrent à faire leur déposition. Parmi eux se tenait le commissaire Prat :

— J'ai dû intervenir pour protéger les maisons de commerce des plaignants présents. Je reste persuadé qu'il y avait le début d'une vaste conspiration industrielle.

Julien ne put s'empêcher de rire et, se tournant vers Henri, il lui dit à mi-voix :

— Est-ce que j'ai une tête de conspirateur ? Fais attention à Prat, il va te poursuivre comme complice.

— Qu'il vienne !

— Monsieur le Président, poursuivit le commissaire, les religieuses de Saint-Joseph m'ont confié avoir peur que leur métier fût brûlé.

Maître Jules Favre intervint :

— Monsieur le Président, j'observe que, si nous comparons la déposition écrite de ces religieuses et celle que leur prête monsieur le commissaire Prat, force est de constater que tout ce qu'il vient de nous dire relève de la fable.

Au soir de la première journée, Julien remonta à l'atelier avec Henri.

— Alors, comment cela s'est-il passé ? s'inquiéta Mariette.

— Il me semble, constata Henri, que le procureur du roi est moins arrogant qu'à l'ordinaire, c'est d'ailleurs étonnant qu'il soit là. C'est dire l'intérêt des autorités pour ce procès.

— Il a quand même haussé le ton, rappela Julien, lorsque Jules Favre a mis en difficulté le commissaire Prat.

— Mais, souviens-toi, dit Henri, il a été très dur dans son propos après la déposition sur les manières de faire de Bonnet, ce négociant qui paie le travail bien au-dessous du tarif minimum.

Le lendemain, la foule était aussi importante. A l'intérieur de la salle d'audience, la tension était perceptible de par la nervosité que manifestaient certains négociants ; les réactions du procureur du roi les avaient déstabilisés. Julien reprit sa place aux côtés d'Henri. Dès que la cour fut installée, le président procéda à l'audition des témoins puis il interrogea le chef d'atelier Matreaux, qui expliqua ce qu'était la vie dans un atelier soumis à la pression des négociants. Maître Chanay intervint alors :

— Des ouvriers habiles et laborieux ne gagnent que vingt-quatre sous sur le gros de Naples, et de cela il leur faut déduire les frais de cannelage, de dévidage et autres. Nous tenons, monsieur le Président, les livres de comptes de Matreaux à votre disposition, et vous pourrez constater qu'après déduction faite des faux frais, le bénéfice par pièce n'est que de onze sous.

— S'il en est ainsi, comment des ouvriers peuvent-ils vivre ? s'exclama le procureur du roi.

— En travaillant la nuit, répondit Matreaux, en s'imposant des privations et en allant mourir à l'hôpital, vieillis de travaux et de misères. Mon père disait : « Nous autres, pauvres canuts, nous pouvons pas nous payer le médecin, alors nous mourons nous-mêmes. »

Lors du réquisitoire, le procureur du roi se montra modéré mais, pour le principe, il demanda contre les accusés l'application de l'article 415 du Code pénal. Horrifié, Henri se pencha vers Julien :

— C'est dur, ils risquent trois à cinq ans de prison.

— C'est inadmissible ! murmura Julien.

Lorsque maître Jules Favre se leva pour sa plaidoirie, un silence lourd étreignit la salle d'audience. Le ton était solennel, chaque mot utilisé à bon escient :

— Ce procès est un fait grave, il se rattache directement aux causes qui tourmentent la société et remuent jusqu'au fond de ses entrailles des germes de vie ou de mort. Il intéresse la France entière, et surtout l'industrieuse et riche cité qui en a été le théâtre. Sans remonter aux époques où les industries étaient légalement enrégimentées en régulières corporations, on trouve parmi elles des traces d'associations philanthropiques qui existent chez la plupart de nos ouvriers. Il y a quelques années, ces liens prirent une nouvelle force parce qu'il fallait résister aux calamités pressantes que faisaient fondre sur notre ville les concurrences intérieures et extérieures. Depuis la révolution de Juillet surtout, le malaise s'est accru, et avec lui le besoin de s'unir. La Société des mutuellistes est une alliance défensive pour lutter avec moins de désavantages contre la misère et les accidents de la vie. Ses membres s'engagent à se soutenir réciproquement dans leurs maladies, à se fournir des instruments de travail, coalition aussi honorable pour ceux qui la formaient que rassurante pour la paix de la cité.

Il faisait très chaud. Maître Favre s'épongea le front, marqua un temps d'arrêt puis reprit en faisant référence aux espérances qu'avait suscitées l'accord sur le tarif négocié entre les chefs d'atelier et les représentants des maisons de commerce. Au moment où il évoqua les événements de Novembre, certains dans le public ne purent contenir leur émotion. Julien avait la gorge nouée, et la rage dans son regard qui fixait la cour.

— Songez bien, poursuivit maître Jules Favre, que nul être créé ne se laisse paisiblement écraser et que l'homme, avant de mourir, se lève de toute sa taille pour mesurer son oppresseur. Les chefs d'atelier, en s'associant, ont donc obéi à une loi de leur époque. L'histoire nous apprend que la patience est la vertu des classes inférieures. Ce n'est qu'après de longues et rudes souffrances qu'elles s'émancipent et réclament une part moins jalousée des avantages sociaux. Je ne sache pas qu'une seule émeute populaire, de quelque importance, une seule manifestation énergique ait eu lieu sans cause profonde et légitime. De prétendues lois d'honneur peuvent pousser deux champions à un combat singulier pour la plus mesquine des niaiseries, mais le peuple ne s'organise, il ne lutte que par nécessité.

Il sait fort bien que ces ressources extrêmes sont dangereuses et qu'il faut en user avec modération. Qu'on se rassure donc, les ouvriers ne demanderont point un salaire exorbitant, précisément parce qu'il serait impossible de le leur accorder. Ils ne feront point aux fabricants des conditions trop dures parce que ces conditions entraîneraient leur propre ruine. Si je crois à la puissance du peuple, je crois aussi à sa moralité et à son intelligence.

La cour se retira pour délibérer. Pendant l'attente, qui parut très longue, Julien s'approcha de maître Jules Favre et le remercia pour sa plaidoirie.

— Enfin, lui dit-il, je salue un homme qui a su parler de notre condition.

Une conversation s'engagea sur la vie dans les ateliers de la Croix-Rousse et les rapports avec les maisons de commerce. La cour prit place pour l'énoncé du verdict. Le président prononça l'acquittement des chefs d'atelier Trillat, Chapiron, Glénas et Proal. En revanche, les chefs d'atelier Péronnet, Dervieux, Maltreaux, Arnaud, Lamberton, Bonnand, Ramel, Prely, Nemoz et Colombat furent condamnés à vingt-cinq francs d'amende ainsi qu'aux dépens.

— C'est une honte ! s'écria Julien.

La salle, sous le choc de ce verdict, resta silencieuse. S'adressant aux condamnés, le président Baudrier déplora l'existence de cet article qui justifiait la sentence.

— Il ne nous appartient pas de le modifier, ni de le méconnaître ; espérons que le pouvoir législatif le fera disparaître de nos codes et portera enfin une loi qui conciliera à la fois la liberté de l'industrie et les intérêts des chefs d'atelier, des ouvriers et des négociants.

Un brouhaha, ponctué d'éclats de voix, courut de la salle à la place Saint-Jean. Maître Jules Favre tentait de se frayer un passage lorsqu'il arriva à la hauteur de Julien et d'Henri.

— Que pensez-vous de ce verdict ? demanda Julien.

— La décision des magistrats n'a rien terminé, elle a proclamé l'illégalité d'une coalition, et la coalition subsiste. Elle a implicitement flétri la cupidité des négociants qui font sur la main-d'œuvre de l'ouvrier un bénéfice exagéré, et la loi est impuissante à réprimer ces dangereux abus.

Julien et Henri avaient souvent l'occasion d'évoquer l'avenir. La Fabrique connaissait certes des variations dans les commandes et il y avait des moments difficiles du fait des prix pratiqués par une coalition de négociants mais dans l'ensemble la solidarité n'avait pas été un vain mot et les ateliers avaient bon an mal an du travail. Toutefois, la question du tarif restait posée et, en outre, la mécanisation dans l'industrie se profilait à court terme. Pour Julien, il s'agissait de savoir si la machine serait un bien ou un mal pour la société. Ils n'avaient pas la réponse mais Julien avait fait sienne une réflexion de Petétin, rédacteur en chef du *Précurseur*, parue dans *L'Echo de la Fabrique*. « La véritable et difficile question c'est d'empêcher que les améliorations tournent au profit exclusif de quelques individus, c'est de prohiber, sans violer aucun droit, la concentration des capitaux dans un petit nombre de mains, c'est de veiller à ce que les produits soient répartis avec équité entre tous les membres de la famille sociale. Il ne faut détruire aucune passion naturelle et ne pas trouver mauvais qu'un homme qui a de l'intelligence et de l'activité veuille s'élever dans la société et prendre une influence légitime. Il faut plutôt s'indigner de ce que cet homme rencontre devant lui des barrières posées par des fainéants ineptes qui l'arrêtent tout court et prétendront diriger sans partage les affaires d'un pays. »

Henri lui avait fait remarquer que ces propos étaient inspirés par le saint-simonisme et que tel était l'enjeu actuel pour l'avenir de la société.

— Que peut-on faire pour maîtriser cette mutation qui va se faire à nos dépens ? interrogeait Julien.

Henri lui proposa une rencontre avec Godefroy Cavaignac, fils du conventionnel et l'un des fondateurs de la Société des droits de l'homme.

— Je te trouve bien songeur, lui dit un soir Mariette. Nous n'avons pas d'ennui que tu me caches ?

— Non, je pense à l'avenir dans ce monde où l'argent prime tout. J'aimerais bien que nous ayons une petite place au soleil, surtout maintenant qu'un petit gone va agrandir la famille.

— Et si c'est une fille ?

— Elle sera belle comme sa mère et sa grand-mère, je ne m'en plaindrai pas, dit-il en la regardant tendrement.

— Julien, l'avenir pour une fille est aussi

important que pour un garçon et j'aimerais que nos enfants aient une vie plus douce que la nôtre. Les femmes ont autant de droits que vous, les hommes. D'ailleurs, tu devrais lire le journal que vient de créer Eugénie Niboyet, il a un beau titre, *Le Conseiller des femmes*. C'est Thérèse qui me l'a prêté. Tiens, écoute ce qu'elle écrit : « Aujourd'hui, à notre époque, toute critique semble préparer à la civilisation une voie nouvelle. Il est donc temps que la femme jette un regard attentif sur la génération qui s'avance et que, de sa voix tendre, elle fasse pénétrer bien avant dans le cœur des enfants des principes de paix et d'harmonie. Impuissante dans l'état actuel de notre législation, elle peut beaucoup dans la famille... Qu'elle n'oublie donc pas que, si les hommes font les lois, les femmes font les mœurs. » Pour notre enfant, que ce soit une fille ou un garçon, je tiens à ce qu'il aille à l'école, qu'il ait suffisamment de connaissances pour affronter la vie.

— Je suis d'accord avec toi, Mariette !

— Julien, tu es allé à l'école jusqu'à quel âge ?

— Grâce à mon père, jusqu'à douze ans. Au début, c'était chez les curés parce qu'il n'y avait qu'eux. Après, je suis allé à la Société d'instruction primaire. C'était la mairie qui s'en occupait, ma mère me racontait de belles histoires. C'est comme ça que j'ai aimé lire. Mon père nous racontait que notre grand-père était à l'atelier à l'âge de six ans ; il travaillait sur le rouet à dévider les écheveaux de soie pour préparer les bobines de fil. Mais le plus dur était de tirer les lacs pour préparer le travail de l'ouvrier tisseur. Il était à la tâche entre huit à dix heures par jour.

— C'était avant le métier Jacquard ?

— Oui, mais l'arrivée du Jacquard a demandé du temps car au début il y a eu des manifestations dans les ateliers. Beaucoup pensaient que la méthode Jacquard allait supprimer certaines tâches et provoquer du chômage. Il n'en fut rien et on lui doit une belle reconnaissance, à celui-là !

— Tu as raison, Mariette, de vouloir des enfants instruits, intervint Mathilde, surtout si c'est une fille. Nous avons voulu que Thérèse aille à l'école comme son frère. Il n'y a encore pas si longtemps, le garçon pouvait aller à l'école mais la fille était aux tâches ménagères. Et entre-temps, elle était dévideuse, tireuse de cordes... Elle arrivait au mariage et ne savait ni lire ni écrire. Par contre, elle comptait rapidement et juste. Pourquoi ? Je n'ai jamais compris.

— Les femmes instruites ou pas savent toujours compter, ironisa Simon. J'ai entendu dire que Guizot, le ministre de l'Instruction publique, voulait que, dans toutes les communes, il y ait une école primaire, et il pense aussi créer une école pour faire des instituteurs. Ça ne te plairait pas, Mariette, d'avoir une fille qui instruit des enfants ?

— Pourquoi pas ? J'aimerais qu'elle aille à La Martinière et apprenne le dessin d'art pour les ateliers.

— Et le garçon ? demanda Mathilde.

— Nous en parlerons le moment venu avec son père, n'est-ce pas, mon Julien ?

— Oui, mais en tout cas, il ira à l'école, c'est sûr !

— Je vous écoute, ajouta Simon, mais sais-tu, Mariette, que, quand j'ai commencé à l'atelier, j'avais sept ans ? Je peux dire que tous les petits secrets que renferment les métiers, je les connais. C'est mon expérience à moi. Julien, j'ai appris à lire et à écrire à l'école des adultes, aussi aujourd'hui, si je lis le journal et tout le reste, c'est parce que j'ai voulu. C'est vrai, je ne comprends pas toujours ce qu'ils veulent dire mais tu m'expliques. A ce propos, Julien, j'ai lu dans *L'Echo de la Fabrique* ou dans *Le Précurseur* que nos soldats ne se conduisaient pas bien en Algérie. Il paraît qu'ils pillent et brûlent tout sur leur passage. Pourquoi ?

— Je suis bien incapable de te répondre. Pourtant, nos armées étaient là-bas pour pacifier. Curieuse façon !

La fin de cet après-midi d'hiver s'était assombrie plus tôt qu'à l'ordinaire, la nuit arrivait, suivie par un épais brouillard qui garnissait rues et places. Mariette n'aimait guère voir sortir Julien dans cette pénombre, surtout lorsqu'elle savait qu'il se rendait à une réunion clandestine. Bien que Julien la rassurât, elle ne s'en faisait pas moins du souci. Elle savait par Thérèse que les autorités effectuaient une traque discrète dès qu'elles avaient écho d'une réunion.

D'un pas alerte, il rejoignit l'arrière-salle du café Orcières, où étaient réunis une trentaine de chefs d'atelier et quelques compagnons. Dès qu'il le vit, Henri l'appela et le présenta à Godefroy Cavaignac.

— Personne ne t'a suivi ? demanda Henri.

— Je ne pense pas. D'ailleurs, avec ce brouillard, m'aurait-on vu ?

— Cavaignac, voici mon beau-frère, il a des sentiments républicains mais il pense que c'est un rêve.

— J'espère bien qu'un jour, répondit Cavaignac d'une voix assurée, nous la verrons, cette république. Si j'ai bien compris, vous êtes républicain comme d'autres sont catholiques, par tradition !

— Comment ça ?

— Henri m'a expliqué que votre grand-père avait participé à la rédaction des cahiers de doléances en 1790 et que, depuis ce temps-là, dans votre famille, on se transmet le flambeau républicain.

— Je savais que mon grand-père était proche des idées de progrès mais j'ignorais ce détail.

Il se tourna vers Henri :

— Comment tu as su ?

— Une conversation avec Simon. Un journaliste, c'est curieux. Je voulais savoir et je dois te dire que je suis fier d'être entré dans une famille où il y a eu des hommes qui ont osé.

Cavaignac regarda sa montre et invita tous ceux qui étaient présents à s'installer. D'une voix forte et légèrement éraillée par la fatigue des tribunes, il commença par une lecture de la déclaration, adoptée en son temps par la Convention nationale, puis il exposa les principes républicains de la Société des droits de l'homme :

— Tous les besoins du pays se résument en un seul : il faut que le peuple recouvre l'exercice de sa souveraineté. Il est nécessaire que le droit souverain du peuple cesse d'être un vain mot ; il faut qu'il soit pratiqué suivant la raison et la morale pour l'intérêt, la liberté et l'égalité de tous. Dans ce double but, la Société des droits de l'homme et du citoyen a réuni des moyens et propagé des doctrines ; elle doit, dans ce double but, inviter à travailler avec elle tous les hommes éclairés, justes et courageux. Il faut qu'elle se diffuse partout. La réalisation de la souveraineté du peuple, c'est à ce but que la Société des droits de l'homme attache tous ses efforts. Et, puisque je suis dans une ville où la vie industrielle que vous représentez ici ce soir est la richesse de ce pays, nous voulons l'établissement des fonctions industrielles qui contribuent à réaliser ces deux grands principes, la meilleure division du travail, la meilleure répartition des produits, qui accélèrent l'émancipation de la classe ouvrière et font intervenir la puissance et l'intelligence dans le développement des intérêts sociaux.

Cavaignac parla pendant une heure. Henri se pencha vers Julien :

— Alors, convaincu ?

— Oui, mais tu crois que les autorités vont rester les bras croisés face à ce que vous voulez faire ?

— Julien, pour cela, il faudra du temps et une prise de conscience du peuple.

— Sur ce plan, les journaux seront plus efficaces que nos simples personnes !

— A condition qu'ils ne soient pas saisis comme en ce moment. Jusqu'à présent, par je ne sais quel miracle, *L'Echo de la Fabrique* n'a pas été censuré.

— Mais perquisitionné et assigné en justice. Regarde *La Glaneuse*, je ne sais plus combien de fois elle a été censurée.

Cavaignac s'approcha de Julien :

— J'espère que vous allez nous rejoindre. La

Société des droits de l'homme a besoin de jeunes gens comme vous.

— J'aimerais savoir en quoi je peux être utile. Si c'est pour adhérer afin de soutenir vos idées que je ferais miennes, ça ne me semble pas très efficace !

— Mon ami, les grands mouvements qui ont traversé la société humaine ont débuté par des idées. Ceux qui commencent par les armes continuent par les armes. Nous, c'est par l'éducation des peuples, par le biais de l'instruction et de la liberté d'association. Ce qui est dramatique, c'est lorsqu'un peuple, pour être entendu, est obligé de le faire avec de la poudre.

— Mais nous, en novembre 1831, nous étions sans armes. C'est Roguet et ses troupes qui nous ont tiré dessus. Alors, que faire à ce moment-là ?

— Eviter d'arriver à de telles extrémités.

— Lorsque le fusil parle, moi je lui réponds sur le même ton !

Les jours qui suivirent, il eut souvent des conversations avec Mariette sur cette soirée. Elle l'écoutait, posait quelques questions jusqu'au moment où, n'y tenant plus, elle lui dit :

— J'ai le sentiment que tu veux les rejoindre. Je ne m'opposerai pas, Julien, mais, de grâce, fais attention ! Imagine, s'il t'arrive quelque malheur, arrestation ou que sais-je encore, qu'allons-nous devenir ? J'ai parlé avec ta mère, elle est bien d'accord avec moi. Tu vas être père dans quelques jours. Je voudrais tant que cet enfant ait un père qui l'accompagne. Il me semble que tu as assez souffert de ne pas avoir eu le tien plus longtemps, à côté de toi.

— Mariette, je t'entends, sois tranquille. Je pense d'abord à nous et à mon travail, mais ce qui se passe dans la société a des retombées sur notre vie sans que l'on s'en rende compte. Alors, là aussi, il faut être vigilant !

Les consignes laissées par Cavaignac furent suivies d'effets. Bon nombre de participants à la réunion se chargèrent d'aller le dimanche porter la bonne parole à Lyon et sur les places de la Croix-Rousse. Chacun commentait le contenu du manifeste ou du journal qu'il avait en charge de diffuser. D'aucuns clamaient quelques extraits du nouveau catéchisme républicain ou lançaient à voix forte des slogans. Avertie des attroupements occasionnés par cette distribution à la criée, la police intervint et saisit l'ensemble des publications. Les récalcitrants furent conduits à l'hôtel de ville et incarcérés.

Lors d'une réunion mutuelliste, la question des relations entre le mutuellisme et la Société des droits de l'homme fut débattue avec passion. Thiphaine et Caussidière firent une mise en garde.

— Ne confondons pas la question politique et la question industrielle, déclara Thiphaine. Nous ne devons pas mettre le mouvement mutuelliste à la disposition de la Société des droits de l'homme. Je rappelle que nos buts ne sont pas les mêmes.

— Tu as en partie raison, rétorqua Julien, mais n'oppose pas ces deux mouvements. J'estime qu'ils sont complémentaires et, quoi que tu en penses, la question industrielle qui est notre vie quotidienne est aussi politique.

— Compte tenu de la position agressive de la Société des droits de l'homme, je demande la vigilance. Ne soyons pas un relais de cette organisation. Ceux d'entre nous qui veulent la rejoindre le font à titre personnel. Nous sommes pour l'instant tolérés par les autorités en raison de notre statut, ce n'est pas le cas de la Société des droits de l'homme.

A la fin de la réunion, Julien prit à part Thiphaine et Caussidière, et les avertit de sa décision.

— Dès l'origine, j'ai été mutuelliste, j'entends le rester mais aujourd'hui, j'estime qu'il faut agir politiquement. Je m'engage aux côtés de Cavaignac.

Malgré les tensions sociales qui entraînèrent quelques désordres sévèrement réprimés, les ateliers travaillaient et les commandes étaient honorées. Mais, depuis quelques semaines, le mouvement mutuelliste était soumis à rude épreuve ; le syndicat des ouvriers en peluche demandait aide et assistance à ses dirigeants, suite à un conflit qui opposait ouvriers et négociants. Ceux-ci avaient diminué leur tarif de vingt-cinq centimes l'aune, invoquant comme motif la perte de débouchés. Les ouvriers décidèrent donc de suspendre le travail dans les ateliers qui fabriquaient cet article et, en outre, demandèrent par solidarité mutuelliste l'arrêt de tous les métiers. Une telle décision ne pouvait se prendre qu'après accord de l'ensemble des mutuellistes. Une réunion, au cours de laquelle les débats furent houleux, rassembla deux mille trois cent quarante et un chefs d'atelier. L'un des représentants des ouvriers en peluche exposa la situation ;

certains estimaient qu'il fallait certes soutenir l'action engagée par les ouvriers, sans pour autant arrêter tous les métiers, d'autres penchaient pour le soutien inconditionnel des ouvriers en peluche.

— Nous pouvons solliciter l'avis d'Arlès-Dufour, proposa l'un des chefs d'atelier, il s'est spécialisé dans cette fabrication.

Julien demanda la parole :

— Devons-nous laisser nos compagnons se débrouiller seuls face à sept ou huit négociants qui se coalisent pour appliquer une baisse qui met en péril la vie de cinq à six cents ouvriers ? Devant cette coalition de négociants, je constate que personne ne dit rien, alors que nous, si nous nous mettons d'accord sur un tarif, on nous traduit devant les tribunaux. La peluche qu'ils fabriquent sert à faire des chapeaux, or jamais je n'ai vu autant de têtes coiffées, et ils veulent nous faire croire qu'ils sont en manque de débouchés ! En octobre 1831, nous étions tous solidaires pour fixer le tarif minimum et et nous avons arrêté un prix de fabrication. Aujourd'hui, accepteriez-vous en toute conscience de tourner le dos à des compagnons que vous serez peut-être bien contents de retrouver demain ?

— Je suis de l'avis de Julien, intervint Benoît. Je demande qu'il y ait un vote et que chacun se prononce pour ou contre l'arrêt de l'ensemble des ateliers.

Mille deux cent quatre-vingt-dix-sept chefs d'atelier se prononcèrent pour l'arrêt et mille quarante-quatre contre. La réunion se termina dans la confusion. Le lendemain, les trente mille métiers de Lyon et des faubourgs restèrent silencieux. Cette soudaine fermentation sociale troubla le milieu des affaires. Redoutant un mouvement semblable à celui de 1831, de nombreux négociants fermèrent boutique et quittèrent momentanément la ville. Gabriel Prunelle, le maire de Lyon, durcit le ton et adressa aux ouvriers la proclamation suivante :

« L'interdiction dans les travaux de tissage ne porte pas seulement sur les étoffes dont les prix de façon ont été baissés ; l'interdiction a été appliquée aux ateliers dans lesquels l'ouvrage était le mieux rétribué et où les ouvriers ne demandaient plus rien. Il ne s'agit donc pas ici d'une de ces coalitions d'ouvriers prévues par l'article 415 du Code pénal, on attaque violemment l'industrie de la première ville manufacturière de France ; on veut arrêter ainsi les demandes du commerce, éloigner les acheteurs, forcer les capitaux à se porter ailleurs et amener la misère parmi les ouvriers afin de les pousser à la révolte. Ces hommes veulent troubler l'Etat par la guerre civile. Ils rêvent de dévastation et de pillage. Ils méditent des crimes que le Code pénal punit de mort. »

Sans succès, Arlès-Dufour tenta une médiation. Les chefs d'atelier qui s'étaient opposés à l'arrêt des métiers formèrent une délégation et se rendirent chez le préfet Gasparin, qui les reçut courtoisement mais refusa d'intervenir.

— C'est un conflit industriel, leur dit-il. Tant qu'il n'y aura de la part des grévistes nulle tentative de désordre, nul acte qualifié de délit, je n'ai pas à me mêler de cette affaire.

Toutefois, le préfet ordonna au général Buchet de se tenir prêt. A l'instar de ce qu'ils avaient proposé lorsque le tarif pour les étoffes de soie et de velours fut annulé, une délégation de chefs d'atelier établit, sur des bases raisonnables, une mercuriale pour la peluche. Ils la présentèrent aux industriels, qui rejetèrent toute proposition. De jour en jour, le climat s'alourdissait. Sur la place des Terreaux, face à l'hôtel de ville, un escadron de dragons et un bataillon de la ligne patrouillaient jour et nuit ; le maire fit positionner des piquets d'infanterie dans les rues où étaient établis commerces et ateliers de fabrication de soierie. Tous les spectacles et bals furent interdits. Au cinquième jour de grève, quelques métiers furent remis en action mais la nervosité provoqua des incidents entre ceux qui avaient voté pour la grève et les opposants. Sur la place de la Croix-Rousse, un détachement d'infanterie conduit par un commissaire de police fut appelé pour disperser une altercation qui dégénérait. Alors qu'il voulait s'interposer, Julien fut pris à partie :

— Tout ça, c'est ta faute, tu as voulu cette grève mais nous ne la voulions pas tous. Nous avons des familles à nourrir !

— Moi aussi, rétorqua Julien, je suis au même niveau que vous mais c'est le seul moyen d'obtenir satisfaction tous ensemble !

Devant l'exaspération qui s'étendait, les mutuellistes, craignant que le mouvement ne se prolongeât, invitèrent les ouvriers à reprendre le travail mais les compagnons s'insurgèrent. Une réunion fut alors convoquée.

— Vous nous prenez pour des marionnettes, s'écria Lebœuf, vous nous avez imposé une grève et, aujourd'hui, vous nous demandez après huit jours de retourner aux métiers sans que nous ayons une compensation.

— Il s'agissait, répondit Julien, de montrer aux négociants que nous n'étions qu'un. Soierie, velours, peluche.

Le visage rouge, les yeux brillants, Brassard ne se contenait plus. D'une voix de tonnerre, il s'écria :

— Vous, chefs d'atelier, vous nous avez embarqués dans cette affaire pour votre propagande car aujourd'hui, nous, compagnons de la peluche, nous en sommes au même point.

Julien voulut prendre la parole mais il fut sifflé, hué. Dans le même temps, la police procédait à six arrestations. Le lendemain, la dernière tentative entre négociants et mutuellistes échoua. Ce fut l'amertume au ventre que chefs d'atelier et compagnons reprirent le travail. Ce nouveau conflit social alarma les autorités car, dans le même temps, des mouvements s'annonçaient dans la capitale. Afin de juguler le moindre trouble, le ministre Félix Barth donna en débat à la Chambre des députés une loi remettant en cause le droit d'association. Alertés, les responsables mutuellistes tinrent une réunion dans les bureaux de *L'Echo de la Fabrique*. Henri proposa de commenter le texte en question.

— La nouvelle loi, dit-il, atteindra toutes les associations. Elle veut les frapper car déjà le Code pénal a été invoqué contre les mutuellistes et les ferrandiniers, contre les tullistes et les tailleurs de pierre. Cette loi tuera donc les associations : deux ou trois personnes ne pourront se réunir sans que la police, si insoucieuse des voleurs et si active contre les honnêtes gens, vienne dire : « Vous êtes une fraction d'association, vous conspirez la diminution des bénéfices des fabricants, vous violez la loi Barth : la prison ! »

Après une vive discussion, il fut décidé de réagir dans les colonnes du journal. Henri s'apprêtait à sortir lorsque Falconnet, étonné de l'absence de Julien, lui demanda de ses nouvelles :

— Il a été très contrarié à la suite de la dernière réunion : les insultes, les quolibets, il ne supporte pas !

— J'ai l'intention d'aller le voir.

— Ce n'est pas bien le moment, il travaille beaucoup car il a des commandes à tenir. Et puis Mariette ne comprendrait pas, il ne lui a raconté que peu de choses sur cette soirée.

— Alors, que faire pour lui témoigner notre amitié et lui dire que nous sommes quelques-uns avec lui ?

— Attendre une occasion. Julien est un homme qui a tendance à être excessif dans ses actions, c'est un pur, il croit tellement en ce qu'il fait ! Heureusement que Mariette est là, attentive, soutenue par Mathilde : elle veille ! Depuis l'autre soir, il a l'impression d'être rejeté par l'équipe que vous formez.

— Il faut qu'il s'habitue à l'idée que, pour certains, l'intérêt individuel passe avant l'intérêt collectif.

L'occasion se présenta un dimanche matin de mars. Un léger vent du nord balayait la place de la Croix-Rousse. Empruntant les traboules, Julien se rendit à *L'Echo de la Fabrique* pour acheter son journal. Ce fut son beau-père qui l'accueillit :

— Quoi de neuf ?

— C'est plutôt à vous, l'Antoine, de me donner des nouvelles. Moi, je ne vois plus personne. Les pestiférés, on ne les fréquente pas.

— Sois pas intransigeant ! Tu ne vas pas nous jouer les Robespierre ! Il faut que tu comprennes qu'il y a des compagnons et même des chefs d'atelier qui ne peuvent plus soutenir une semaine de grève, surtout ces derniers mois, où nous avons eu du mal à nous remettre de tous les mouvements. Julien, une grève, c'est un acte sérieux, c'est très malsain de s'y mettre pour n'importe quel motif. La grève, c'est l'arme du travailleur, or une arme, on ne s'en sert que si la vie est menacée.

— L'Antoine, notre vie est menacée. En 1831, nous n'avions pas d'armes ; eux, ils en avaient. Lorsqu'on vous paie une misère pour un travail que vous avez fait souvent avec la faim au ventre, c'est pas de la menace, ça ?

— Tu as raison mais il faut savoir utiliser ses armes. Nous en reparlerons plus tard.

Falconnet et Bouvery arrivèrent :

— Enfin, tu as fini de nous faire la trogne ?

— On m'a lancé des insultes à la figure et il faudrait que je me marre ?

— C'est la vie, Julien, tu ne peux pas plaire à tout le monde et à un âne !

— J'ai choisi de plaire à un âne !

— Je te présente Eugène Baune, il est directeur de l'Ecole spéciale de commerce de Lyon et président de la section lyonnaise des droits de l'homme.

— Nous nous sommes vus le jour où Cavaignac est venu, précisa Julien.

— Il vient nous aider au journal, c'est un ami de Jules Favre, l'avocat.

— Voilà un grand monsieur ! s'écria Julien.

— C'est aussi mon avis, déclara Baune, qui poursuivit : Nous allons vers des moments difficiles. Le gouvernement veut nous étouffer avec sa loi sur les associations. D'ailleurs, il n'y a qu'à lire la lettre qu'a adressée à tous les mutuellistes le baron Charles Dupin, député et membre de l'Académie des sciences. Il écrit « qu'il est évident qu'un pauvre ouvrier canut, ne sachant ni lire ni écrire et n'ayant jamais fait usage de ses facultés intellectuelles que pour pousser avec égalité sa navette de droite à gauche et de gauche à droite, ne prévoit pas l'avenir ».

— Voilà, s'écria Julien, c'est ce qu'il fallait leur dire l'autre soir. J'espère que vous n'allez pas vous taire après un tel affront.

— Non, Julien, c'est Rivière Cadet qui se propose de répondre au baron et nous publierons sa lettre dans *L'Echo*. Tu as déjà la trame de ton papier, Rivière ?

— Oui, je vais lui rappeler ce que nous sommes puisqu'il nous croit analphabètes ! « Grande est votre surprise que nous ayons par un seul vote frappé d'un interdit général l'industrie principale de notre cité. En adoptant cette mesure, l'association mutuelliste s'était proposé un double but. Premièrement, de protester contre la baisse toujours croissante des salaires, effet de la concurrence et de la liberté de commerce, et de faire reporter à un taux équitable le salaire non de cinq cents, comme vous le dites, mais bien de mille deux cents peluchiers au moins. Ce chiffre, dont nous rétablissons ici l'exactitude, vous a semblé bien minime par rapport aux cinquante mille individus, hommes, femmes ou enfants, occupés à la fabrication des étoffes de soie qui ont sanctionné le décret de l'association, non par timidité, comme vous le dites, mais bien par une saine compréhension de leurs intérêts. Deuxièmement, de protester contre l'état anarchique dans lequel luttent divers intérêts sociaux et de démontrer l'urgence d'une réorganisation qui les comprenne tous et assure à chacun une part équitable des bénéfices de la production. A votre langage, il semblerait, Monsieur, qu'un peluchier, un canut et une navette soient trois instruments d'une égale valeur. »

— Très bien ! s'écria Julien.

— « Notre puissance est toute morale, nous n'avons ni baïonnettes ni gendarmes pour imposer nos décrets dictatoriaux, comme vous le dites, mais c'est qu'entre nos ouvriers et nous, chefs d'atelier, il y a solidarité et ils savent bien que travailler à acquérir des garanties pour nos intérêts, c'est assurer la conservation des leurs. Nous n'avons songé en aucune façon à exercer un pouvoir despotique sur les fabricants et ce n'est pas notre faute si nous avons été obligés de chercher dans l'association des garanties contre le pouvoir si durement exercé par eux. Lorsque vous lirez ces lignes, vous aurez sans doute appris que quelques-uns d'entre nous sont appelés à se défendre contre la révoltante tyrannie de l'article 415 ! Peut-être aussi aura-t-on déjà commencé à formuler la loi qui doit en finir avec les associations. Voilà, monsieur, ce que nous avions à vous faire entendre au nom de l'Association des mutuellistes. »

— Merci, car je me retrouve dans ton papier, Rivière. Bravo !

— Je vais encore l'étoffer mais voilà l'esprit de cette lettre.

Julien tira sa montre, ajusta sa vagnotte et, d'un pas décidé, s'en retourna sur le plateau. La fin de matinée était fraîche. Lorsqu'il fut sur la place de la Croix-Rousse, il s'arrêta, regarda pendant un long moment les branches des arbres qui se balançaient au gré d'un petit vent de fin d'hiver. Il aperçut quelques bourgeons. « Nous sommes à la fin mars, pensa-t-il, j'ai l'impression que le printemps tarde, cette année. »

— Julien, nous allons avoir des remontrances de ma mère, lui dit Mariette lorsqu'il arriva. Tu te souviens qu'aujourd'hui nous sommes invités chez mes parents ?

— Allons-y mais j'ai vu ton père ce matin, il ne m'a rien dit.

— Il ne le savait peut-être pas ?

— Ça, c'est les femmes !

— Enfin, Julien, depuis la naissance de Joseph, il y a trois mois, nous sommes invités un dimanche sur deux.

Les réunions de famille étaient des moments privilégiés. L'Antoine ne jurait que par son petit-fils. Il était très fier car une voisine lui avait dit que Joseph lui ressemblait.

— Ah ! Glaudia, chez nous les enfants, ça se fait

comme nos étoffes de soie : avec amour et passion, autrement dit de l'art. Je suis sûr que depuis que le Bon Dieu a fait le premier homme, il n'y a rien de plus beau que mon petit Joseph. C'est un Jésus !

Dès que l'enfant grognait ou pleurait, Marthe se précipitait. Si Mariette la raillait, l'Antoine prenait un air courroucé et une voix grave :

— Tu ne vas pas apprendre à ta mère à élever des enfants !

Et la journée se passait entre les souvenirs familiaux, les joies et les soucis du moment.

— Vous avez vu, l'Antoine, dans *L'Echo de la Fabrique* de ce jour, ce qu'a déclaré notre député maire Prunelle à la Chambre des députés ? Il dit que l'Association des mutuellistes était un corps militaire déguisé.

— Ça t'étonne ? Pas moi ! En dehors des salons parisiens, rien ne l'intéresse, c'est un mondain. Avec sa tête bourrue, on dirait un dogue.

— Et il ajoute que nous sommes d'honnêtes gens mais qu'il nous manque de l'instruction et que nous sommes en erreur sur un principe d'économie politique, la question des salaires. Ils ne peuvent pas comprendre, poursuit-il encore, que le salaire ne peut se composer que de la quantité de travail commandé et du nombre d'ouvriers qui se trouvent sur la place pour le confectionner. Ces idées ne peuvent entrer dans leurs têtes parce que, depuis deux ans, on a farci leurs cerveaux d'idées saint-simoniennes.

— Attends-toi à tout et ne t'étonne de rien, mon garçon. Monsieur Prunelle veut nous faire croire qu'il a connaissance de nos métiers et de la valeur de notre travail.

— L'Antoine, il faut que l'on agisse contre ce qui se prépare sur les associations. A quelques-uns, nous avons rédigé une proclamation, car d'après Henri, cette loi est faite pour neutraliser des associations comme les mutuellistes et la Société des droits de l'homme mais aussi mettre en accusation les journaux qui les cautionnent. D'ailleurs, depuis le 23 mars, *La Glaneuse* a cessé de paraître et le gérant de *L'Echo de la Fabrique* est assigné en justice cette semaine devant le procureur du roi. J'espère que vous signerez ?

— Bien sûr !

— Et que dites-vous dans cette proclamation ? s'enquit Mariette.

— Nous rappelons que la Société des mutuellistes s'est toujours placée en dehors du cercle politique parce qu'elle faisait confiance au pouvoir. Mais cette loi qui veut supprimer la liberté des associations est proprement monstrueuse car le fait de s'organiser en association est un droit naturel, source de tout progrès et de toute civilisation, et répond aux besoins et aux vœux de tous les hommes. Et l'association des travailleurs est en particulier une nécessité car elle les protège de la rapacité et de l'égoïsme de ceux qui les exploitent. En conséquence, les mutuellistes protestent contre la loi liberticide et déclarent qu'ils ne courberont jamais la tête, qu'ils poursuivront leurs réunions, qu'ils sauront résister avec énergie et ne reculeront devant aucun sacrifice pour la défense d'un droit qu'aucune puissance humaine ne pourrait leur ravir.

Voilà, Mariette, avec celle de ton père, il y aura deux mille cinq cent quarante-quatre signatures !

— C'est bien, Julien, mais je ne peux m'empêcher d'avoir peur des conséquences de tout cela.

8

Les premiers jours d'avril se montraient agréables. Sur la place de la Croix-Rousse, les anciens profitaient de la douceur printanière.

S'étonnant du calme alentour, le père Anselme demanda quelle en était la cause.

— Ils sont tous à Saint-Jean.

— Encore un procès ! marmonna-t-il. Quel monde ! Après qui ils en ont maintenant ?

— C'est les six qu'ils ont arrêtés pendant les grèves de février.

— Encore des malheureux.

Devant l'hôtel de Chevrières, les mutuellistes et les ferrandiniers ainsi qu'une grande partie de la population étaient venus en nombre soutenir les accusés. Henri avait pu entrer dans l'étroite salle d'audience mais Julien dut rester sur la place. L'assistance était surexcitée ; un fort tumulte parcourut la salle d'audience à l'énoncé de l'acte d'accusation. Lorsque le mot de coalition fut prononcé, un brouhaha couvrit la voix du président du tribunal. Après l'audition des accusés, les témoins furent appelés et les propos de certains déclenchèrent un vacarme tel que le président dut menacer de faire évacuer la salle et de poursuivre les débats à huis clos. L'écho de ses propos provoqua des cris d'hostilité sur la place Saint-Jean. Julien s'égosillait :

— Le jugement tout de suite !

— Point d'huis clos, reprit la foule, la liberté pour nos frères !

Le bruit était si assourdissant que le président décida de renvoyer le jugement et leva la séance. Se frayant un passage dans la foule, Henri rejoignit Julien.

— C'est un procès inique ! s'écria-t-il.

Une bousculade le fit se retourner. Un homme était pris à partie, traité de « salaud, traître »... Julien et Henri tentèrent de s'approcher du groupe qui le malmenait. Henri le reconnut :

— C'est un témoin, il a raconté que les mutuellistes l'avaient menacé s'il n'arrêtait pas le travail.

L'homme avait le visage tuméfié, ses vêtements étaient déchirés. Des avocats essayèrent de le dégager. Julien voulut s'en mêler mais fut repoussé.

— Arrêtez, criait-il, vous n'arrangez pas notre cause.

Etait-ce la vue du sang ? La foule se déchaîna. Averti, le procureur du roi se précipita jusqu'à l'infortuné, saisit énergiquement l'un des bras qui frappaient.

— Je suis le procureur du roi. Au nom de la loi, je vous arrête.

Il ne put éviter un coup de poing qui le fit chanceler. Julien et Henri tentèrent de calmer les esprits et reçurent leur part d'injures. Après quelques échauffourées, le procureur réussit à se dégager de la foule avec le témoin.

— Après ces émotions, viens boire un pot de beaujolais, Julien, proposa Henri. Tu le connais, ce témoin ?

— Non, comment s'appelle-t-il ?

— Demoment. Il serait ouvrier en soie à la Croix-Rousse.

— Je ne vois pas mais je demanderai à l'Antoine, il doit savoir.

— Il me fait l'effet d'avoir été manipulé par la police ; chaque fois qu'il a voulu parler, il n'a pas pu, la salle l'en empêchait. Il faudra voir, cela me trouble...

De retour à l'hôtel de Chevrières, le procureur du roi fit appel à l'armée, qu'il mit en faction devant la cathédrale. Peu à peu, le calme revint sur la place Saint-Jean. Quelques chefs d'atelier et ferrandiniers engagèrent la conversation avec les soldats du 7e de ligne. D'aucuns se connaissaient ; aussi, après les peurs et les colères de la journée, certains éprouvèrent-ils le besoin de fraterniser au cri de « l'armée avec nous » ; le beaujolais fit le lien.

Julien qui assistait à la scène, confia à Henri :

— Ils rêvent. Si demain, nous nous retrouvions dans la situation de novembre 1831, tous ces beaux militaires nous tireraient comme des lapins. Ces hommes marchent aux ordres.

— Jusqu'où un homme doit-il aller dans l'exécution d'un ordre ? répliqua Henri.

Julien resta un moment silencieux puis dit :

— La désobéissance, quand elle s'oppose aux ordres iniques, est un acte de civisme.

Alors qu'ils s'apprêtaient à partir, un nouvel incident faillit dégénérer.

— Ah ! te voilà, salaud, toi qui nous as traités de canailles, je te cherche depuis deux ans.

Julien s'approcha.

— Tu ne le reconnais pas ? lui dit l'homme. Ce vaurien, je suis sûr que cet après-midi, il nous aurait mitraillés comme en novembre.

Tout en parlant, l'ouvrier s'approcha du brigadier de gendarmerie, lui arracha ses décorations et son épée, qu'il brisa, puis alla jeter le tout dans la Saône proche. L'intervention de Julien, d'Henri et de quelques compagnons sauva le sous-officier d'un bain forcé.

Quand Julien arriva à l'atelier, Mariette fut soulagée.

— Enfin te voilà ! Avec ta mère, nous nous faisions du mauvais sang. Une voisine remontant de Lyon nous a dit qu'il y avait des incidents violents et des hommes blessés. Qu'en est-il ?

— Rien de tout ça ! Il y a eu comme d'habitude quelques échanges violents mais rien de très sérieux.

— Et le procès ?

— Il est renvoyé au 9 avril.

La décision du tribunal était attendue, car du verdict dépendait l'avenir du mouvement mutuelliste et de toutes les associations ouvrières. Réunis dans l'arrière-salle du café Orcières, les chefs d'atelier et quelques ferrandiniers commentaient le renvoi du jugement. Pour certains, le tribunal voulait gagner du temps avant le vote de la loi sur les associations, qui devait intervenir prochainement ;

pour d'autres, le juge et le procureur du roi attendaient les ordres du ministre de la Justice.

— Quoi qu'il en soit, déclara Julien, ils vont chercher le moyen de nous mettre hors la loi. Il suffit qu'ils décident que nos revendications sont le fait d'une coalition. Il y va de la survie des associations ; en neutralisant les mutuellistes, ils étouffent la presse, et en particulier *L'Echo de la Fabrique.* C'est le moment de se rassembler avec la Société des droits de l'homme dans un comité général.

— Je ne suis pas d'accord, s'écria Laguille, nous nous mettons dans notre tort, nous serons alors catalogués politiques !

— Bientôt, tu ne seras plus ni mutuelliste, ni politique, vous ne comprenez pas qu'il y a danger. Je propose que nous proclamions notre volonté en ces termes : « Nous déclarons le mutuellisme prêt à se lever comme un seul homme, avec les nombreuses associations qui sont venues signer avec lui un même pacte d'alliance. »

Après une discussion houleuse, la proposition défendue par Julien fut adoptée. Avant de se séparer, Jean Muguet demanda une minute de silence en mémoire de Guillermain, chef d'atelier, mort, usé par le travail et la maladie.

— C'est le moment, dit-il, de montrer aux autorités notre solidarité. Soyons le plus nombreux possible à son enterrement, qui aura lieu demain. Notre compagnon, membre du Devoir mutuel, étant protestant, nous nous donnons rendez-vous au temple du Change.

La consigne fit tache d'huile. Tous les corps de métier étaient rassemblés pour accompagner la famille de Guillermain. Julien et Simon se fondirent dans la foule, évaluée à dix mille personnes environ. Les coins du drap mortuaire étaient tenus par un des membres du Comité des droits de l'homme et par trois chefs d'atelier. Le cortège, silencieux et digne, avançait d'un pas lent, sous surveillance policière. Le commissaire Prat confia à ses proches :

— Maintenant, il n'y a qu'une seule classe, la classe ouvrière, qu'ils soient maçons, tisseurs, ferrandiniers, peluchiers, tailleurs de pierre... Ils ne forment qu'un bloc, ils nous en font la démonstration autour de la dépouille de Guillermain.

Après la cérémonie, la foule se dispersa en silence. En fin d'après-midi, le Devoir mutuel lança un mot d'ordre de grève pour le 9 avril.

Dans les ateliers, c'était l'attente, alors qu'une certaine insouciance régnait dans les salons, où l'on s'amusait d'un incident qui avait eu lieu au théâtre des Célestins. Un spectateur avait, entre deux actes, entonné une chanson patriotique, troublant la salle, d'autant que dans une loge se tenait le commissaire de police qui menaçait l'intrus. Celui-ci ne dut sa liberté qu'à l'intervention d'une partie du public.

Redoutant des débordements à l'annonce du verdict, les responsables mutuellistes et ceux de la Société des droits de l'homme tinrent conseil une partie de la nuit. Ils décidèrent, sous les mots d'ordre « association, résistance, courage », de se tenir prêts à toute riposte en cas d'attaque de la part de la troupe. Dans le même temps, Anselme

Petétin, rédacteur en chef du journal *Le Précurseur*, demandait à être reçu par le préfet Gasparin. Les deux hommes ne s'appréciaient guère. L'accueil du préfet fut cependant courtois. Le bureau d'Adrien de Gasparin se situait dans une pièce qui bénéficiait largement de la lumière extérieure ; les murs étaient habillés d'un damas de Lyon décoré de motifs floraux. Anselme Petétin prit place dans un fauteuil que lui désigna le préfet. L'entretien se déroula sous le regard pictural de Louis-Philippe dont le portrait était le seul tableau en ce lieu, d'une austérité toute janséniste.

— Vous vouliez me voir, monsieur Petétin ?

— Monsieur le Préfet, je crains des troubles pour les jours qui viennent. La plus vive agitation règne dans la population de Lyon depuis le jour où fut portée à la tribune la loi contre les associations. Les scènes déplorables qui ont eu lieu samedi ont donné naissance à mille rumeurs menaçantes. Les bruits les plus sinistres courent. Il est dit que les ouvriers doivent cesser unanimement le travail mercredi, jour où le tribunal s'occupera de nouveau de l'affaire des mutuellistes, et descendre en masse pour braver les dispositions militaires que l'autorité pourrait prendre dans le but d'entourer de calme les délibérations des magistrats.

— Monsieur Petétin, rendez-moi cette justice, ce n'est pas sous mon autorité que la troupe était présente et créa ainsi du désordre. J'avais donné des ordres en conséquence mais le procureur du roi faillit être lynché en voulant soustraire un témoin qui gênait les fauteurs de troubles par sa déposition.

— N'exagérez pas, monsieur le Préfet. Il y eut,

vis-à-vis du procureur du roi, un geste malencontreux qui d'ailleurs ne lui était pas destiné. La question n'est pas à ce niveau, ce qui importe est en rapport avec l'acte d'accusation de coalition. Enfin, monsieur le Préfet, il est impossible d'admettre que ces hommes aient voulu violenter la décision du magistrat dont ils ont reconnu et accepté la juridiction en se présentant devant lui. Monsieur le Préfet, le sens de ma démarche est clair : demain, justice sera rendue et je pressens une confrontation violente. Qu'allez-vous faire pour prévenir ce qui risque d'être pire qu'en novembre 1831 ?

— Je verrai ! Votre démarche m'éclaire, encore que, pour tout vous dire, je sois tout aussi préoccupé, mais pas pour les mêmes raisons !

Anselme Petétin se retira. Après son départ, le préfet confia au secrétaire général de la préfecture :

— Je suis persuadé que Petétin n'aurait pas tenté cette démarche s'il n'avait pas été certain de l'explosion prochaine. Cela lève les doutes que je pouvais encore avoir sur l'éventualité d'une attaque.

De retour dans les bureaux du *Précurseur*, Anselme Petétin y trouva Henri. Il lui fit part de l'entretien qu'il venait d'avoir.

— Mais, en conclusion, le préfet ne me donna aucune assurance. Vois-tu, Henri, lancer un mot d'ordre de grève générale pour demain, sur le fond, je suis d'accord ! Mais pourquoi ne pas attendre la promulgation de la loi sur les associations ?

— Je ne comprends pas.

— En anticipant notre lutte sur la volonté du gouvernement, nous passons pour de vulgaires agitateurs qui vont dans la rue créer le désordre sans motifs valables.

Le jour déclinait lorsque le lieutenant général Aymard se présenta chez le préfet.

— Mon général, montrez-moi les dispositions que vous avez prises car je dois informer monsieur Thiers, notre nouveau ministre de l'Intérieur.

Le général déploya sur une table un plan détaillé de la ville de Lyon et des faubourgs.

— Je divise la ville en quatre secteurs, les lieux stratégiques sont renforcés avec une présence soutenue sur la commune de la Croix-Rousse et je mets sous bonne garde l'accès aux ponts du Rhône et de la Saône.

— Avez-vous les hommes nécessaires ?

— Oui, monsieur le Préfet, à peu près dix mille hommes.

— Mon général, pour ce qui est de la police, j'ai donné des ordres. Elle ne doit tolérer aucun attroupement ; au cas où elle serait prise à partie, je vous demande d'intervenir. Vous comptez être en poste à quel moment ?

— Dès l'aube, monsieur le Préfet.

— Il n'en est pas question ! Vous commencerez à manœuvrer à partir de minuit. Je veux que tout soit en place au réveil des Lyonnais, car dites-vous que nous sommes en présence de mouvements de foule incontrôlables. Il nous faut prévoir même l'imprévisible.

Vers trois heures du matin, la troupe prenait position dans les rues avoisinant la cathédrale. Un dispositif important fut mis en place dans la cour de l'hôtel de ville, fantassins et dragons assiégèrent la place des Terreaux. Quant au lieutenant général Aymard, il dressa son camp sur la place Bellecour. Aux alentours de huit heures, des milliers de personnes convergèrent dans le quartier Saint-Jean.

— C'est à quelle heure, le procès ? demanda Simon.

— A neuf heures trente.

— Boudiou, attendre une heure et demie en plein soleil ! C'était pas la peine de presser le pas pour rester plantés.

— Simon, dans une heure, le quartier sera bouclé. Dès qu'ils estimeront que nous sommes trop nombreux, l'armée interviendra.

— Mais non, Julien, regarde comme nos soldats sont tranquilles, Hugon est en train de faire la causette avec eux et leur distribue un papier.

— Va donc voir ce que c'est.

— Dis, Hugon, j'ai pas d'uniforme mais je sais lire. C'est pour quoi, cette feuille ?

— C'est une proclamation rédigée cette nuit par Antide Martin.

— Donne toujours.

— Alors ? questionna Julien.

— C'est une proclamation de l'Antide.

— Fais voir.

Julien s'apprêtait à lire lorsque, perché sur une borne, Morel clama :

— Il n'y en aura pas pour tous, alors écoutez ! Barth vient d'être nommé pair de France.

Dans la foule, ce ne fut qu'un cri : « Quelle honte ! »

— Ainsi, continua Morel, on récompense les hommes sans honneur, sans conscience, et on laisse souffrir de misère tous ceux qui sont utiles au pays.

— Bravo, Morel ! cria la foule.

— Les ouvriers, par exemple, et les vieux soldats ! Mais l'acte le plus significatif, c'est la nomination de Persil au ministère de la Justice. Persil, citoyens, c'est un pourvoyeur d'échafauds. C'est Persil qui a voulu faire rouler les têtes des hommes les plus patriotes de la France. Et si les jurés les lui ont refusées, ce n'est pas faute d'insistance de sa part. C'est Persil qui a eu l'infamie de dire le premier qu'il fallait détruire les associations et abolir le jury. En le prenant pour ministre, la royauté a donc adopté toutes les pensées, toutes les haines de cet homme. Elle va donc leur laisser libre cours. Citoyens, ce n'est pas seulement notre honneur national et notre liberté qu'ils veulent détruire, c'est notre vie à tous, notre existence qu'ils viennent attaquer. En abolissant les sociétés, ils veulent empêcher les ouvriers de se soutenir dans le besoin et la maladie, de s'entraider surtout pour obtenir l'amélioration de leur malheureux sort.

La foule applaudit et couvrit la voix de Morel qui s'écriait :

— Ouvriers et soldats, tous ensemble !

— L'armée avec nous, vive la République ! scanda la foule.

Julien avait écouté. « C'est beau de rêver », murmura-t-il. Il tira sa montre de son gilet. « Il est neuf heures trente, la cour a dû prendre place, nous allons bientôt savoir. » La foule commençait à s'impatienter et le manifestait bruyamment.

Soudain, le canon se fit entendre par deux fois. La panique traversa la place. Courant vers la rue Saint-Jean, un groupe d'hommes et de femmes fut arrêté par un homme en armes qui échafaudait une barricade.

— Au lieu de courir comme des lapins, venez donc m'aider.

A quelques mètres de là, un détachement militaire reçut l'ordre de dégager la rue et de détruire la barricade. Des jets de pierres paralysaient son avancée. L'homme armé fit feu sur des gendarmes, qui aussitôt ripostèrent et le blessèrent mortellement. S'approchant du cadavre, ils identifièrent un agent de police dénommé Faivre. S'ensuivit une mitraillade. Hommes, femmes et enfants gisaient sur le sol ; d'autres cherchaient un abri. D'une porte cochère, provenaient des cris : « Aux armes, citoyens, on égorge nos frères ! » L'hôtel de Chevrières fut évacué par la troupe, qui prit position devant le porche central. Les accusés furent reconduits par une porte de service ; le président du tribunal et les avocats tentèrent une sortie sous protection militaire. Rasant les murs, Henri parvint à se réfugier dans la cathédrale ; à quelques pas de là, Julien et Simon, couchés sur le sol, essayèrent de le rejoindre, profitant du court instant où les armes restèrent silencieuses.

— As-tu une idée sur ce qui vient de se passer ? interrogea Henri.

— Pas plus que toi. Je crains que nous revivions les journées de Novembre. Où en était le procès ?

— Au moment où maître Jules Favre commençait sa plaidoirie, on entendit un bruit sourd. Les portes de la salle d'audience trépidèrent et les juges s'esquivèrent avec les avocats. La troupe cantonnée dans la cour de l'hôtel de Chevrières occupa la salle d'audience et la fit évacuer. Maîtres Gaspard Aymes et Jules Favre ont pu, je l'espère, rejoindre le domicile de ce dernier au 30, rue Tramassac.

— Pour nous, maintenant, dit Julien, il s'agit de sortir d'ici et de rejoindre la Croix-Rousse.

Vers onze heures, le préfet arriva sous bonne escorte place Saint-Jean ; il jeta un œil circulaire sur le lieu et évita les flaques de sang qui rougissaient le sol. Puis il demanda à son secrétaire :

— Tagnard, est-ce que ces mutins sont de la Société des droits de l'homme ?

— Oui, monsieur le Préfet, mais il y a aussi de nombreux mutuellistes venus soutenir les chefs d'atelier qui passaient en jugement.

— Restons vigilants, Tagnard, cette place n'est déserte qu'en apparence et, jusque-là, nous ignorons la physionomie que prendra la journée.

Vers midi, des rassemblements se reformèrent. Une soixantaine de personnes, conduites par Lagrange, reprirent place devant l'hôtel de Chevrières et furent bientôt rejointes par une multitude de chefs d'atelier, compagnons, ferrandiniers... dont quelques-uns étaient en armes. Julien, Simon et Henri profitèrent de l'accalmie pour sortir de la cathédrale. Après avoir franchi les barricades de la rue Saint-Jean, ils arrivèrent place du Change, où des gardes postés, surpris par la venue massive d'hommes et de femmes chantant *La Marseillaise*, se replièrent sur les arrières du quartier. Tous trois traversèrent la

Saône. Arrivés à la hauteur de la rue Mercière, Henri rejoignit l'imprimerie du *Précurseur.*

— Reste avec nous ! lui cria Julien.

— N'aie crainte, je vais au journal et je remonte dès que possible. Si tu vois Thérèse, dis-lui que, surtout, elle ne se fasse pas de souci.

Place de la Croix-Rousse, les points de défense s'organisaient pour faire face à la troupe, cantonnée dans la caserne des Bernardines, à quelques enjambées de la place.

— Ah, te voilà.

— Oui, l'Antoine, et je m'estime heureux d'être encore en vie. En ville, ça mitraille de partout. Tiens, là, regardez-les venir, deux détachements qui marchent sur la rue du Mail. Rentrez chez vous !

Soudain, la mitraille crépita, ce ne furent que cris d'horreur.

— Les salauds, ils osent tirer sur des femmes et des enfants, attroupés dans la rue, sans aucune défense. L'Antoine, qu'avons-nous comme armes ?

— Quelques fusils et nos tripes !

— Donnez-m'en un, que je fasse la peau à ces lâches !

Julien s'avança dans la rue du Mail et pénétra dans une allée. Il entendit un coup de feu et vit un soldat tomber. Surprise, la troupe se replia, attendit puis se remit en ordre de marche vers la Grand-Rue. Julien ajusta le tir et l'un des militaires s'écroula. « En voilà un qui ne tuera plus », pensa-t-il. Le crépitement des fusils remplaçait le bruit des métiers, la mort rôdait dans toutes les rues. Pendant plusieurs heures, l'armée allait soutenir un feu fourni. Profitant de sa force, elle s'avança jusqu'à l'église

Saint-Denis, qu'elle occupa. C'en fut trop pour la population. Malgré le danger qui menaçait, des barricades se montèrent rue du Mail, rue des fossés et dans la Grand-Rue. Les combats étaient intenses autour de l'église Saint-Denis, qui changea d'occupants plusieurs fois dans la journée. Un groupe d'insurgés réussit à se faufiler dans les maisons situées sur les pentes de la Croix-Rousse et de là tint tête à la troupe qui cherchait à gagner le plateau.

S'étant rendu à l'imprimerie du *Précurseur*, Henri relata ce qu'il avait vécu à l'hôtel de Chevrières et témoigna de l'enchaînement des événements.

— C'est la panique, Brunet, les gens courent dans tous les sens, à la recherche d'un abri, d'une porte. La cavalerie pourchasse le moindre groupe qui est dans son champ de vision. Les blessés, laissés sur place, râlent de douleur sur le sol et personne ne veut se risquer à les approcher par crainte d'être pris pour cible. C'est horrible ! Novembre 1831 avait été sanglant mais, là, c'est du carnage.

— Je doute de pouvoir sortir le journal demain, j'hésite à remettre la rotative en marche.

— C'est inutile, Brunet, si les soldats passent devant la porte et qu'ils te voient en action, ils vont tout casser dans ta boutique. Le mieux est de nous enfermer en attendant que le calme revienne.

— As-tu vu Petétin ?

— Non. J'aimerais savoir ce que pense le préfet en ce moment car Petétin l'avait prévenu du danger. Donne-moi de l'encre, je vais commencer un article ; Brunet, il faudrait faire la une avec un grand bandeau noir et une grosse tache rouge. Cela se passerait de commentaires, qu'en penses-tu ?

— Rien pour le moment.

Essoufflé, en sueur, Charpentier entra comme une tornade.

— J'espère que tu n'as pas été suivi ?

— Je ne pense pas, regarde.

Charpentier mit un peu de temps à retrouver son souffle.

— Tu viens d'où ?

— J'étais place de la Préfecture. Depuis ce matin, elle est entourée de barricades. A quelques centaines de mètres de là, aux Célestins, un nombre important de compagnons sont postés et font face aux mouvements de troupes qui cherchent à les déloger. Le général Buchet a renforcé la protection de la préfecture car, par deux fois, nos compagnons ont tenté d'atteindre le bâtiment et de pénétrer en escaladant les grilles. Ce fut sanglant. Comme la résistance s'installait, Buchet a fait venir un canon, accompagné d'une mitraille. Ils se sont installés sur la place et tirent à plein bras sur nos barricades de la rue de la Préfecture afin de la faire sauter. Nos hommes ont été massacrés, Buchet hurlait : « Nettoyez le quartier de cette vermine ! »

Tous les lieux stratégiques et carrefours étaient tenus par les canuts qui avaient fortifié leurs barricades avec les charrettes, pavés et meubles qui leur passaient par les mains. Un vent du nord courait la ville, la nuit s'emparait des rues et des places. Charpentier en profita pour rejoindre le quartier Saint-Georges. Lorsqu'il arriva à la cathédrale Saint-Jean, il fut pris sous les tirs qui provenaient des toits. Durant la nuit, les responsables de la Société des droits de l'homme et les mutuellistes se réunirent en comité pour décider de leur action. Tous ne purent venir, notamment ceux de la Croix-Rousse et du quartier des Terreaux, assiégés par la troupe. Il fut décidé d'appeler la population à l'insurrection dès le lever du jour et de profiter de la nuit pour tout mettre en place. Muguet se chargea de prévenir les absents par tous les moyens. Henri avait pu s'échapper par les traboules et réussi à se faufiler à travers les rues étroites, évitant la lumière de la lune ; il avait retiré ses chaussures afin d'être le plus silencieux possible dans son escalade en direction de la place de la Croix-Rousse, où il savait retrouver Thérèse, venue voir sa mère dans l'après-midi. Lorsqu'il frappa à la porte de l'atelier, ce ne furent que rires et pleurs. Thérèse se précipita, le couvrit de baisers, en murmurant : « Merci, mon Dieu, merci ! »

— Nous n'osions plus parler, tellement nous étions angoissés, lui dit-elle.

Mathilde prit le petit Joseph dans ses bras et essuya des larmes en le serrant contre elle.

— Mon petit, lui dit-elle, aujourd'hui est un jour béni car vous êtes tous là vivants. Mais demain ? Pensez à cet enfant avant de vous jeter dans le feu.

— C'est pour lui et tous les autres de notre condition que nous nous battons, répondit Julien.

— Vous battre ! Vous battre ! Je n'entends plus que ça depuis quatre ans. Pourquoi faut-il que le sang coule pour avoir le droit de travailler, pour vivre et faire vivre sa famille ?

— Ta mère a raison, Julien !

— Enfin, Mariette, répliqua-t-il, je comprends notre mère mais nous n'allons pas dire amen à ces féodaux qui nous exploitent dès que nous sommes tout gosses. Il faut réfléchir. En novembre 1831, ils nous ont supprimé le tarif, on a courbé l'échine. Au fil du temps, nous décidons d'agir par la négociation en nous rassemblant en association car l'union fait la force, comme dit le vieil adage. Et que fait le gouvernement ? Il déclare que les associations ouvrières ne sont que des coalitions d'intérêts contre les pouvoirs industriels et politiques. Nous faisons la guerre à un capitalisme dur qui nous broie et c'est pour que mon Joseph, demain, ne le soit pas à son tour que nous nous dressons.

— Si nous allions prendre un peu de repos ? intervint Henri, qui craignait que la conversation ne tourne en dispute.

— Il n'est pas question que vous repartiez, c'est trop dangereux, déclara Mathilde. Nous allons nous arranger pour cette nuit.

— De toute façon, elle sera courte, ajouta Julien.

— Mariette et le petit vont chez l'Antoine et Marthe, ils vous attendent, indiqua Mathilde.

Vers cinq heures du matin, des mouvements de troupes s'engagèrent en direction de la Croix-Rousse.

— Mariette, reste chez tes parents, lui recommanda Julien en la serrant dans ses bras.

Puis il rejoignit Henri chez Blancart, cabaretier au 19, place des Tapis. Celui-ci était en compagnie de Charpentier.

— Nous avons décidé, déclara-t-il, d'établir ici nos rencontres entre responsables du comité. Le vin est bon et Blancart est un homme sûr. Faisons le point sur la journée d'hier.

— Pris au dépourvu, commença Charpentier, on s'est d'abord employés à former des barricades et à maintenir la résistance. Pendant que nous dressions des barrières dans la grande rue du faubourg, des boulets tirés depuis la caserne des Bernardines s'abattaient autour de nous. Heureusement, il n'y a pas eu de victime, mais beaucoup de maisons ont été touchées. Nos hommes se sont retranchés sur les pentes de la Croix-Rousse, de la place Rouville à la montée Saint-Sébastien, et aussi dans la montée des Carmélites. Après des heures de combat, ils ont pu dégager la rue Neyret et pénétrer dans la caserne du Bon-Pasteur, où ils ont fait le plein de munitions. Hélas, nous avons eu des pertes, entre autres Limagne, qui était le chef pour ce quartier. C'est Genevois Marigné, président de la Société des ouvriers tailleurs, qui a pris la suite. Nos hommes sont tous des exemples de courage.

Henri notait soigneusement tout ce qu'il entendait.

— Et à Lyon, qu'en est-il ? interrogea Julien.

— Dans l'ancien quartier de Saint-Georges à Saint-Paul, toutes les rues sont barricadées, comme ici, le canon tire un peu à l'aveugle. Le vrai point chaud, c'est la place des Cordeliers. Je pense qu'ils auront besoin de renforts. Lagrange fait ce qu'il peut avec ses hommes mais pour combien de temps ? J'ai confiance car il a avec lui Caussidière, le père, qui est libraire rue des Trois-Carreaux.

— En novembre 1831, intervint Julien, ceux de La Guillotière nous avaient donné un sérieux coup de main.

— Cette fois, il en va autrement, rétorqua Henri,

car, que ce soit à La Guillotière ou aux Brotteaux, ils ont fort à faire pour défendre leur position. Il y a eu des morts, notamment pendant la prise de la caserne Vitton. C'est Huguet qui menait le combat. Une fois dans les lieux, comme au Bon-Pasteur, ils se sont emparés des armes dont ils avaient besoin puis ils sont partis donner un coup de main aux Brotteaux, où ils ont envahi le parc d'artillerie. A ce qu'il paraît, les fantassins qui étaient en réserve n'ont pas offert grande résistance.

— Je crains pour aujourd'hui, dit Charpentier. Les autorités tiennent de la troupe en réserve. C'est ainsi qu'hier, tard dans la soirée, le 21e de ligne de Grenoble a pris position sur la place du Pont, à La Guillotière. Au fait, avec tous ces événements, je ne sais plus quel jour on est...

— Jeudi 10 avril, et tu sais qu'on est en 1834 ?

— Charpentier, c'est le beaujolais qui te fait perdre la mémoire.

— Ah, certes non ! Mais il y a des moments, je ne sais plus où j'en suis.

La nuit s'étirait, les fenêtres des immeubles restèrent closes. Sur la place de la Préfecture, un chien passa, s'arrêta et hurla à la mort. Au premier étage, le préfet recevait les généraux Aymard et Buchet.

— Où en sommes-nous ?

— Nous tenons le quartier Bellecour.

— C'est-à-dire ?

— La place et les rues côté Rhône. Du côté Saône, il y a encore quelques poches de résistance. Nous tenons également le quartier de Perrache, l'hôtel de Chevrières, la cathédrale Saint-Jean dans le vieux Lyon, et également l'hôtel de ville, ainsi que le quartier des Terreaux. Toutefois, il semblerait que, dans la nuit, les insurgés se soient organisés différemment en occupant des immeubles. Nous avons eu des inquiétudes pendant un temps en ce qui concerne la caserne des Bernardines et le secteur des Chartreux. De ces deux points, nous contrôlons une grande partie de la commune de la Croix-Rousse.

— Le ministre me demande des informations.

Et il se tourna vers son secrétaire :

— Adressez-lui ce texte : « Les insurgés sont toujours resserrés dans les petites rues du centre-ville et à Saint-Georges. Ils ne font pour l'instant aucun mouvement. Renforcez-nous, cela peut se prolonger et, dans tous les cas, il est indispensable d'être fort ici. »

Le préfet tira sa montre : elle marquait six heures du matin.

— Messieurs, à vos quartiers, tâchez d'en finir, et vite.

Soudain, depuis l'église Saint-Bonaventure, le son lugubre du tocsin résonna dans la ville et la mitrailleuse se mit à l'unisson. De violents combats venaient de s'engager à La Guillotière. Une barricade fut élevée au début de la Grand-Rue. Sous le commandement du capitaine Saint-Genys, l'armée, venue de Grenoble, tenta de la démolir. Un petit groupe de fantassins réussit à passer mais, à peine eut-il fait quelques mètres qu'une autre barricade mieux défendue se présenta à la troupe. Celle-ci marqua le pas, cherchant quelque abri car, des toits, les insurgés protégeaient ceux qui tenaient les barricades. Paul-Emile Guillot, un habitant du quartier, pépiniériste de son état, surgit devant la troupe et fit face au capitaine qui s'approchait, entouré de ses hommes, fusils prêts à tirer.

— Vive la ligne, vive la République ! cria Guillot. Capitaine, je viens à votre rencontre sans armes.

Les deux hommes se trouvèrent à quelques mètres l'un de l'autre.

— Vous pouvez éviter que le sang noircisse cette rue, poursuivit-il, car des barricades, il y en a tous les trente ou cinquante pas.

— Par quel moyen ? demanda Saint-Genys.

— En nous donnant vos armes et en nous livrant le passage pour voler au secours de nos frères de Lyon.

Le capitaine se demanda si l'homme qui était devant lui était à jeun pour venir lui faire une telle proposition.

— Monsieur, lui répondit-il, l'honneur militaire me l'interdit.

— Et pourquoi ? Il ne vous interdit pas de tuer des hommes qui veulent vivre, tout simplement vivre.

Le ton montait.

— Dégagez, ou je vous mets en état d'arrestation, lança le capitaine.

Guillot voulut répondre mais sa voix fut couverte par les armes qui crépitaient dans les rues voisines. Le capitaine allait mettre sa menace à exécution quand Guillot courut vers les barricades en criant : « Vive la République. » Lorsqu'il ne fut plus dans le champ de vision de la troupe, des toits et des barricades, la fusillade reprit.

Jusqu'alors, le quartier Saint-Just était resté à peu près calme. Mais, voyant l'armée monter de Saint-Jean, un groupe de canuts prit d'assaut le télégraphe puis afficha, en un lieu de passage, un appel à la révolte : « Levons-nous, armons-nous de quoi qu'il se présente et, avant la fin du jour, nous aurons obtenu une victoire complète. » Les églises de la ville et les alentours firent écho à Saint-Bonaventure. Vers la fin de la matinée, les insurgés avaient la maîtrise des routes d'accès à Lyon. Après une heure de déambulation entre Rhône et Saône, Henri arriva dans les hauts de Saint-Just, où il tenta d'établir un contact avec Muguet, ouvrier en soie qui avait pris le commandement des insurgés de Saint-Georges et Saint-Just. Les hommes qui gardaient le télégraphe lui indiquèrent qu'ils l'attendaient.

— J'espère, dit l'un d'eux, qu'il nous apportera des munitions. Autrement, nous ne pourrons pas tenir longtemps. L'armée est au fort Saint-Irénée, si elle fait une sortie, nous sommes foutus.

A la fin de la matinée, Muguet arriva enfin.

— Où en sommes-nous ? demanda Henri.

— Nous tenons toujours une bonne partie du quartier Saint-Jean, de la rue des Trois-Maries jusqu'à Saint-Paul, voire un peu au-delà. A Saint-Georges, la situation est beaucoup plus sérieuse car, de la rive gauche de la Saône, le canon tonne pour nous barrer la route en direction de Perrache. Le général Aymard a fait sauter la passerelle de la Quarantaine. De plus, ils ont mis le feu dans une péniche, chargée à ras bord de foin, qui était amarrée en amont, et l'ont laissée dériver jusqu'aux assises de la passerelle de la Quarantaine. Vu qu'elle est en bois, elle a provoqué un incendie gigantesque. C'était l'enfer, du moins comme je l'imagine, car il y avait deux énormes bateaux, pas loin de la Quarantaine, qui ont été pris dans les flammes.

— Ils ont ainsi bloqué l'accès à la presqu'île ?

— Et à l'arsenal. Puisque tu es là, Henri, montons à Fourvière. D'en haut, nous aurons un aperçu de ce qui se passe.

— Est-ce prudent ?

— Nos hommes sont postés, sois sans crainte. Ils ont hissé le drapeau noir sur la chapelle qui domine la ville. Ils ont fait de même à l'Antiquaille, Saint-Nizier et aux Cordeliers.

— A la Croix-Rousse, nous avons planté un drapeau rouge.

— Rouge du sang de nos combattants ! Comme celui du gamin ce matin à Saint-Polycarpe.

— Que s'est-il passé ?

— Un gone, il devait avoir dix ans, il avait fait un drapeau rouge et l'avait planté sur l'église. A peine était-il descendu, après son exploit, que l'armée tira sur l'emblème de la révolte et celui-ci vola en éclats. Le gosse ne voulut pas admettre que son drapeau soit détruit de cette façon. Il récupéra, je ne sais où, un pantalon militaire, couleur garance, y découpa un large morceau et en fit un drapeau. Il monta de nouveau le placer sur la façade de Saint-Polycarpe, tout heureux d'avoir défié les soldats. Il redescendit sans méfiance. Une balle l'a atteint en pleine tête. Voilà de quoi ils sont capables. Des sauvages !

Henri et Muguet arrivèrent près de la chapelle de Fourvière. Passant devant le porche, ils se signèrent. « Si ça fait pas de bien, ça ne peut pas faire de mal », pensa Muguet.

— Henri, connais-tu une petite bonne femme qui s'appelle Pauline Jaricot ?

— J'ai entendu ce nom.

— Moi, je la connais un peu, c'est une sainte. Elle prie et elle fait prier pour nous. En novembre, elle était auprès des blessés et des agonisants, jour et nuit. Elle a du mérite parce qu'en plus elle n'est pas de notre condition. Elle est d'une famille de bourgeois.

— Je crois bien que ma belle-sœur Mariette la connaît, je l'ai entendue parler d'elle.

Ils s'installèrent puis commencèrent à scruter l'horizon. Çà et là des nuages de fumée couraient sur les toits de la ville. Henri repéra sept incendies. Soudain, une explosion retentit.

— Regarde, c'est à La Guillotière ! s'écria Muguet.

Les flammes dansaient sur les immeubles.

— Avec le vent qui souffle aujourd'hui, le quartier va être en cendres d'ici ce soir.

Henri restait sans voix devant ce qu'il découvrait. Son attention fut alors attirée par une mitraillade qui semblait venir du quartier des Terreaux.

— Là, montra-t-il à Muguet, ils sont plantés sur les toits de l'hôtel de ville et du palais Saint-Pierre. Beau point de vue pour tirer sur le moindre groupe qui se déplace !

En redescendant, Henri s'engagea en direction de Gorge-de-Loup.

— Si tu passes par Vaise, va voir Reverchon. A ce qu'il paraît, il aurait pris la mairie.

C'est effectivement là qu'Henri le rencontra.

— Nous attendons du renfort des communes voisines, lui dit ce dernier. Et ailleurs, qu'en est-il ?

Henri lui relata ce qu'il avait vu et entendu dans la journée.

— Tu pourras dire aux autres que nous avons fait sauter le télégraphe de Limonest. Cela retardera l'acheminement des informations à destination des autorités.

La soirée était déjà fort avancée lorsque Henri parvint à la Croix-Rousse. Julien l'attendait chez Blancart. Il était accompagné de Simon, Carrier et Charpentier. S'adressant à ce dernier, Henri demanda par quel chemin il avait pu arriver jusque-là.

— Car moi, dit-il, j'ai dû ramper et marcher accroupi pour venir de Vaise. D'ailleurs, regardez l'état dans lequel je suis. C'est Thérèse qui va être contente de me voir plein de terre. Heureusement qu'il ne pleuvait pas.

— Le principal, c'est que tu sois vivant, lui répondit Julien en accompagnant ces mots d'une forte tape sur l'épaule. Simon, peux-tu aller à l'atelier prévenir ma mère et Thérèse qu'elles ne se fassent pas de souci ? Nous sommes tous là !

— A partir de ce soir, commença Carrier, nous mettons en place un filtrage pour quiconque se présentera devant les barricades. Le mot de passe est : « Qui vive ? » Il faudra répondre : « Citoyens, droits de l'homme ! » C'est valable uniquement sur la commune de la Croix-Rousse car, à Lyon, le mot de passe est « Association, résistance, courage ».

Puis il se tourna vers Henri :

— Que rapportes-tu ?

Celui-ci fit part de ses inquiétudes pour l'avenir.

— Si nous devons tenir plusieurs jours, il nous faudra des renforts.

— Nous y pensons, indiqua Carrier, nous avons dépêché des compagnons dans les communes avoisinantes. Villeurbanne a déjà réagi, La Guillotière aussi, une centaine d'ouvriers, venus de là-bas, se sont emparés de la caserne de la gendarmerie et ont désarmé les quelques gendarmes résidant. Mollard-Lefèvre doit être en ce moment du côté de Saint-Priest et Vénissieux.

— Le point sensible, remarqua Charpentier, pour le moment, c'est La Guillotière. Il faut à tout prix les aider à tenir car on annonce des renforts militaires en provenance de Grenoble. Si l'armée réussit à passer, c'est foutu. Ma crainte, c'est que nous ne puissions faire face longtemps. De nos gars des Brotteaux, venus en renfort, je tiens des informations à dégueuler. Aujourd'hui, par exemple, ils canonnaient, incendiaient des maisons, tiraient sur les habitants qui s'échappaient par portes et fenêtres. A un moment, ils ont chargé à la baïonnette, ils embrochaient les gens. Une pauvre femme tentait de se sauver avec son gone dans les bras. Elle est tombée à genoux, en suppliant. Ils ont transpercé femme et enfant. Ils tirent les gens comme des pigeons.

— Ici, à la Croix-Rousse, exposa Julien, nous avons profité d'une certaine accalmie pour construire des barricades et renforcer celles existantes. Nos rues ont été dépavées et nous nous sommes risqués à prendre position place de la Boucle.

— Là, intervint Charpentier, nous avons fait une tranchée de quatre pieds de profondeur sur six de largeur. La terre rejetée de chaque côté formait un monticule qui nous mettait à l'abri des coups de l'ennemi.

La violence des combats alarma les autorités, qui ne s'attendaient pas à une telle résistance de la part des insurgés et de la population. Le général Aymard décida de réorganiser l'ensemble du dispositif mis en place. Une réunion d'état-major se tint à la préfecture dans la nuit du 10 au 11 avril.

— Alors, messieurs ! s'irrita le préfet Gasparin. Nous n'allons pas capituler sous la pression de quelques séditieux ! Il y va de votre honneur et de celui du royaume de France.

— Monsieur le Préfet, rétorqua le général Aymard, si nous savions le nombre de ces séditieux, nous pourrions organiser un plan pour nettoyer la ville. Mais nous savons une seule chose, c'est que quartiers, rues et places pullulent d'hommes et de femmes déterminés. Nous ne pouvons évaluer, à l'heure qu'il est, le nombre de ces combattants car il y a parmi eux de vrais soldats. D'ailleurs, la façon dont ils construisent les barricades montre que certains ont un passé militaire.

— Quelques-uns étaient dans les armées de Napoléon, ajouta le préfet Gasparin. Peut-être devons-nous envisager un repli en évacuant des postes secondaires pour nous recentrer sur les axes principaux.

— Et que verriez-vous comme retrait, monsieur le Préfet ?

— Le fort Saint-Irénée. Je crois qu'il serait même prudent de commencer une évacuation partielle.

— Bien, monsieur le Préfet, je fais exécuter l'ordre immédiatement. Et pour le reste ?

— Le quartier Saint-Jean, par exemple, ce qui nous permet de renforcer La Guillotière. J'ai demandé des troupes, en provenance d'Avignon, Montélimar et Valence. Elles devraient arriver incessamment aux portes de La Guillotière, il faut qu'elles puissent passer.

— Il n'en est pas question, monsieur le Préfet, je ne me vois pas évacuant toute la rive droite de la Saône !

Le préfet se rangea à la décision du général Aymard mais il rédigea une proclamation destinée à la population. Il appela son secrétaire :

— Faites imprimer ce texte cette nuit. Qu'il soit sur les murs de la ville et des faubourgs dès le jour levé !

Tagnard resta un court instant silencieux. Lui qui avait pour habitude de répondre : « Oui, monsieur le Préfet », et de se retirer en courbant l'échine, resta planté et étouffa une envie de rire.

— Eh bien ! Qu'avez-vous Tagnard ?

— Monsieur le Préfet, qui va lire cette proclamation ? La population est cloîtrée, personne ne sort par crainte de se faire tirer dessus, nous ne pourrons même pas l'afficher sur les murs.

— Tagnard, vous êtes à mon service pour

exécuter mes ordres et non pour avoir des appréciations sur leur exécution. Nous utiliserons l'armée pour l'affichage ! D'ailleurs, si vous aviez lu intelligemment ce que je viens d'écrire, vous auriez constaté que je rends un hommage appuyé à nos soldats et à leurs généraux. Dès que possible, vous ferez parvenir ce document à monsieur Thiers, notre ministre de l'Intérieur.

— Bien, monsieur le Préfet.

Vers trois heures du matin, Reverchon patrouillait dans le quartier Saint-Just lorsqu'il vit arriver Bertholet.

— Où vas-tu ?

— Je te cherchais car il se passe des choses bizarres au fort Saint-Irénée. Il me semble que les soldats s'en vont.

— Ça m'étonnerait qu'ils abandonnent une place forte comme celle-là. Allons voir !

Ils s'approchèrent et se dissimulèrent sous le porche d'une maison religieuse qui jouxtait l'église Saint-Irénée.

— Tu as raison, boudiou ! C'est le retrait, à moins que ce soit pour faire la place à une relève. Attendons.

Une demi-heure s'écoula. Le dernier soldat sortait.

— Pas une minute à perdre, fit Reverchon. Retournons à Saint-Just récupérer des hommes et occupons ce que l'armée abandonne avant que les généraux ne reviennent sur leur décision.

Vers cinq heures du matin, un groupe d'ouvriers prit possession du fort.

— Regarde, Reverchon, s'écria l'un d'eux, ils ont oublié deux canons !

— Ça, je ne le crois pas, ils vont sûrement revenir. Voici mes ordres. Un groupe va rester ici et tenir la position au cas où. Les plus costauds vont tirer les canons jusqu'à la terrasse de Fourvière. De là, on pilonnera le quartier général d'Aymard, campé place Bellecour.

A cinq heures trente du matin, les deux bouches à feu étaient en place.

— Et maintenant ? questionna Bertholet.

— Quoi, maintenant ? s'écria Reverchon.

— Un canon, ça fait son travail avec des boulets. On en a récupéré cinq, jamais on va tenir.

— Eh bien, s'énerva Reverchon, fonce à la Croix-Rousse. Récupère ce qu'il faut auprès de Carrier ou de Julien et dis-leur que, s'ils ont des hommes en trop, nous sommes preneurs.

A l'instant où le premier boulet frappa la place Bellecour, il y eut un moment de panique au quartier général.

— D'où vient ce coup ? hurla un officier.

— De Fourvière, mon capitaine.

— Mais ils n'ont pas de canon !

— Ils n'en avaient pas mais maintenant ils se sont équipés.

— Ripostez !

L'échange fut d'une rare violence, le tocsin sonna sans discontinuer. A la Croix-Rousse, Julien placardait une affichette pour informer la population de la prise du fort Saint-Irénée lorsqu'un bruit de canon lui fit vaciller la main. Il sursauta puis entendit un appel :

— Julien, ça y est, ils nous attaquent !

— D'où viennent les tirs ?

— Là, de tout près. Ça doit être la garnison de Montessuy qui tente une percée.

— Où est Carrier ?

— Certainement vers l'entrée de la Grand-Rue. Il y a une quinzaine des nôtres qui font face mais il faut prévoir du renfort. A quinze, c'est trop juste.

Julien se rendit chez Blancart, où il retrouva Henri et Thion, chef de section dans la Société des droits de l'homme.

— Je propose, lui dit ce dernier, que nous lancions un appel à la population pour qu'elle nous aide en vivres. Voilà trois jours et trois nuits que nos hommes se battent et, de ce côté-là, nous sommes à court. J'ai l'intention de former un cortège qui partirait du clos du Chariot-d'Or avec roulement de tambour, le tout conduit par un drapeau portant l'inscription « La République ou la mort ».

— Tu crois que c'est l'heure de faire des processions comme les curés ? Non, camarade, dit Julien. C'est l'heure des combats, tu as entendu le canon ? Certes, il faut des vivres, mais chargeons les femmes de s'en occuper. Quant à nous, battons-nous !

— Je vais quand même mener un cortège, dit Thion en lissant la moustache noire qui lui barrait le visage.

— Mariette, la République a besoin de toi, lui lança Julien en entrant dans l'atelier.

— Tu plaisantes ?

— Non, avec Thérèse et toutes les femmes qui le peuvent, vous allez ramasser de la nourriture pour ceux qui se battent.

— Où veux-tu que je la prenne, cette nourriture ?

— Je n'en sais rien mais il le faut ! Sans quoi les troupes d'Aymard vont nous manger tout crus.

Il embrassa tendrement Mariette en lui susurrant à l'oreille :

— Je t'aime, je compte sur toi. Fais un bisou à Joseph.

La journée fut sanglante. Les morts s'accumulaient, l'armée s'occupait de ses blessés, laissant les autres agoniser.

— Avril doux, lorsqu'il tourne, est le pire de tous.

— Qu'est-ce que tu marmonnes, Simon ?

— Ce vieil adage qui dit qu'il faut toujours se méfier du mois d'avril. Vous avez vu, Mathilde, ce matin, la ville est tout enneigée. Et ça tombe, on n'en avait pas besoin !

— Tu as raison, Simon, mais l'homme ne commande pas le ciel.

— Vous n'avez rien de particulier à dire à Julien ? Je vais le retrouver.

— Viens me rassurer si tu le vois car il n'est pas rentré de la nuit. Pourvu...

— Ah, Mathilde, vous n'allez pas nous porter la poisse ! Il doit être sur les barricades ou en réunion avec Carrier et les autres.

— Donne-lui cette médaille que m'avait offerte mademoiselle Jaricot.

— En novembre, elle était venue secourir les malheureux et aider les blessés.

— Elle serait très malade, m'a dit une voisine.

Lorsque Simon sortit, Mathilde se signa et se mit

à prier silencieusement. La couche neigeuse qui recouvrait la ville et les faubourgs obligeait l'état-major à reconsidérer la situation. Une réunion chez le préfet détermina la nouvelle conduite à tenir.

— Monsieur le Préfet, je ne peux pas laisser des hommes exposés au feu et aux intempéries. Voici quatre jours que nous bataillons, il faut au plus tard que nous rétablissions les accès de communications avec le Sud, en faisant sauter La Guillotière, et que nous agissions de même à Vaise pour les liaisons avec Paris. Il faut que nos renforts puissent passer sans encombre.

— J'espère, s'inquiéta le préfet Gasparin, que vous avez réquisitionné toutes les échoppes et autres commerces de vin et d'alcool pour nos soldats. Cela les réchauffera et leur donnera la fougue nécessaire pour liquider au plus vite cette affaire qui commence à énerver monsieur Thiers.

— A ce qu'il paraît, des soulèvements ouvriers ont eu lieu à Saint-Etienne et à Vienne ? questionna le général.

— Oui, répondit le préfet, mais très vite maîtrisés. Dans ces deux villes, les autorités municipales ne se sont pas laissé impressionner. Ce début d'insurrection a été rapidement réduit. Qu'il en soit maintenant de même ici !

Aux alentours de onze heures, des troupes prirent position sur le territoire de La Guillotière. Frigorifiés, les insurgés se plaquèrent contre les barricades. Le général Dejean donna l'ordre de charger, les canons frappèrent les barricades jusqu'à ce qu'elles fussent complètement détruites. Rouges de froid et d'ivresse, les fantassins s'élancèrent dans les immeubles, firent sortir les habitants, abattus à peine avaient-ils franchi le seuil. Le chant lugubre du tocsin et des canons entonna le requiem des pauvres en agonie dans les décombres des rues incendiées. A la mi-journée, les différents corps de troupes se rejoignaient devant l'église Saint-Louis. Voulant s'assurer qu'elle ne renfermait pas d'insurgés, ordre fut donné de défoncer la porte ; ornements liturgiques, autels, statues furent saccagés, le sanctuaire dévasté, transformé en camp militaire. Dans le même temps, l'infanterie, ayant reçu des renforts, traversa la Saône à la hauteur du fort Saint-Jean ; une colonne fit mouvement sur Vaise et l'autre sur les hauteurs de Pierre-Scize, en vue de rejoindre la terrasse de Fourvière et le quartier Saint-Just – Saint-Irénée. Arrivée place de la Pyramide, la colonne se déploya sur le territoire de Vaise.

— Chargez sans quartier ! cria un officier.

Transis de froid et la faim au ventre, les insurgés résistèrent autant qu'ils le purent. Au fur et à mesure que les barricades tombaient, c'était la chasse à l'homme. Tout être vivant était une cible et les lieux de résistance étaient incendiés. Au début de l'après-midi, La Guillotière et Vaise passèrent sous commandement militaire. Les routes de Paris et Grenoble étaient libres d'accès, ce qui permit l'entrée de troupes en attente aux portes de la ville. Quelques combattants purent s'échapper de cette tuerie. Après des heures de marche dans des conditions difficiles, évitant d'être repérés, ils parvinrent à la Croix-Rousse.

— Vaise est tombée, crièrent-ils. Nous venons de vivre l'enfer !

Ils racontèrent à Carrier et à Julien ce que la population et les combattants avaient vécu depuis une semaine.

— Jamais je n'avais vu autant de barbarie. Ces hommes devaient être saouls pour faire tant de saloperies. Il y avait, poursuivit Drigeard-Desgarnier, dans une petite rue, près de la place des Pyramides, une maison où s'étaient cloîtrés des habitants qui n'avaient pris aucune part à nos combats, si ce n'est pour donner un peu de pain pour tenir, mais ils étaient de cœur avec nous. Nous avons résisté puis nous avons dû céder et déguerpir en vitesse. Les fantassins sont entrés dans cette maison et ont trucidé hommes, femmes, enfants. Ils devaient être quinze ou seize, peut-être un peu plus, qui furent massacrés. D'ailleurs, Laffont, qui s'est échappé avec nous, était tellement écœuré qu'il a déserté son régiment pour nous rejoindre. Interrogez-le, vous serez au fait.

Carrier tenta d'en savoir plus mais Laffont était comme hébété, à bout de nerfs. Il se mit à hurler :

— Ne me tuez pas, ne me tuez pas ! Je ne veux pas mourir ! Ne me tuez pas !

Quelques compagnons l'emmenèrent chez Blancart.

— Et ici ? interrogea Drigeard-Desgarnier.

— Pour le moment, nous tenons, répondit Julien. Comment va Reverchon ?

— Il doit être quelque part dans la campagne à se planquer. Car s'ils prennent l'un d'entre nous, inutile d'avoir des illusions, cette soldatesque nous exécutera.

La chute de Vaise et de La Guillotière porta un coup au moral des insurgés, d'autant que des combats violents commençaient entre le quartier des Terreaux et le versant ouest de la Croix-Rousse. Carrier fit passer cette proclamation : « Citoyens, voulant jeter le découragement parmi nous, l'autorité militaire a envoyé une dépêche au maire de la Croix-Rousse dans laquelle elle mentionnait que la ville était soumise. Il n'en est rien ; les républicains, pleins de courage et d'ardeur, résistent avec avantage, imitons-les, continuons notre défense dont la postérité retentira. Soyons toujours unanimes d'efforts. A la ruse opposons la ruse, à la cruauté opposons le courage, et encore des efforts, et bientôt nous entonnerons les chants de victoire. Vive la liberté, anathème aux tyrans ! »

— Il faut y croire ! cria Julien.

La nuit épaisse oppressait la population.

— Tu crois que l'on va tenir longtemps ? demanda Drigeard-Desgarnier.

— Le temps qu'il faudra, répliqua Julien. Si Lyon tient, pourquoi pas nous ?

— C'est foutu, Julien, clama Henri en entrant chez Blancart. Il faut appeler Carrier pour faire le point. Comment ça va, à la maison ?

— Elles font comme nous, elles tiennent et elles prient. Pourquoi ? Quelles nouvelles nous apportes-tu ?

— Le général Aymard, après avoir pris La Guillotière, a fait mettre des détachements de surveillance. Je présume qu'il en est de même à Vaise et ailleurs. Tout ce qui était disponible en troupes a été redéployé autour des quartiers de Saint-Nizier et Saint-Bonaventure. C'est là que se tenait l'état-major de nos amis. Les fantassins commencèrent par s'occuper des immeubles et des commerces des rues avoisinantes puis le canon, placé au passage de l'Argue, entra dans la danse. Il en fut de même place de l'Hôpital. Comme ils rencontraient partout de la résistance, le général Buchez ordonna la charge et fit exploser la porte de l'église Saint-Bonaventure, qui servait de base arrière à nos combattants. C'était également un dépôt où étaient conservées nos armes et la poudre, mais c'était aussi et surtout une infirmerie. Il y avait environ cinq cents des nôtres ; quelques-uns purent s'échapper par la sacristie, d'autres se cachèrent dans les confessionnaux mais, pour le reste, l'abbé Pavy, curé de Saint-Bonaventure, les larmes aux yeux, m'a dit avoir vu les cadavres s'empiler et le sang gicler sur les murs. « Du sang, murmura-t-il, du sang et des morts ! Mon ami, me cria-t-il, faites savoir au monde ce qui s'est passé ici dans cette église. Ils ont osé assassiner dans la maison de Dieu. Ce ne sont pas des hommes mais des bêtes féroces. »

Au récit qu'ils entendaient, tous restaient silencieux. Puis Carrier s'adressa à Henri :

— Et l'hôtel de ville ?

— Dans la matinée, les nôtres avaient essayé de prendre position mais nos hommes étaient trop peu nombreux et fatigués. Surtout que, depuis la chute de Vaise et de La Guillotière, les troupes arrivent.

— Où est Carrier ?

— Je suis là, que me veux-tu ?

— La maison Brunet est aux mains de la troupe.

— Il y a longtemps ?

— En fin de soirée.

— Il y a des morts chez nous ?

— Je ne sais pas, mais des blessés, oui. Le drame fut évité grâce à un curé des Chartreux, l'abbé Pousset. Nous étions à peu près quatre cents dans cette bâtisse, l'armée, qui occupait les Terreaux jusqu'à la rue de l'Annonciade, avait disposé les canons sur la terrasse des Chartreux et la place de Rouville.

— C'est ça que nous entendions cet après-midi !

Se passant la main sur le front, Carrier soupira et mentalement commença à faire le bilan au quatrième jour de combat. Il constatait qu'il restait en résistance Saint-Georges, Saint-Just, la Croix-Rousse, Saint-Clair.

Depuis le début des événements, Mathilde dormait peu ; ses nuits étaient perturbées par l'angoisse. Elle comptait les jours et songeait : « Combien de temps cela va-t-il durer ? Le travail ne se fait pas, qu'allons-nous devenir ? Mon Dieu, aidez-nous à ramener un peu de raison sur cette terre. » Elle s'approcha de la fenêtre, le ciel était gris et la place boueuse. « Ce serait trop risqué d'aller à la messe, ce matin, pensa-t-elle. Il y a bien longtemps que je n'ai manqué un office. Peut-être l'église est-elle fermée ou occupée ? Dans ce cas... Si elle est occupée, j'espère que c'est par nos hommes. »

Dès qu'il eut connaissance de la situation, Carrier

renforça les barricades des pentes, de la Grand-Côte et du clos Casati. Vers midi, il vit revenir Charpentier plein de boue.

— J'ai dû m'aplatir pour arriver jusque-là, les nouvelles ne sont pas fameuses. Saint-Just et Fourvière sont tombés. Nos hommes ont été pris entre une colonne qui venait de Sainte-Foy et une autre qui montait de Vaise.

— C'est pour ça que, depuis ce matin, aucun coup de feu ne partait de Fourvière ! s'exclama Carrier.

— Puisqu'ils occupaient les hauteurs, les tirailleurs sont descendus sur Saint-Jean et Saint-Georges, derniers bastions de la résistance.

— Il reste comme combattants ceux de Saint-Clair et de la Croix-Rousse.

— Je te signale que la troupe marche en ce moment sur la boucle. Depuis ce matin, le canon du fort de Montessuy n'arrête pas de cracher. Pour les autorités, nos heures sont comptées, le préfet l'écrit dans une proclamation à la population, affichée sur les murs de la ville. J'ai pu en récupérer une, écoute : « La sainte cause des lois, de l'ordre et de la vraie liberté vient de triompher dans les murs de Lyon. Quelques restes de rébellion sont encore dans quelques quartiers et seront soumis aujourd'hui. Cet heureux résultat a été acheté par un sang précieux ; vous avez éprouvé de la gêne et des souffrances, mais qui de vous s'en souvient encore, en présence du grand résultat obtenu par la valeur, la constance et la discipline des troupes ? Pour mettre aussitôt que possible un terme à l'état de contrainte que l'action militaire nécessitait, il est arrêté aujourd'hui que la circulation des piétons sera rétablie en ville mais que l'on ne souffrira pas de stationnement sur la voie publique ni de réunion de plus de cinq personnes ; le passage des ponts continuera à être interdit. Ces restrictions seront levées aussitôt qu'il sera possible sans compromettre les opérations militaires. »

La ville de Lyon étant soumise, le général Aymard fit manœuvrer l'ensemble de ses troupes vers la Croix-Rousse et Saint-Clair, derniers bastions de résistance. Malgré une offensive d'une extrême violence, soutenue par l'infanterie et le génie, les barricades de la place de la Boucle, des pentes, de la Grand-Côte et du clos Casati tinrent bon. Toute la journée du dimanche, pataugeant sur un sol détrempé par la neige, Carrier allait de poste en poste pour soutenir le moral des insurgés. La volonté des canuts et de ceux qui les avaient rejoints irritait le général Fleury. Il reçut mission de faire plier cette bande d'irréductibles par tous les moyens mis à sa disposition.

— Carrier, regarde qui vient, dit Julien.

— Ça, c'est un piège, allons voir.

Ils s'approchèrent des trois hommes en uniforme qui avaient osé pénétrer, hissant un drapeau blanc.

— Où allez-vous ? s'écria Carrier.

— A la mairie, voir le premier magistrat de cette commune. Nous sommes porteurs d'un message du général Fleury.

— Vous pouvez nous le remettre, déclara Carrier.

— Vous êtes le maire ?

— Non, mais c'est pareil.

— Je dois voir monsieur Puyroche, maire de la Croix-Rousse.

— Alors, nous allons avec vous jusqu'à lui, leur signifia Julien.

— Monsieur le Maire, je suis le maréchal des logis Clapeyron. Le général Fleury vous demande d'intervenir pour que cessent les combats, il vous accorde jusqu'à demain matin, lundi 15 avril, à six heures.

— Et si nous refusons ? rétorqua Carrier.

— Vous prenez une grave responsabilité, je ne peux en dire plus.

— Nous vous raccompagnons en dehors de nos lignes. Nous allons réfléchir sur la suite à donner à l'ultimatum du général Fleury.

En fin de soirée, les principaux responsables se réunirent autour de Carrier, Julien et des frères Depassio, tous quatre membres du Devoir mutuel et le maire de la Croix-Rousse. Ils avaient une barbe de quatre jours, les traits tirés ; le poids de la fatigue se ressentait dans leurs gestes et leurs propos. Alors qu'ils cherchaient une issue, Charpentier arriva.

— Ils font courir le bruit que, demain matin, si nous ne capitulons pas, ils incendieront la Croix-Rousse. Ils veulent frapper fort car il paraît qu'à Paris il y a eu des manifestations de soutien à notre cause. Hier, dans les rues de la capitale, on entendait : « Vive nos frères de Lyon ! Vive les Lyonnais ! »

— Et Thiers, il est resté les bras croisés ? demanda Carrier.

— Certes non, mais vous comprenez maintenant pourquoi ils veulent en finir au plus vite, car ils craignent que ça dégénère.

Carrier, le maire et les autres étaient tout à leur réflexion lorsque se présentèrent quelques Croix-Roussiens.

— Monsieur le Maire, il faut en finir, sinon notre commune ne sera qu'un vaste cimetière. Regardez ce qui s'est passé à La Guillotière, aux Cordeliers. Nous vous en supplions, monsieur le Maire, pensez à tous ces innocents qui vont périr.

Tous restèrent silencieux. Une femme tomba aux genoux de Carrier :

— Epargnez nos hommes. Depuis plusieurs semaines, ce n'est que poudre, sang et mort, et nos métiers sont muets. Qu'allons-nous devenir ?

Elle éclata en sanglots. Julien l'aida à se relever. Le visage tendu, le maire déclara d'un ton solennel :

— Il faut en finir. Henri, nous allons rédiger notre réponse au général Fleury.

Ils se retirèrent dans une pièce voisine. Une heure était passée lorsqu'ils revinrent. Le maire regarda sa montre ; elle marquait vingt et une heures. Puis, sur un ton calme, il proclama :

— Voici ce que j'adresse aux autorités militaires. « Depuis six jours, nous gémissons sous le poids de terribles événements qui désolent la ville de Lyon et celles environnantes. J'exerce toute l'influence que je puis avoir pour faire cesser la résistance que la Croix-Rousse paraît encore opposer. Je suis enfin parvenu à communiquer avec les chefs et je me suis assuré que la lutte cesserait à l'instant même si je pouvais leur garantir la liberté. Au nom de l'humanité, au nom des habitants de la Croix-Rousse dont un nombreux concours m'entoure en ce moment, je viens vous supplier, général, de faire cesser le feu sur tous les points et de m'autoriser à promettre à ceux avec qui je suis parvenu à m'entendre qu'ils ne seront jamais l'objet d'aucune recherche de la part de l'autorité civile ou militaire. Je m'adresse à vous avec d'autant plus de confiance que je connais votre caractère et que vous ne refuserez pas d'interposer votre médiation pour épargner une population immense qui ne désire que la paix et le repos. »

Ayant une confiance limitée dans la parole que pourrait lui donner le général Fleury, le maire aida les différents responsables en organisant leur fuite. Julien refusa de quitter son atelier. Il assista la rage au cœur à l'arrivée des troupes. Craignant des représailles, les habitants de la Croix-Rousse n'osaient sortir. L'armée prit position et commença à perquisitionner certains immeubles, à la recherche d'armes et d'insurgés. Julien avait rejoint Mariette, restée chez ses parents avec Joseph pendant les événements.

Confortablement installé dans son bureau, le préfet félicitait le général Aymard et ses officiers.

— J'ai télégraphié à monsieur Thiers pour lui annoncer que ses troupes sont maîtresses de la ville de Lyon et des faubourgs. Mais je déplore que nous n'ayons pas réduit assez tôt la Croix-Rousse. Je regarde cette circonstance comme fâcheuse et je crois qu'il aurait été très important de pouvoir joindre et détruire ce dernier noyau qui renfermait les hommes les plus acharnés. Toutefois, je comprends que vous ayez voulu ménager le sang de vos soldats. Placé dans la plus pénible de toutes les positions, j'ai toujours pensé que je tenais peut-être dans mes mains la destinée de la France, et qu'il fallait voir plus que les murs de Lyon, au-delà du moment actuel.

9

— Tu vas rester ici jusqu'au coucher du soleil et, cette nuit, tu fileras en Calade, chez mon frère à Arnas ; il faut que tu disparaisses pendant quelque temps.

— Non, l'Antoine, ma place est dans l'atelier !

— C'est ça, va te montrer, va les narguer !

— L'Antoine, nous sommes condamnés à vivre et à subir le joug des puissants, c'est l'argent qui fait la loi et, si cela ne suffit pas, les armes font l'appoint.

— Ce n'est pas le moment des grandes théories, il faut sauver ta peau, ils vont te rechercher.

— Mais que vont devenir Mariette, Joseph et ma mère ?

— Avec Simon, nous allons nous organiser mais, de grâce, pas d'imprudence !

Dans Lyon et les faubourgs, l'armée avait été requise pour dégager les rues afin de permettre la reprise d'une vie normale. Le préfet Gasparin avait un air réjoui.

— Enfin, dit-il, nous allons nettoyer la ville de cette bande de malfaisants qui nous encombre depuis trois ans.

S'adressant aux commissaires de police et aux officiers généraux, il ajouta :

— Messieurs, ce matin est publiée une ordonnance royale créant une juridiction spéciale. Sur plusieurs points du royaume et notamment à Lyon, les 9, 10 avril et les jours suivants, à Saint-Étienne les 11 et 12 avril, et à Paris dans les journées du 13 et 14 avril, des attentats ont été commis contre la sûreté de l'Etat dont il appartient à la Cour des pairs de rechercher et de punir les auteurs, qu'ils aient agi isolément ou à l'aide d'associations. Voilà, messieurs, maintenant, exécution sans faiblesse ! Nous avons été trop indulgents par le passé, l'ordre doit régner quoi qu'il en coûte.

La ville de Lyon, les faubourgs de La Guillotière et de la Croix-Rousse se remettaient difficilement de cette semaine sanglante. Les autorités additionnaient les morts et les blessés, tombés sous l'uniforme. Afin de marquer sa détermination, le gouvernement nomma cent cinquante-cinq militaires dans l'ordre de la Légion d'honneur. Le préfet Gasparin et le lieutenant général Aymard, quant à eux, furent élevés à la dignité de pairs de France.

En une semaine, près de huit cents personnes furent arrêtées et emprisonnées à Perrache ou dans les sous-sols de l'hôtel de ville, ce qui n'empêcha pas le conseil municipal de se réunir sous la présidence du premier adjoint, monsieur Vachon-Imbert, le docteur Gabriel Prunelle, toujours maire, étant une fois de plus à Paris. Lors de cette séance une épée d'honneur fut décernée aux généraux Aymard, Buchez et Fleury, en témoignage de « reconnaissance pour la belle conduite que ces messieurs ont tenue pendant les tristes événements qui ont ensanglanté la ville ».

A l'hôtel de Chevrières, le procureur du roi reprit les audiences du procès suspendu le 9 avril. Une compagnie de dragons occupait la place Saint-Jean. D'autres troupes étaient réparties dans les rues adjacentes et il en était de même dans le quartier de l'hôtel de ville. Pour chacun, juges, avocats et accusés, ce procès acquérait une dimension particulière et maître Jules Favre, avocat des mutuellistes, ne manqua pas de le faire remarquer.

— Monsieur le Procureur du roi, comme s'il était jaloux du moindre retard des procédures, nous force à reparaître à vos pieds, nous que des ressentiments aveugles signalent comme des causes premières de tant de calamités. Nous qu'on désigne à la haine de la France, en faisant peser sur nos têtes la responsabilité du sang de nos frères répandu.

Pendant près de trois heures, Jules Favre plaida contre l'accusation de délit de coalition reproché aux prévenus et demanda la clémence du tribunal. Le jugement condamna les accusés à trente-cinq jours de prison, peine correspondant au nombre de jours de détention qu'ils venaient d'effectuer !

Les supplications de Mariette eurent raison de Julien, qui se résigna à partir. Antoine et Simon avaient bien été inquiétés par la police mais, celle-ci n'ayant trouvé aucun délit grave, ils avaient été relâchés et s'étaient remis à faire chanter les métiers. Seul Antoine savait où était Julien ; il laissa passer deux semaines et d'un pas tranquille prit le chemin de la Calade.

— Alors, l'Antoine, quoi de neuf à la Croix-Rousse ?

— Le calme revient. Je pense maintenant que tu vas pouvoir rentrer. Alors, qu'as-tu fait pendant ce temps ?

— J'ai réfléchi à ce que nous avons vécu durant les événements et puis je donnais un coup de main à ton frère.

— Il a préféré rester à la campagne plutôt que de venir à Lyon, expliqua l'Antoine. Comme dans le travail de la terre, il y a des périodes creuses, il tisse et la belle-sœur l'aide. Enfin tu as vu ! Mais un jour se posera pour lui comme pour nous la question du tarif. Aujourd'hui, il travaille pour un négociant qui paie les ouvriers, dans les campagnes, près de vingt-cinq pour cent moins cher. Ça nous fait du tort. Mais lui, entre sa récolte de blé, un peu de vigne et quelques poules, il s'en tire mieux que nous.

— Dis, l'Antoine, je vais pouvoir rentrer à la Croix-Rousse quand ?

— Je suis venu te chercher mais, attention, il ne faudra pas aller exciter les foules place des Terreaux ou à la Condition des soies.

— J'ai hâte de revoir mon Joseph et Mariette.

— Julien, j'ai vu ta mère, il faut aussi la ménager car elle a été éprouvée pendant ces jours. Elle a au moins pris dix ans. Et puis, il y a eu la perquisition, je crois même que du matériel a été cassé. Heureusement que Simon est là mais, pour lui aussi, l'âge commence à se faire sentir.

— Et Thérèse, Henri, comment s'en sortent-ils ?

— Je sais qu'Henri a été entendu par la police au moment du procès contre *L'Echo de la Fabrique* mais il ne semble pas être inquiété plus que cela.

Il était près de minuit lorsqu'ils arrivèrent chez Antoine.

— Pour cette nuit, tu restes ici avec Mariette et Joseph, demain nous irons dans ton atelier.

Tout le monde fut rapidement au courant du retour de Julien. Un matin d'avril, au petit jour, sous les yeux horrifiés de Mariette, il fut arrêté et emmené sous bonne escorte à la prison de Perrache.

Prévenu par Simon, Henri partit en quête d'informations. Il se rendit en préfecture car c'était là que le commissaire chargé d'instruire les dossiers, sous l'autorité du magistrat Achard-James, conduisait les interrogatoires. Celui-ci avait donné des instructions très précises : « démasquer les membres de la Société des droits de l'homme, démontrer les faits de coalition des mutuellistes ainsi que la collusion entre membres de la Société des droits de l'homme et mutuellistes ». Satisfait, le commissaire Prat toisait Julien. Un rictus méprisant accompagnait chacune de ses phrases.

— Depuis le temps que j'attendais cet instant, enfin je te tiens !

— Qu'est-ce que vous avez à me reprocher ?

— D'être l'un de ceux qui ont organisé l'émeute ! En novembre 1831, tu nous avais échappé mais cette fois nous te tenons.

Au cours de chaque interrogatoire, le commissaire Prat prenait un plaisir pervers à pousser Julien à bout. Celui-ci s'efforçait de rester calme, répondant brièvement à chacune des questions.

La détention de Julien se prolongeait. Henri décida de faire appel à l'avocat Jules Favre. Les deux hommes se connaissaient bien. Ils avaient souvent conversé dans les bureaux du *Précurseur* et de *L'Echo de la Fabrique.*

— Maître, pensez-vous qu'ils vont le garder longtemps ?

— Je ne voudrais pas vous décourager mais je crains que ce soit pour plusieurs semaines, ils sont déterminés.

— Mais enfin, maître, il y a plus de deux mille arrestations, toutes les prisons de la ville sont pleines, celle qui est près du quartier Saint-Jean, celle de Perrache, même la chapelle royale du collège a été réquisitionnée et transformée en maison d'arrêt !

— Ceux qu'ils relâchent sont peu nombreux, du moins pour l'instant. En ce qui concerne Julien, pour le moment il a le moral. Il faut qu'il tienne mais ne vous faites pas trop d'illusions, il est considéré comme un des meneurs. Ils sont environ une quinzaine dans ce cas. Il y a entre autres Eugène Baune, Charles Lagrange, Despinas, Carrier, Morel, Cochet... Je pense qu'ils vont faire durer l'instruction pour juguler toute velléité de rébellion.

— Je ne vois pas comment ils pourraient juger deux mille personnes. Même Thiers a déclaré qu'il n'était pas sage de faire un procès à une classe entière.

— Ah, Thiers ! Ne me parlez pas de ce bonhomme ! Je n'ai pas confiance, n'oubliez pas que les ordres venaient de lui : il fallait « mater la ville ».

Depuis l'arrestation de Julien, Henri ne ménageait pas son temps ; chaque jour, il rendait visite à Mariette et à Mathilde. Les deux femmes se soutenaient dans leur chagrin. Simon avait repris sa place et donnait vie à l'atelier.

— Ça va aller, Simon ? interrogea Henri.

— Il faut bien mais j'ai grand-peine.

— Tu as du travail pour combien de temps ?

— Environ trois semaines pour terminer cet uni et l'Antoine m'a dit qu'il y en aura d'autres.

— Mathilde, vous n'allez pas perdre courage ? lui dit Henri en s'approchant d'elle.

— J'ai beaucoup de tristesse et pourtant je suis fière de mon fils. C'est vrai, il est en prison mais c'est pour une cause noble, le respect du travail et la liberté. Il a fait sien le slogan de Novembre 1831 : « Vivre en travaillant, mourir en combattant ». Grâce à Dieu, il est toujours vivant.

— Henri, ils vont le garder combien de temps ?

— Jusqu'au procès, Mariette.

— Pourquoi, sursauta-t-elle, il va y avoir procès ?

— Voilà plusieurs jours que je le sais mais je n'osais vous le dire. A quoi bon tarder ? Maintenant, il faut s'organiser.

— Mais alors, il va falloir un avocat ?

— Mariette, pas d'affolement, je m'en occupe. J'ai déjà pris contact avec maître Jules Favre.

— Comment allons-nous le payer ? s'écria Mariette d'un ton angoissé.

— J'en fais mon affaire, répliqua Henri, calme-toi.

Le visage de Mathilde s'assombrit, le beau sourire qui l'habitait disparut et, sur ses joues, des larmes sillonnèrent les rides.

— Allons, soyez forte, il y a quelques instants vous étiez fière, ce n'est pas le moment de craquer. Regardez Joseph et son air étonné, ses grands yeux noirs semblent vous demander pourquoi vous pleurez. Mon souci, poursuivit Henri, est que les métiers ne s'arrêtent pas le temps de l'absence de Julien. Simon, nous comptons sur toi.

— Tant que Dieu me prêtera vie, je serai là.

— Mathilde, dimanche, nous viendrons avec Thérèse.

S'approchant de la fenêtre, Henri resta un moment silencieux. « Voilà l'été, pensa-t-il, d'habitude, sur les pentes et le plateau de la Croix-Rousse, l'on entendait la respiration de la population. Rues et places vivaient. Aujourd'hui, c'est bien triste, même les oiseaux semblent se faire discrets. »

L'instruction s'échelonna sur onze mois. Bon nombre de personnes arrêtées avaient été remises en liberté. Accusé d'être l'un des principaux responsables des troubles et de l'insurrection, Julien fut maintenu en détention. Malgré toutes ses tentatives et les démarches d'Henri, Mariette, à son grand désespoir, ne put le voir. La Cour des pairs devant laquelle il devait comparaître siégeant à Paris, il y fut transféré, fers aux mains et aux pieds. Partis de

Lyon le 25 mars, au petit matin, les huit diligences et soixante-dix-huit gardes qui escortaient ce sinistre convoi arrivaient devant la Conciergerie trois jours après.

— Vous êtes rendus, les Lyonnais, vous verrez comme c'est bien ! leur cria un garde. On vous fait l'honneur de vous mettre où était emprisonnée Marie-Antoinette, s'écria-t-il avec un rire grasseyant.

Avertie dans l'après-midi, Mariette confia Joseph à Mathilde et descendit au 30, rue Tramassac, chez maître Jules Favre. Elle attendit près d'une heure dans une pièce aux murs habillés d'étoffe verte. La chaleur était étouffante ; par les fenêtres entrouvertes, elle entendait les enfants jouer sur la place Saint-Jean. « Il va falloir aller à Paris, songeait-elle. Pourrai-je le voir ? Et puis, il faudrait que je sache où ; Paris, ce n'est pas Lyon. On doit se perdre facilement. » Tout à ses pensées, elle fut surprise par le bruit d'une porte qui s'ouvrait. Devant elle se tenait un homme de grande taille, le visage garni de superbes favoris, le regard franc sous une abondante chevelure. Elle se présenta, il l'écouta.

— Madame, j'ai été mis au courant de ce transfert hier. Votre mari, ainsi qu'une cinquantaine de détenus, va être jugé. Il va falloir m'aider. Je pense le faire suivre à Paris par l'un de mes confrères, Maître Beaufort.

— Mais ce Parisien ne connaît pas la situation lyonnaise, ce n'est pas comme vous, qui avez défendu des chefs d'atelier.

— Madame, le procès qui va avoir lieu aura une portée nationale car seront jugés dans le même temps tous ceux qui auront été reconnus comme instigateurs durant cette période d'avril 1834. Vous n'êtes pas sans savoir que les soulèvements ont éclaté à Lyon, puisque c'est là que tout commença, mais aussi à Saint-Etienne et à Paris.

— Mais enfin, maître, qu'est-ce que mon mari vient faire dans les événements de Saint-Etienne et de Paris, il n'y a jamais été !

— Certes, madame, mais à Lyon, il y était.

— Alors, que faire ?

— Je dois aller à Paris. Je vais essayer d'avoir des informations plus précises, notamment sur la date du jugement.

— Est-ce que je pourrai le voir ?

— Je me renseignerai et vous le ferai savoir. Allez, madame, ayez confiance !

— Je vous dois combien, maître ?

— Ne vous inquiétez pas, nous verrons cela plus tard.

Durant cette période tourmentée, Henri avait négligé quelques milieux qu'il avait l'habitude de fréquenter. Il pensait que certaines personnes l'avaient mis à l'écart suite à ses prises de position dans l'un de ses articles. Il savait que beaucoup de lecteurs aimaient voir leurs idées confortées tandis que d'autres supportaient mal qu'un journaliste ait des opinions. Un jour, il avait été interpellé par un petit-bourgeois grincheux qui lui avait lancé à la figure : « J'achète un journal pour avoir des informations et non votre avis. Relatez les faits et rien d'autre. C'est tout ce que je vous demande ! – Autrement dit, lui avait-il répliqué, il faut être neutre. – Oui, monsieur le journaliste, la neutralité, il n'y a que ça de vrai. – Pour moi, avait répliqué Henri, la neutralité est une forme de lâcheté. » Au souvenir de cette anecdote, il riait de bon cœur. « C'est comme ça que l'on perd un lecteur, mais je m'en fous ! » Il triait son courrier lorsqu'une enveloppe attira son attention. C'était une invitation chez les Yéméniz.

— Je pensais qu'ils m'avaient écarté de leur cercle, dit-il à Thérèse. Je serais curieux de savoir quel est leur sentiment sur ce qui vient de se passer à Lyon. Si tu m'accompagnais ? Je suis sûr que tu apprécierais madame Yéméniz, qui est une personne très agréable, élégante, cultivée. Avec elle, on sort des conversations superficielles où chacun parle pour meubler le temps.

La fin d'après-midi se prêtait à la promenade. Henri et Thérèse s'attardèrent sous les arbres de la place Bellecour. Le clocher de l'hôpital de la Charité marquait dix-sept heures trente lorsqu'ils se présentèrent devant l'hôtel de Cuzieu, au 30, rue Sainte-Hélène. L'accueil fut des plus courtois. Madame Yéméniz s'entretint longuement avec Thérèse, fort intimidée devant cette femme aussi séduisante que l'avait décrite Henri, puis la présenta aux invités.

— Cher monsieur, je suis content que vous ayez pu venir car je me préoccupais à votre propos, assura monsieur Yéméniz en accueillant Henri. Avez-vous des nouvelles d'Anselme Petétin ? Boitel, qui est des nôtres ce soir, m'a dit qu'il serait en Suisse.

— C'est exact, son avocat maître Jules Favre me l'a confirmé. Si jamais il revenait, il serait immédiatement arrêté !

— Alors, qu'il soit prudent ! Si vous avez l'occasion, faites-lui savoir que nous pensons bien à lui.

— Que devient monsieur de Lamennais, qui est un de vos familiers ?

— Mon épouse a reçu son dernier ouvrage, *Paroles de croyant*. C'est bouleversant.

Il s'approcha de madame Yéméniz :

— Monsieur s'inquiète de notre ami Lamennais.

— Nous le voyons rarement car il s'est retiré en Bretagne après ses démêlés avec le Vatican. Quel dommage, cet homme est un prophète !

— Il paraît, questionna Henri, que, dans les prisons du royaume, son livre est très présent et redonne le moral à ceux qui le lisent ?

— Je puis vous dire que notre ami Lamennais a suivi de près les récents événements, reprit madame Yéméniz. Il a écrit à ce propos : « Ce qui se passe est grave, les enseignements ne doivent pas en être perdus pour la France et pour l'Europe. » J'espère qu'à la cour ils méditeront ces paroles.

— Je me souviens, ajouta Henri, qu'au lendemain des événements de Novembre il avait écrit à propos des tisseurs : « La force qui vainquit, se modérant elle-même, se montra pure comme la justice et sainte comme l'humanité. »

Madame Yéméniz resta un instant silencieuse puis confia à Henri :

— La phrase est belle mais je ne sais pas si la justice est pure. Je pense qu'il devait faire allusion à celle de Dieu.

— J'aimerais être en rapport avec monsieur de Lamennais. Est-ce possible ?

— Dans un prochain courrier, je lui ferai part de

votre souhait mais, d'ores et déjà, je vais vous remettre son adresse. J'ai été ravie de faire la connaissance de votre épouse. Qu'elle vienne nous revoir !

Avant de se retirer, Henri demanda à monsieur Yéméniz un rendez-vous.

— Si vous avez quelques instants, lui répondit-il, je puis vous voir maintenant.

— C'est parfaitement possible.

Henri suivit monsieur Yéméniz dans son bureau.

— Vous n'ignorez pas la situation de mon beau-frère, aujourd'hui incarcéré à Paris. Vous lui aviez confié des étoffes à tisser...

— J'ai toujours été très satisfait du travail rendu.

— Je ne sais pas pour combien de temps il est absent mais, dès qu'il reviendra, pourrait-il avoir du travail ? Et en ce moment, le compagnon qui travaille avec lui peut assurer soit de l'uni, soit du façonné. Même si ce sont de petites pièces, cela permettrait des rentrées d'argent car nous devons faire face à des dépenses d'avocat et vous savez que la fortune ne se trouve pas chez les chefs d'atelier.

— Je vais y réfléchir, venez me voir dans quelques jours à Saint-Clair.

Au cours de la dernière semaine du mois d'avril 1835, Mariette fut avertie que le procès commencerait le 5 mai. Avec Henri, elle prépara son voyage.

— Je tiens à être à Paris deux ou trois jours avant.

— Nous y serons, la rassura Henri. Je vais tout de suite prévenir un confrère, prêt à nous héberger. C'est chez lui que j'étais allé il y a trois mois.

— Depuis treize mois qu'ils sont en prison, je ne vais plus le reconnaître, mon Julien. Je voudrais voir l'avocat en arrivant.

A l'approche du procès, les abords du Petit-Luxembourg étaient en effervescence, alors qu'à Lyon, dans les ateliers et dans certains milieux de la Fabrique, c'était la tristesse. Chacun avait hâte que ce cauchemar se termine.

— Combien de temps cela va-t-il durer ? s'alarma Mariette.

— Plusieurs semaines, car ils vont juger en même temps cent soixante-trois personnes impliquées dans les insurrections qui ont éclaté dans différentes villes, Lyon, Saint-Etienne, Marseille, Paris et encore d'autres... Quant aux nôtres, ils sont soixante.

Après trois jours de voyage éprouvant, Mariette et Henri allèrent chez le journaliste qui leur offrait l'hospitalité puis se rendirent chez maître Beaufort.

— Enfin, nous voilà à l'heure de vérité, déclara Henri.

— Nous avons quelques soucis, confia l'avocat.

— A quel propos ?

— Pour la défense. Il est question que des avocats soient commis d'office. Je pense que vous n'avez pas besoin de dessin sur les intentions du pouvoir mais ce n'est pas encore fait.

— Pourrai-je voir mon mari ? s'enquit Mariette.

— Hélas, non, aucune femme n'est admise au procès, hormis deux ou trois témoins. Je pourrai vous en dire plus dans quelques jours, avant l'ouverture du procès.

Les grands noms du barreau, de conviction républicaine, avaient été sollicités par les accusés de la capitale. Ce fut ainsi que l'on vit aux abords du Petit-Luxembourg Ledru-Rollin, Jules Favre, Michel de Bourges, Dupont de Bussac, Fulgence Girard. D'aucuns voulurent être défendus par le philosophe Auguste Comte, qui avait été le secrétaire du fondateur du saint-simonisme. Lamennais, Etienne Arago, Hippolyte Carnot, Blanqui et Barbès avaient aussi répondu présents. Venu de Bretagne où il s'était retiré, Lamennais rendit immédiatement visite aux détenus lyonnais pour y rencontrer l'abbé Noir, enseignant au quartier Moulin-à-Vent à Lyon et arrêté pour s'être écrié, alors que la mitraille crépitait : « Citoyens, il faut marcher avec nous, nous allons combattre et je serai à votre tête. Nous renverserons Louis-Philippe et nous établirons la république ! » Incarcéré dès la fin de l'insurrection, il fit appel à Lamennais pour sa défense. Ce dernier se rendit à la Conciergerie et fut conduit dans l'une des cellules où étaient entassés les prisonniers de Lyon. Il marqua un temps d'arrêt, surpris par la puanteur qui se dégageait de ces lieux humides et sombres. Beaucoup étaient assis à même la terre. Cette promiscuité et les conditions de détention le bouleversèrent.

— C'est inhumain ! s'écria-t-il.

Il parvint à rencontrer l'abbé Noir, malade et allongé sur une paillasse. Ce qu'il venait de voir le révolta à tel point qu'il décida de lancer une souscription pour venir en aide aux malheureux détenus et à leurs familles. Les milieux bien-pensants ironisèrent sur les intentions de Lamennais, une certaine presse catholique lui reprocha d'être le défenseur et l'aumônier de la république anarchique, jusqu'à Lamartine, qui déclara que son dernier ouvrage était « l'Evangile de l'insurrection ».

Henri saisit l'occasion pour lui rendre visite.

— Je me souviens de vous, c'est chez les Yéméniz, n'est-ce pas, que nous avons fait connaissance ? Mais que faites-vous à Paris ?

— Mon beau-frère a été arrêté et je suis là pour le procès.

Henri lui relata alors par le détail les journées d'avril et le rôle de Julien.

— Je dois retourner à la Conciergerie, où sont les Lyonnais. Je tenterai de voir votre beau-frère, lui dit-il d'une voix rassurante.

— J'ai lu votre livre, *Paroles de croyant.* Je ne m'explique pas pourquoi il déchaîne tant de passion, sauf en prison et dans certains milieux avancés.

— Ce qui m'a décidé à publier ce livre, c'est l'effroyable état de la France et de l'Europe. On me reproche l'indignation avec laquelle je parle des rois et dénonce leur intention de se servir des ministres du christianisme pour soutenir leur pouvoir. Ce sont des faits évidents ; les dire était un devoir. Qui avez-vous comme avocat ? s'informa Lamennais.

— Maîtres Jules Favre et Beaufort.

— Je connais bien Favre, c'est un homme courageux.

Au moment où Henri se retirait, Lamennais lui remit une somme d'argent.

— Tenez, lui dit-il, c'est modeste mais cela aidera votre famille.

Le jour précédant l'ouverture du procès, les défenseurs choisis par les accusés se rencontrèrent pour arrêter un système de défense. Les avis étaient partagés. Pour Michel de Bourges, ce procès était une vaste manipulation ; il fallait donc, à son avis, démontrer la perversité du pouvoir et mettre en évidence le fait que les accusés étaient mis au ban de la société parce que républicains, donc fomenteurs de complots. Alors que Jules Favre ne tenait pas à se laisser prendre au piège tendu par l'acte d'accusation, pour lui, les événements d'avril n'étaient qu'une suite logique des actions méprisantes envers des hommes qui revendiquaient le droit au travail et une juste rémunération.

— Je me tiendrai à cette ligne de défense, affirma-t-il.

— Favre, s'écria d'une voix forte Michel de Bourges, vous parlez pour les Lyonnais mais les autres, de Saint-Etienne, de Paris et d'ailleurs, ne sont pas descendus dans la rue pour défendre une corporation mais la liberté.

— C'est tout de même de Lyon que tout est parti et c'est sur les Lyonnais que pèse la charge la plus lourde.

L'écho de ces divergences troubla quelque peu les accusés, qui décidèrent cependant de faire confiance aux avocats qu'ils avaient choisis. Blanqui, craignant que le pouvoir ne tire avantage de cette mésentente, décida d'organiser une dernière rencontre à son domicile. Le 5 mai au matin, quelques heures avant l'ouverture du procès, les avocats se retrouvèrent rue Saint-Jacques où Auguste Blanqui les reçut dans un salon meublé sobrement. Sur un mur habillé de soie grège, était accrochée la Déclaration des droits de l'homme et du citoyen.

— L'important est de nous mettre d'accord sur la ligne de défense que nous allons tenir pendant ce procès.

— D'autant, intervint Michel de Bourges, que le gouvernement s'est donné les moyens pour mettre la population en condition. Voilà des mois qu'il entretient un climat d'hostilité envers les détenus. Il est scandaleux que, sur une proposition du ministre de l'Intérieur, monsieur Thiers, la Chambre des députés ait accordé en décembre dernier un crédit de trois cent soixante mille francs pour ce procès. La turpitude du pouvoir est incontestable. Indépendamment de la publicité qu'il fait autour de ce procès, il a commandé la construction d'une salle spéciale, susceptible de recevoir mille deux cents personnes. Une invitation au spectacle ! Et ils vont choisir les invités ! Le peuple ne sera pas admis dans la salle. Puisqu'il nous offre un espace, il faut faire de ce procès une manifestation pour la cause républicaine. Ils nous donnnent une tribune, développons les idées qui ont façonné l'insurrection et abordons ce procès sous l'aspect politique.

— Ce serait une erreur, rétorqua Jules Favre. Le but du pouvoir est de nous amener sur ce terrain. N'entrons pas dans ce jeu. Nous devons au contraire démontrer que les insurrections, aussi bien celle de 1831 que celle de 1834, puisque les deux vont être évoquées, sont le résultat d'une profonde crise sociale due à un système économique qui méprise l'homme.

— Quelle en est la cause ? reprit Michel de Bourges. C'est bien la politique du pouvoir qui en est à l'origine.

— Une raison toute spéciale, martela Favre, et peut-être la plus puissante, en est responsable : l'amour immodéré du gain qui tourmente la plupart des fabricants. L'argent fait tout ! Que ne ferait-on pas pour en avoir ?

— Je pense, compléta Beaufort, que Favre a raison : nous avons assez d'éléments pour démontrer que les chefs d'atelier et les ouvriers lyonnais ne sont pas d'affreux comploteurs qui veulent pendre les bourgeois aux arbres des places publiques.

Outré du propos, Michel de Bourges se leva :

— Un simple procès en correctionnelle, c'est cela que vous voulez ! Continuons, d'humiliation en humiliation ! Mais oui, messieurs les juges, ce sont de pauvres gens qui se sont égarés, influencés par des agitateurs avides de pouvoir.

La conversation devenait aigre. Ledru-Rollin tenta de ramener un peu de calme :

— Essayons de présenter devant les juges une défense d'une certaine unicité, du moins sur le fond du dossier. Qu'en pensez-vous, Bourges ?

— Vous êtes insensés. Voilà un procès qui se tient à Paris, devant la Chambre des pairs, c'est-à-dire la plus haute juridiction du pays, où les inculpés sont accusés d'être les auteurs ou les complices d'un attentat contre la sûreté de l'Etat, et vous voulez plaider la cause de ces hommes courageux comme s'il s'agissait de pauvres bougres, incapables de poser des choix politiques !

— Vous êtes excessif, répliqua Jules Favre d'un ton irrité, vous mélangez tout. A travers ce procès, il y en a trois ! Les événements parisiens, les événements lyonnais et tout ce qui se rapporte à la liberté de la presse et d'association. Et les accusés ? Nous pourrions tenir compte de leur opinion ! Ils souhaitent que la défense mette en avant les revendications à l'origine de leur engagement dans cette révolte. J'expliquerai à la cour leurs conditions de vie, le nombre d'heures de travail nécessaires pour un salaire de misère. Je démontrerai que l'industrie lyonnaise est rongée par une lèpre incessante qui la consumera jusqu'à la moelle des os, du fait de la toute-puissance du marché. Pour ma part, je m'en tiendrai à la défense de ceux qui seront en accord avec la ligne que j'entends suivre. Ce procès tel que vous l'abordez étouffe la voix de la ville de Lyon et de ses ouvriers.

— Vous êtes le complice du pouvoir et de Thiers, ce grand théologien de la répression qui déclara qu'il n'est pas sage de faire le procès à une classe entière. De quelle classe s'agit-il ? Des ouvriers, des chefs d'atelier, des républicains ? Avec votre système de défense, Favre, on isole les Lyonnais et on montre du doigt les autres en mettant au ban de la société les républicains. Car à Lyon, évidemment, les républicains, ça n'existe pas ! C'est cela que vous voulez démontrer ! J'appelle cela de la lâcheté. La cour va utiliser nos divergences, elle va immédiatement percevoir la fissure qui lézarde le mur de la défense. Elle va saisir l'occasion que vous lui offrez, Favre, pour enfoncer le parti républicain. Maître Favre veut se distinguer par une action personnelle au cours de ce procès d'une importance qui dépasse nos personnes et nos frontières ! Favre, vous serez comptable devant le peuple !

— Je plaiderai pour tous ceux qui me font confiance, qu'ils soient de Paris, de Lyon ou d'ailleurs. Mais j'ai, me semble-t-il, le droit et le devoir de défendre en priorité les accusés de Lyon. Quoi qu'il en soit, nous devons nous en tenir aux faits et non utiliser ce procès comme un forum. Car, pour vous, c'est une tribune que vous cherchez pour régler vos comptes avec Louis-Philippe et sa Cour des pairs. C'est la vie d'un peuple qui se bat depuis bientôt un siècle pour être reconnu dans sa dignité de travailleur que je veux défendre. Un monde trop longtemps exploité ! Non, ce ne sont pas des conspirateurs politiques, rêvant, au moyen d'un hardi coup de main, à l'usurpation d'une autorité jalousée. Ce sont des travailleurs pauvres, n'ayant que leurs bras pour lendemain. Sachez que, pour eux, chaque crise sociale est un affreux malheur parce qu'elle brise leur existence.

— La défense de certains accusés devient préoccupante, s'inquiéta Beaufort, puisqu'ils ont choisi des personnalités fortes n'appartenant à aucun barreau mais représentatives du parti républicain.

— Vous imaginiez peut-être que la Cour des pairs, s'exclama Michel de Bourges, allait accepter la présence de personnalités comme Auguste Comte, le député Voyer d'Argenson ou Blanqui, qui passe pour être un dangereux révolutionnaire !

— Et Lamennais n'est pas révolutionnaire, il est

prêtre, que peut-on lui reprocher ? demanda Beaufort.

— D'être courageux, répliqua Blanqui.

— Qui devait-il défendre ? interrogea Bourges.

— Martin Maillefer, rédacteur du journal *Le Peuple souverain*, et l'abbé Noir, un accusé de Lyon.

Dans la matinée, les quartiers de l'Odéon et du palais du Luxembourg connurent une effervescence peu ordinaire ; dans les rues ce n'était que cohue. Soutenue par Henri, Mariette se frayait un passage dans cette foule ; elle espérait, en s'approchant au plus près des grilles, apercevoir Julien lorsque les accusés seraient amenés à l'audience. La troupe, positionnée alentour, était particulièrement nerveuse, les consignes étaient strictes : « Ne laissez passer personne. » A onze heures, les portes de la salle spécialement aménagée pour ce procès s'ouvraient. Les invités, exclusivement masculins, commencèrent à prendre place. Quelques députés s'installèrent dans une tribune qui leur était réservée, tandis que, sur une estrade, on pouvait reconnaître plusieurs ministres, parmi lesquels Guizot, Broglie, Persil, ministre de la Justice, Regny et Adolphe Thiers, ministre de l'Intérieur et grand ordonnateur de ce procès. Il était midi et demi quand, escortés par la garde municipale, les prévenus lyonnais pénétrèrent les premiers dans cette enceinte. Ils furent suivis de ceux de Saint-Etienne, Marseille, Paris et Lunéville. Les avocats étaient à leurs bancs ; le chancelier Pasquier, président de la Cour des pairs, assisté du procureur général Martin et de ses assesseurs, fit une entrée solennelle dans un silence quasi religieux. Aussitôt, il ordonna l'appel des pairs composant la cour de justice ; cent soixante quatorze répondirent présents. C'est alors que Baune demanda la parole.

— Présentez-vous, lui notifia le président.

— Baune Eugène, instituteur, directeur d'une école spéciale de commerce, né à Montbrison, département de la Loire, domicilié à Lyon, place Sathonay. Je demande la parole pour me plaindre à la cour des ordres sévères qu'on a introduits dans cette enceinte. Nos femmes et nos sœurs sont privées des places qui devraient leur appartenir. Tout en respectant votre décision, je prie la cour de considérer que, dans les temps les plus orageux de la Révolution, les femmes des détenus politiques ont été admises dans l'enceinte des cours criminelles ; on a vu même des femmes se présenter à la barre pour défendre leurs maris. Ainsi je pense que vous ne nous enlèverez point cette consolation. Nous voyons les tribunes occupées par des personnes privilégiées mais la position des accusés a bien aussi son privilège à faire valoir, le privilège de la nature. Je ne doute pas que les personnes qui occupent les tribunes ne soient disposées à y avoir égard, je demande pour moi que ma femme soit immédiatement introduite, elle a partagé tous mes périls et vient de faire cent vingt lieues pour venir auprès de moi. Si vous refusez, je renouvellerai ma demande jusqu'à ce qu'elle soit admise. Ma femme viendra tous les jours protester à la porte du Luxembourg contre votre décision.

— Toutes les fois que la Chambre des pairs est

constituée en cour de justice, elle n'admet point les femmes à son audience. La cour ne peut s'écarter d'un usage que ses prédécessseurs ont consacré, répondit d'un ton cinglant le président.

— Vous les acceptez bien quand vous avez besoin de témoins. Preuve en est : celles qui sont ici, s'écria Julien.

— Je demande, s'écria Baune, que la cour délibère sur ma réquisition. Je proteste, au nom de mes camarades, contre l'expulsion de nos femmes et de nos sœurs. Si vous refusez, nous ne cesserons de demander que la cour y fasse droit.

Julien se leva et, se tournant vers les tribunes, déclara à haute voix :

— Ma femme est arrivée il y a plusieurs jours à Paris et je n'ai même pas pu la voir ; je ne sais pourquoi on me refuse cette consolation, elle devrait être admise ici.

— Elle n'a probablement pas demandé de permission, ironisa le substitut Chégaray.

— Nous ne pensons pas que la cour ait à délibérer sur cette demande, s'insurgea le procureur général. Tout le monde reconnaîtra que, dans la circonstance actuelle, lorsqu'il y a un si grand nombre d'accusés, leurs femmes ne peuvent toutes être admises. Nous croyons donc qu'il n'y a pas lieu de faire droit à la demande des accusés et qu'il y a lieu au contraire de passer outre.

Julien, Lagrange, Baune demandèrent alors à la cour d'entendre leurs défenseurs. Certains, s'étonnant de ne pas voir leurs avocats à leur côté, questionnèrent le président. Celui-ci rappela que les accusés étaient obligés de prendre pour leur conseil des avocats inscrits au barreau ou des avoués et qu'en conséquence la Cour des pairs n'avait retenu aucun autre défenseur. Cela déclencha un tollé indescriptible.

Dès le lendemain, à l'ouverture, ce fut un tumulte sur les bancs des accusés : tous, de Lyon, Saint-Etienne, Arbois, Paris, Lunéville, Marseille, Epinal, Grenoble, déclarèrent que, sans défenseur, ils renonceraient aux débats. Cette attitude provoqua des remarques sévères de la part du procureur général. Profitant d'une légère accalmie, Lagrange, bien qu'épuisé par une année de détention, se leva, demanda la parole et, fixant le président, déclara ne pas reconnaître la compétence de la cour.

— Je proteste contre l'arrêt de mise en accusation, je proteste contre les tortures d'un emprisonnement primitif de plus d'un an qui a ruiné nos fortunes et nos santés ; je proteste contre les mesures qui ont été prises dans cette enceinte. Le peuple n'est point ici, je ne reconnais point le peuple dans ces spectateurs privilégiés à la curiosité desquels on expose nos souffrances et notre misère. Le peuple, pour nous, ce sont nos femmes, nos pères, nos enfants. Je proteste contre le régime suivi dans nos prisons, contre les mesures prises pour nous empêcher non seulement de communiquer entre nous mais encore de communiquer avec nos avocats. Je proteste contre la gêne et la torture qu'on nous fait éprouver à l'audience. On nous fait asseoir ici entre des gendarmes comme des criminels. Je proteste contre votre arrêt qui paralyse les droits de la défense.

Excédé, le président s'écria :

— Vous n'avez plus la parole ! Gardes, faites asseoir l'accusé.

Huissiers et gendarmes eurent des difficultés à maîtriser Lagrange, qui poursuivit d'une voix étouffée :

— Vous pouvez m'envoyer à la mort, vous pouvez m'assassiner, mais vous ne m'empêcherez pas de protester jusqu'à mon dernier soupir contre votre inique décision.

Devant l'attitude de la cour et la brutalité de la garde municipale, les accusés lyonnais firent front aux côtés de Lagrange. Le vacarme obligea la cour à se retirer.

Lorsque le président Pasquier voulut reprendre sa place, des manifestations d'hostilité saluèrent son arrivée. Il demanda à la garde de faire taire les agitateurs, mais en vain. Devant l'attitude de la cour, tous les accusés avaient décidé de signer une protestation commune. Baune leva le bras et s'adressa au président :

— J'ai, au nom de tous les accusés, une déclaration à faire.

— Vous n'avez à parler qu'en votre nom. Ici, il n'y a pas de porte-parole.

Ces propos furent accueillis par des vociférations. Faisant fi du tohu-bohu qu'il venait de déclencher, le président demanda au procureur général de donner lecture du réquisitoire concernant les différents incidents des premiers jours du procès. Ce dernier s'exécuta alors que Baune se levait pour lire la protestation. D'une voix aigrelette et saccadée, le procureur exposa les griefs de la cour et demanda l'expulsion des prévenus qui troubleraient le bon déroulement du procès. En contrepoint, la voix grave et bien timbrée de Baune faisait résonner la déclaration des accusés.

— La cour a, sur son premier arrêt, vicié le droit de libre défense. Cour souveraine, armée du pouvoir le plus exorbitant, jugeant sans contrôle, procédant sans loi, elle enlève la garantie la plus sainte à des accusés qui sont ses ennemis politiques, qu'elle retient depuis quatorze mois dans les prisons et qu'elle force à venir défendre devant elle leur honneur et leur vie. Monsieur le Président a voulu faire commencer la lecture de l'acte d'accusation alors même que l'identité des accusés n'était pas constatée et que nul défenseur ne se trouvait présent à l'audience. Dans cette situation, les accusés soussignés déclarent que, la défense étant absente, les apparences mêmes de la justice sont évanouies, que les actes de la Cour des pairs ne sont plus à leurs yeux que des mesures de force dont toute la sanction se trouve dans les baïonnettes dont elle s'entoure. En conséquence, ils refusent désormais de participer par leur présence aux débats. Ils déclarent qu'ils ne se présenteront devant la Cour des pairs que contraints par la force.

Le procureur général et Baune terminèrent de conserve ce choral dans un vacarme sans nom et, pour être en harmonie avec le réquisitoire, le président renvoya les débats au lendemain.

Voilà onze semaines que le procès avait commencé ; l'atmosphère avait souvent été houleuse et les incidents nombreux. Vint enfin le moment où la Cour des pairs aborda les événements de Lyon. Ce jour-là, à treize heures, les accusés refusant de participer, le président fit appel à la force et ils furent traînés dans la salle d'audience sans qu'aucun manifestât une quelconque résistance. Parmi eux se trouvaient Carrier, Lagrange et Julien. L'audience commença par l'audition des témoins. Les accusés écoutaient mais, à l'énoncé de certains faits, exprimaient leur désaccord par des murmures accompagnés de gestes et de hochements de tête. Le président, qui observait leur comportement, interrompit le témoin et interpella Carrier.

— Si vous persistez dans vos gesticulations, je vous fais expulser.

Carrier se leva et, à l'adresse du président, déclara :

— Ce que viennent de dire les témoins à charge est un tissu de faussetés. Quand je suis arrivé à Paris, sous le coup d'une accusation de complot, je pensais accepter le débat parce qu'il était utile non seulement à nous, les accusés, mais aussi à la France. Ensuite, je me suis renfermé dans le silence parce que notre défense avait été violentée. J'aurais pu persister mais, en présence d'une déposition comme celle que je viens d'entendre, il est utile que le débat s'engage pour que la France connaisse les intrigues de la police que nous signalerons dans les troubles de Lyon.

L'attitude de Carrier remplit d'aise maître Jules Favre, qui pensait que la résistance silencieuse des accusés ne participant pas aux débats était une erreur, bien qu'il en admît toutes les raisons. Carrier expliqua sans se justifier son rôle depuis 1830, sur la commune de la Croix-Rousse. Il rappela l'enjeu social que représentaient les discussions sur le tarif, en octobre 1831 et accusa les autorités d'avoir cédé au chantage d'une centaine de négociants. C'était cela qui avait déclenché les événements de Novembre.

— Pendant ces journées douloureuses, plusieurs citoyens me durent la vie au péril de la mienne. J'en arrachai quinze à une mort certaine. Parmi eux, je citerai le préfet Bouvier-Dumolart. Je m'étonne d'ailleurs de l'absence de cette autorité en tant que témoin.

— Mais pendant l'insurrection d'avril ? interrogea le président.

Carrier rendit compte de sa conduite pendant ces journées. Il affirma qu'il ne s'était placé au centre de l'insurrection que pour offrir à ses concitoyens sûreté et protection, et ceci au titre de responsable du conseil exécutif de l'association mutuelliste.

— Je ne nie pas m'être trouvé au centre de l'insurrection, au contraire j'y avais planté mon drapeau. Voilà pour ce qui est de ma responsabilité dans ces événements de Novembre et d'Avril.

L'audience allait se poursuivre par l'interrogatoire d'autres accusés, lorsque le duc de Montebello demanda une suspension de séance pour une réunion en comité secret. Ce qui fut fait. Il invita alors les pairs à prendre connaissance d'un manifeste paru dans deux journaux républicains, *La Tribune* et *Le Réformateur*, texte diffusé largement dans les rues de la capitale et qui circulait parmi les accusés.

— Ecoutez, messieurs, ce que l'on dit contre

vous : « On vous a refusé des défenseurs et vous avez refusé des juges. Honneur à vous ! On voulait vous entendre sans vos conseils, maintenant on veut vous juger en votre propre absence. Laissez faire, ceci n'est pas de la justice, c'est la guerre civile qui se continue au sein de la paix et dans le sanctuaire même des lois. Persévérez, citoyens, montrez-vous, comme par le passé, calmes, fiers et énergiques. Vous êtes les défenseurs du droit commun. Ce que vous voulez, la France le veut, toutes les opinions généreuses le veulent. La France ne verra jamais des juges où il n'y a pas de défenseurs. Sans doute, au point où les choses en sont venues, la Cour des pairs continuera à marcher dans les voies fatales où le pouvoir l'entraîne et, après vous avoir mis dans l'impuissance de vous défendre, elle aura le triste courage de vous condamner. Vous accepterez avec une noble résignation cette iniquité nouvelle, ajoutée à tant d'autres iniquités : l'infamie du juge fait la gloire de l'accusé. »

Un murmure de réprobation traversa l'auditoire. Le duc de Montebello déclara qu'il était indispensable de réagir à une telle insulte. La cour délibéra et décida de poursuivre les gérants des journaux et les cent dix signataires, pour la plupart journalistes et avocats des accusés. De son côté, le gouvernement demanda une sanction exemplaire contre les auteurs et les diffuseurs de ce manifeste. Le gérant de *La Tribune* fut condamné à un mois d'emprisonnement et à dix mille francs d'amende. Furent frappés de la même sanction le gérant du *Réformateur* et l'avocat Michel de Bourges. Quant à Trélat, coauteur avec ce dernier, il se vit infliger une peine de trois ans d'emprisonnement et de dix mille francs d'amende.

Rapidement, la nouvelle se répandit. Les accusés réagirent avec colère.

— C'est une atteinte à la liberté de la presse ! s'écria Julien.

A la reprise de l'audience, le président interrogea Lagrange après lui avoir rappelé les faits qui lui étaient imputés.

— L'accusé est signalé comme étant le principal chef des bandes rebelles qui ont occupé le centre de la ville de Lyon depuis le mercredi 9 jusqu'au samedi 12 avril.

Amaigri, le teint cireux, Lagrange, d'une voix affaiblie, commença à décrire la condition ouvrière. Certes, pour lui, toute violence était condamnable mais si, à Lyon, il y avait eu ces drames qui ensanglantèrent la ville, c'était suite à des provocations de la police et des tenants du pouvoir. Il justifia ensuite l'obligation dans laquelle se trouvaient les ouvriers de se regrouper afin de se soutenir et s'entraider par le mutuellisme puis l'association.

— Le peuple ne demande pas vos richesses, il veut vivre en travaillant. Pour cela, il faut qu'il puisse participer à la confection des lois. Les ouvriers, à Lyon, se réunissaient pour s'instruire à la fraternité et connaître leurs droits. Alors le gouvernement a compris qu'il serait obligé de s'abaisser devant le peuple dès que celui-ci aurait pris conscience de ses droits et devoirs. Voulez-vous savoir pourquoi les associations se sont formées ? C'est que nous avons vu à Lyon vingt mille femmes travaillant quatorze heures par jour sans pouvoir subvenir à leur nourriture. Quant aux Cordeliers, j'y étais et je n'avais pas quarante hommes. J'ai planté au milieu des insurgés le drapeau de la république comme drapeau protecteur. L'histoire dira que ces quarante hommes ont lutté, mal armés, sans secours, sans munitions, contre dix mille soldats, qu'ils ont secouru leurs compatriotes tandis que l'armée massacrait et incendiait. Une vingtaine d'entre eux fut encordée et fusillée dans l'église.

Compte tenu de l'état de santé de Lagrange, le président l'invita à arrêter sa déposition et le fit reconduire en prison. Avant de quitter la salle, il échangea une longue poignée de main avec Carrier et Julien. Le président demanda l'audition du préfet Gasparin, qui se présenta en habit de pair et relata les conditions de son arrivée à la préfecture, où il succéda au préfet Bouvier-Dumolart immédiatement après les événements de 1831. Puis il poursuivit :

— Au début de l'année 1833, l'absence de commandes et le haut prix des soies firent comprendre aux mutuellistes que le moment d'une réduction de la main-d'œuvre allait arriver. C'est en février qu'on perçut les premiers symptômes de cette menace ; les républicains s'en emparèrent et la transformèrent en mouvement politique. C'est là qu'intervient la Société des droits de l'homme...

Le président s'adressa à Julien, qui sortit enfin de son silence. Son visage était marqué par la détention mais son regard toujours aussi vif laissait percevoir sa volonté de se battre jusqu'au bout.

— Vous êtes accusé d'avoir organisé la rébellion sur la commune de la Croix-Rousse au mois d'avril

1834. N'étiez-vous pas membre de la Société des droits de l'homme ?

— J'ai déjà répondu à cette question pendant l'instruction, rétorqua Julien.

— Pouvez-vous nous faire une relation des événements du mois d'avril ?

— Je suis solidaire de Carrier et de Lagrange.

— Il semble que vous avez pris une part active, en particulier sur la commune de la Croix-Rousse.

— C'est bien normal, j'habitais là quand j'étais libre ! J'ai entendu la déposition du préfet Gasparin, je constate que monsieur le Préfet porte un bel habit de pair du royaume ! Dois-je rappeler que les étoffes unies et brochées qui ont servi à la confection d'un si beau costume proviennent de nos ateliers ? Et je doute que le préfet Gasparin connaisse le nombre d'heures passées et la peine de ceux qui les ont tissées. Il a bien confirmé ma déclaration faite à l'instruction, c'est lui en effet qui a donné l'ordre d'attaquer les barricades, ordre exécuté par le général Buchez, et cette attaque a déclenché ce que vous appelez l'insurrection, alors que, pour nous, il s'agissait avant tout de nous défendre. La suite, vous la connaissez... Je profite de l'occasion pour faire connaître à la cour la façon dont a été menée l'instruction par le juge Populus, qui employait la manière forte vis-à-vis des détenus que nous étions. « Si vous ne déclarez pas ça, me dit-il un jour, je vous ferai pourrir en prison et mettre les fers aux pieds et aux mains. » Mais ne croyez pas que, dans vos prisons parisiennes, nous soyons mieux traités. Le directeur de la Conciergerie nous mène comme des bêtes féroces. Avec sept coaccusés, nous sommes enfermés dans un cachot à hauteur de la Seine. Les murs suintent et sont recouverts de salpêtre. Lorsqu'il y a de l'orage, l'eau s'infiltre dans la cellule.

Maîtres Jules Favre intervint :

— Il faut que la cour pense, pour bien apprécier ces circonstances, à l'espèce de terreur qui s'était répandue dans la population lyonnaise. On conçoit, devant de telles pressions, que des témoins aient cédé et soient prêts à porter n'importe quelle accusation.

— Etiez-vous membre d'une société mutuelliste ? s'enquit le président.

— Oui, je l'étais.

— N'avez-vous pas entraîné les mutuellistes dans la Société des droits de l'homme ?

— Chacun était libre de ses choix. Je me suis engagé dans la Société des droits de l'homme tout en étant fidèle au mutuellisme mais j'estimais que la question sociale, voire économique, telle qu'elle se présentait, relevait de la décision politique. Le mutuellisme était un mouvement ouvrier de solidarité qui évoluait dans un cadre défini où les questions politiques ne pouvaient être abordées. Ceci vous explique mon engagement. Je voudrais rappeler à monsieur de Gasparin que son prédécesseur, le préfet Bouvier-Dumolart, avait, par son initiative, réuni les négociants et les chefs d'atelier sous son autorité à la préfecture afin de mettre en place un tarif. Ceci fut fait. Le gouvernement l'en blâma et nous envoya le maréchal Soult, qui annula le tarif, rompant ainsi la paix sociale qui aurait pu s'établir durablement. Je puis vous dire, monsieur le

Président, que c'est à partir de ce moment-là que la situation a commencé à se détériorer. Ainsi, à partir de 1832 jusqu'au mois d'avril 1834, il y eut sans cesse des troubles car les tisseurs ont eu le sentiment d'avoir été floués dans leurs justes revendications.

Aux alentours du palais du Luxembourg, les républicains exaltaient la témérité des accusés ; dans les cercles proches du palais royal, les déclarations de Lagrange, Baune, Carrier face au préfet Gasparin et au général Aymard étaient longuement commentées. La plupart de ceux qui écoutaient découvraient les conditions de travail des tisseurs lyonnais. Henri venait parfois après les audiences, il savait y rencontrer les avocats. Mariette allait chaque jour devant les grilles du Luxembourg, elle y retrouvait la femme de Baune et la sœur de Lagrange. Elles échangeaient des nouvelles, s'aidaient mutuellement à supporter leur chagrin. Il arrivait à Mariette de fermer les yeux et de partir loin avec Julien et Joseph. La cour ayant suspendu les audiences pendant une semaine, elle rendit visite à maître Jules Favre, qui lui donna des nouvelles de Julien et la rassura.

— Il est toujours aussi combatif, malgré les conditions de détention.

— Si seulement je pouvais le voir pour l'aider !

— Mais, madame, lui dit maître Favre, il sait que vous êtes présente à ses côtés et il parle souvent de vous, de son petit Joseph et de Lyon.

— Est-ce que ce procès va durer encore longtemps ? demanda-t-elle, angoissée.

— Encore quelques semaines, j'ai assez confiance,

je sens que la cour est irritée. Les défenses des accusés deviennent de véritables réquisitoires contre le gouvernement et les autorités. Certains témoins déclarent avoir signé n'importe quoi afin qu'on les laisse tranquilles. Le président manifeste une certaine impatience ; visiblement la cour a hâte d'en finir. La confrontation de votre mari avec le préfet Gasparin et le général Aymard a été à son avantage. Il a démasqué les turpitudes de ces gens-là. Amener Gasparin à reconnaître que c'est lui qui a ordonné le premier coup de feu qui a tout déclenché, cela a impressionné la cour. Mais ne crions pas victoire trop vite, ces gens-là veulent incontestablement faire un exemple.

Mariette n'écoutait plus ce que lui disait l'avocat ; elle espérait que, bientôt, ces événements ne seraient plus qu'un mauvais rêve.

A Lyon, les affaires avaient repris leur cours. Dans certains salons, ce qui se passait à Paris n'était pas évoqué. *L'Echo de la Fabrique* et *Le Précurseur* ayant cessé de paraître faute de moyens financiers, la population suivait le procès à travers la presse nationale. Henri écrivait régulièrement à Thérèse et à Mathilde. Dans ses lettres, il donnait force détails sur sa vie à Paris et ses rencontres.

« J'ai fait la connaissance de Balzac, il a sur notre ville un regard des plus justes ; pour lui, le commerce à Lyon est sans âme et, dit-il, "quand la commande s'arrête, l'ouvrier meurt de faim. Les forçats sont plus heureux que lui." Impressionnante réaction ! »

Henri relatait les journées de Mariette devant le palais du Luxembourg, il admirait son courage.

« Je l'accompagne, reste un moment avec elle et je vais ensuite en quête d'informations et aussi de travail. J'ai, pour la *Revue des deux mondes*, quelques articles à écrire sur l'actualité littéraire. J'ai l'intention d'aller voir Victor Hugo, qui vient de publier *Les Chants du crépuscule*. J'ai rencontré madame George Sand, elle est corps et âme avec nous. Comme les femmes ne peuvent assister aux audiences, elle se déguisa en homme et entra dans l'enceinte de la Cour des pairs, qui ne s'aperçurent de rien. Il est vrai qu'ils ne voient pas plus loin que le bout de leur nez et de leur petite personne ! Prochainement, je dois rencontrer Stendhal, George Sand m'a dit qu'il était un peu bourru. J'apprécierai le moment venu. Elle porte une grande estime à Lamennais. Voilà qui ferait plaisir à madame Yéméniz. A l'occasion, Thérèse, fais-le-lui savoir. »

Henri confiait ses espérances quant à l'issue du procès.

« Dis à Mathilde et à l'Antoine que Mariette est une femme dont on peut être fier. »

Le 15 juillet, une certaine irritation se manifesta dans les couloirs du palais du Luxembourg. Le président et les pairs venaient d'apprendre que, dans la nuit du 11 au 12 juillet, vingt-sept accusés parisiens, détenus à la prison Sainte-Pélagie, s'étaient évadés. Cette nouvelle courut la capitale et ce jour-là, bien que Paris fût écrasé de chaleur, la foule se précipita au palais du Luxembourg.

— Il y a peut-être Julien ! s'écria Mariette.

Henri la ramena à la réalité :

— Mariette, cela ne se peut pas, les Lyonnais sont à la Conciergerie.

A la reprise d'audience, après avoir constaté l'absence de la quasi-totalité des accusés, le président laissa paraître sa mauvaise humeur. Sans plus attendre, il demanda au procureur général de prononcer son réquisitoire. Visiblement, celui-ci se délectait : longtemps il avait attendu cet instant ! Il commença par saluer la haute tenue de la Cour des pairs et affirma que, contrairement à ce qui avait été dit tout le long du procès, la défense avait été libre. Ensuite, il fit un rapide historique sur l'origine de la Déclaration des droits de l'homme et qualifia cette œuvre de folie tellement anarchique qu'elle épouvanta l'anarchie elle-même. Quant aux événements de Novembre 1831, il prit le parti de les minimiser sans nier toutefois le caractère insurrectionnel de ces journées.

— La grande faute de ses chefs, c'est d'y avoir fait entrer des hommes simples, qui, sans leur idéologie perfide, seraient restés de bons ouvriers et qui, sous leur influence, sont devenus des meurtriers sur la place publique. Grâce au procès, nous avons pu dévoiler la Société des droits de l'homme. On sait à présent comment elle entend l'ordre social : c'est l'insurrection ! Comment elle entend le droit de propriété : c'est l'arbitraire !

Sur les insurgés de ce moment-là, il déclara qu'ils ne voulaient qu'une chose, mais une chose impossible : un tarif imposé par la force.

— Ils ignoraient, ce qu'ils ont enfin compris, que le prix du travail ne s'impose pas. Il se règle sur les besoins de l'industrie, il en suit les variations, la bonne et la mauvaise fortune. Mais l'insurrection, quel qu'en fût le motif, n'en était pas moins un funeste exemple dont la plupart des factieux se souvinrent.

Puis il évoqua la situation lyonnaise avant les événements d'Avril, s'étendit longuement sur le rôle de la presse et il mit au banc des accusés les responsables et les journalistes de *La Glaneuse*, de *L'Echo de la Fabrique* et du *Précurseur*. Et, pour étayer son propos, il donna lecture de larges extraits publiés par ces titres.

— Monsieur le Préfet du Rhône, poursuivit-il, considère les provocations de la presse comme l'une des causes de l'insurrection d'Avril. Ainsi l'insurrection de Lyon a été préparée pendant trois années entières par un complot qui n'embrassait pas Lyon seulement mais une notable partie de la France et dont le siège principal était à Paris. Lyon, par une déplorable préférence, avait été choisie par les factions pour leur premier champ de bataille. Vous connaissez les faits et les causes qui ont pu leur faire espérer un succès et leur donner l'audace d'en courir la redoutable chance. Grâce au ciel, le grand crime qu'elles méditaient n'a pu se réaliser, les hommes qui l'ont préparé sont soumis à votre justice comme ceux qui ont le plus activement travaillé à le consommer. C'est sur les premiers surtout, bien plus que sur leurs instruments, que nous appelons la plus juste et la plus extrême sévérité des lois.

Lorsqu'il eut pris connaissance du réquisitoire, Henri commença à douter de l'issue du procès. Il était incontestable qu'une main gouvernementale avait conduit celle du procureur pour rédiger ce texte. Il n'osait imaginer les réactions de Mariette et de ceux de la Croix-Rousse si Julien était frappé d'une peine exemplaire, comme venait de le réclamer le procureur général. Il s'attendait à être questionné par Mariette ; que lui répondre ? Après un long moment d'hésitation, il décida d'aller chercher conseil auprès de maître Jules Favre. Les deux hommes avaient l'un pour l'autre une grande sympathie, née au cours de leurs conversations dans les bureaux du *Précurseur* et de *L'Echo de la Fabrique*. Henri savait qu'il trouverait auprès de lui une écoute et les conseils nécessaires pour préparer l'entourage familial dans le cas d'une sentence que personne n'osait encore envisager.

— De toute évidence, lui dit Jules Favre, le gouvernement, et en particulier Adolphe Thiers, veulent frapper fort.

— Si je suis attentif aux propos du procureur général, je note qu'il demande la juste sévérité de la loi. Ne laissait-il pas entendre qu'il réclamait la peine de mort ?

— Oui, mais je constate qu'il ne l'a pas demandée. De toute façon, dans ma plaidoirie, je ferai comme si elle était requise car elle est en toile de fond du réquisitoire. Et maître Beaufort, qui doit plaider avant moi, tient la même ligne. Je ne pense pas qu'ils iront jusqu'à prononcer le châtiment suprême car, me semble-t-il, ce serait le signal d'une révolution dans le pays.

— Je crois, maître, que vous vous faites des illusions. Le rôle du gouvernement et d'une certaine presse à sa solde, c'est d'entretenir des peurs, et ce procès, par la dureté des débats et probablement des sanctions, va mettre le pays à genoux pendant longtemps. Il y aura peut-être quelques mouvements de sympathie mais ils seront vite réprimés.

Lorsque Henri rejoignit Mariette, il ne savait toujours pas quelle contenance prendre. Elle était étrangement pâle.

— Il est perdu, ils vont le condamner à mort...

A la reprise de l'audience, la parole fut donnée à la défense.

— Maître Louis Beaufort, nous vous écoutons.

— La plupart de ceux qui sont accusés aujourd'hui sont tisseurs de génération en génération. Pour saisir toute la complexité de la situation lyonnaise, il ne faut pas sous-estimer la place de la Fabrique, véritable institution sous l'emprise des fabricants. La qualification de ces derniers est d'ailleurs erronée car ces gens-là ne fabriquent rien, ce sont en réalité des négociants qui détiennent la maîtrise du marché de la soie. Cette corporation, qui regroupe huit cents personnes environ, fournit le fil de soie à un chef d'atelier qui travaille à façon, et c'est là qu'intervient la question du tarif qui fut à l'origine des événements du mois de novembre 1831. Ces négociants ont donc le monopole du commerce, pour l'achat de la matière première, pour le prix de la transformation, réalisée par le tisseur et pour la vente. Messieurs les Pairs, entendez ce qu'écrit Jeanne Dubuisson, dans le journal *Le Conseiller des femmes* : « Dans cette malheureuse et utile portion de la population de notre opulente cité, la misère n'épargne même pas l'enfance. Dès l'âge de six ans, une malheureuse petite fille est attelée à une roue de mécanique dix-huit heures par jour. Elle gagne huit sous, en dépense deux, voire trois au plus pour ajouter une insuffisante portion de mets grossiers à son pain. Cette enfant étiolée par un travail au-dessus de ses forces est abrutie par une existence contre nature qui s'écoule dans des ateliers malsains. Réservée à la fabrication des étoffes unies, les plus mal rétribuées, une femme travaille quinze à dix-huit heures, souvent les dimanches et fêtes, pour gagner un salaire qui suffit à peu près à la moitié de ses besoins les plus urgents… » En fait, messieurs les Pairs, nous avons la douloureuse impression que le gouvernement n'a pas admis le verdict de la cour de Riom, laquelle a acquitté les chefs d'atelier et ouvriers à la suite de l'insurrection de Novembre 1831. Or la révolte de 1834 n'est que la conséquence du non-respect des droits acquis par les tisseurs que nous appelons les canuts. Nous, à Lyon, nous assumons notre histoire et poursuivons les luttes que les anciens n'ont pu mener à terme parce qu'ils ont été étouffés par le pouvoir central et les féodalités locales qui ne connaissent qu'un mot : répression.

Henri qui avait enfin pu entrer dans l'enceinte de la Cour des pairs, avait été ému par la plaidoirie de Beaufort. Dès que celui-ci eut appelé la cour à la clémence, il rejoignit Mariette, qui brûlait d'impatience et d'angoisse. Il lui rapporta les propos de l'avocat :

— Maître Beaufort a été remarquable, il a su mettre en évidence les difficultés d'un chef d'atelier face à la terrible loi du marché imposée par quelques négociants.

— Crois-tu qu'il a convaincu les juges ?

Pour toute réponse, Henri esquissa une mimique et haussa les bras pour marquer son impuissance.

— Je ne sais que dire. Demain, c'est Jules Favre qui va plaider, j'espère pouvoir y assister.

Tous deux quittèrent les grilles du palais du Luxembourg. Mariette étouffait ses sanglots et murmurait :

— Ce n'est pas juste, Julien est un honnête homme.

Puis, s'accrochant au bras d'Henri :

— Dis-moi qu'ils ne vont pas le tuer avec leur machine !

Passant près de l'église Saint-Germain-l'Auxerrois, Mariette, le visage baigné de larmes, y entra. Henri se contenait. Ils restèrent un long moment ; tandis que la nuit commençait à couvrir la ville, ils s'en retournèrent, marchant comme deux automates.

Le lendemain, ils partirent dès l'aurore ; Henri estimait qu'ainsi il aurait une chance d'assister à l'audience et d'entendre la plaidoirie de Jules Favre. A son arrivée au palais du Luxembourg, il apprit que l'abbé Noir était décédé à l'Hôtel-Dieu, où il avait été admis quelques heures auparavant. « C'est le régime carcéral », pensa-t-il. Il craignit que l'annonce de cette nouvelle ne perturbât Mariette, déjà très marquée par ce procès. Enfin, le président donna la parole à Jules Favre. Les pairs, à l'audition défaillante, se rapprochèrent pour mieux entendre la voix cuivrée de l'avocat. Celui-ci attendit que ces messieurs soient installés. Un silence monacal enveloppa la cour. Jules Favre se concentra et son premier propos fut de contester cette juridiction des pairs qui, selon lui, avait plus d'utilité politique que de compétence juridictionnelle.

— Vous êtes, leur dit-il, des juges alors que vous n'avez aucun des éléments qui constituent un tribunal.

Puis il présenta un historique de la Fabrique :

— Industrie principale et nationale qui occupait cinquante mille bras.

Il rappela les grandes heures de cette industrie, orgueil de la ville de Lyon, et expliqua les origines et le fonctionnement du mutuellisme en tant qu'organisme de solidarité.

— Les ouvriers, dit-il, étaient en présence de fabricants qui, trop souvent, exploitaient leur détresse, qui, trop souvent, profitaient de leur ignorance pour faire, sur leur sueur, d'illicites bénéfices. Eh bien, s'écria-t-il, la société mutuelliste fut aussi dirigée contre ces efforts impies !

Il évoqua ensuite les journées d'espérance, lors des négociations sur le tarif, en octobre 1831, et déplora le non-respect des accords signés alors entre les négociants et les chefs d'atelier, qui déclencha les journées de Novembre. Il démontra qu'il y avait une relation de cause à effet entre le soulèvement de 1831 et l'insurrection d'avril 1834. Ensuite, il relata les faits de ces horribles journées et dénonça la brutalité de la soldatesque. Le ton devint accusateur à l'évocation des lieux où furent massacrés des innocents, notamment à Vaise.

— Vous avez entendu, messieurs, un témoin qui est venu déposer qu'une femme avait été égorgée dans une souillarde où elle s'était réfugiée, qu'un vieillard de soixante-dix ans avait été assassiné dans son lit et que ses restes inanimés avaient été jetés par la croisée !...

Les pairs restèrent silencieux, quelques-uns avaient un air dubitatif, d'autres s'étaient réfugiés dans un doux sommeil que la comptabilité des atrocités ne semblait pas troubler. Après dix heures de plaidoirie, Jules Favre, avant de conclure, interpella la cour en ces termes :

— Vous nous accusez d'avoir attenté à la sûreté de l'Etat, et moi, j'accuse le pouvoir de n'avoir pas déjoué cet attentat. Vous avez fait votre réquisitoire ; voilà le mien ! Ils resteront tous deux affichés à la porte de ce palais et nous verrons lequel durera davantage, lequel la France lira avec le plus d'indignation.

Le 25 juillet 1835, le procès des accusés lyonnais se terminait. La cour se retira pour délibérer. Durant ces journées d'attente, Mariette s'alimentait à peine. Henri évitait de la laisser seule. Il tentait de lui faire découvrir la capitale mais rien ne retenait son attention. Elle errait dans cette ville sans se repérer, se laissant conduire. Lorsqu'une lettre arrivait de Lyon, elle était lue deux ou trois fois. Un matin, Henri détruisit le courrier qu'il venait de recevoir, hormis le poème qui l'accompagnait. Thérèse lui racontait ses soucis. « La ville n'est plus la même, écrivait-elle, les gens sont inquiets, surtout depuis l'attentat de Fieschi, le 28 juillet dernier, qui voulait assassiner Louis-Philippe. » Elle demandait à Henri si ce geste fou aurait une influence sur le verdict. « Certains négociants, poursuivait-elle, ont repris le dessus. Joannès Catulle se répand dans les couloirs de la chambre de commerce en vociférant. Il espère que des peines exemplaires et maximales feront taire à tout jamais nos hommes. Il va jusqu'à souhaiter que Persil, le ministre de la Justice, active la guillotine. Heureusement qu'il y a des gens comme les Yéméniz et Arlès-Dufour. J'ai fait la connaissance d'une femme extraordinaire, elle est poète, Marceline Desbordes-Valmore. Elle est venue pour que je lui fasse une robe de scène. Lorsqu'elle a su que mon frère était dans les geôles du roi, elle me confia un poème qu'elle avait écrit quelques jours après les événements d'Avril et dédié à Lamartine. Montre-le à Mariette, de toute façon, il est pour elle. J'attends ta lettre, je t'embrasse tendrement. »

Quand le sang inondait cette ville éperdue,
Quand la bombe et le plomb balayant chaque rue
Excitaient les sanglots des tocsins effrayés,
Quand le rouge incendie aux longs bras déployés
Etreignait dans ses nœuds les enfants et les pères,
Refoulés sur les toits par les feux militaires,
J'étais là.

Vint enfin le jour du verdict, il était treize heures, ce 13 août, lorsque la cour entra en séance. Le président donna lecture de l'arrêt et, dans un grand silence, prononça les peines de déportation et de détention, allant de un an à vingt ans. Julien fut condamné à la déportation. Henri sortit, respira profondément avant de rejoindre Mariette qui l'attendait, accrochée aux grilles du palais du Luxembourg. Lorsqu'elle le vit, elle se mit à crier.

Henri se précipita, la prit dans ses bras et lui murmura :

— Il te faudra être courageuse, ma petite Mariette, pense à Joseph.

— Je veux le voir, criait-elle, je veux le voir.

Elle s'évanouit. Lorsqu'elle reprit ses esprits, la femme de Baune, qui était près d'elle, l'aida à se relever. Dès le lendemain, ils empruntèrent la route de Lyon. Le retour leur parut interminable. De temps à autre, Mariette essayait vainement d'attacher son regard aux paysages traversés. Elle devint plus attentive à l'approche de Villefranche-sur-Saône. « Encore quelques lieues et nous sommes rendus », pensa-t-elle. Henri estimait qu'il serait préférable qu'elle aille chez ses parents en arrivant pour prendre un peu de repos. Il le lui suggéra.

— Tu as peut-être raison. Me retrouver dans l'atelier sans Julien sera trop douloureux.

Il était tard quand la diligence s'engouffra dans la Grand-Rue et s'arrêta au relais de poste. A la vue de sa fille, livide, le visage marqué par la douleur, l'Antoine dissimula ce qu'il ressentait.

— Joseph est là, lui dit-il, il dort.

Il l'accompagna auprès de l'enfant. Elle se pencha sur lui, l'embrassa doucement, le regarda un instant puis revint dans la salle commune. Assailli de questions sur les dernières journées du procès, Henri se fit fort discret, préférant remettre à plus tard ses réponses. Le lendemain, il rendit visite à Mathilde, qui avait, en quelques semaines, bien changé. Simon était là. Il raconta le plus simplement possible ce qu'il avait vécu aux côtés de Mariette. Mathilde se leva, fixa Henri.

— Regarde mes yeux, lui dit-elle, ils ne reverront jamais mon fils. Je n'ai même plus la force de pleurer. Que la mort vienne et m'emporte !

Henri resta silencieux puis s'approcha d'elle :

— Ayez confiance, Mathilde.

— En qui ? s'écria-t-elle. Nous, les petits, depuis toujours, avons été écrasés par l'argent. Mon mari est mort d'épuisement. Son père, exécuté pour avoir revendiqué la liberté. Et maintenant, mon fils envoyé aux galères. Il y a de quoi faire la révolution. Quand est-ce que le peuple prendra la parole ?

— Un jour viendra, répliqua Henri, nos petits-enfants le verront peut-être.

Plusieurs semaines s'écoulèrent, Mariette retrouvait peu à peu la force de vivre. Elle écrivait à Julien, enfermé à Doullens avant d'être déporté en Algérie, mais ne recevait aucune réponse. Elle ne savait que penser. Les premières neiges de décembre tapissaient places et rues, ce qui émerveillait Joseph. Mariette était revenue dans l'atelier de Julien, elle aidait parfois Simon, qui travaillait pour le compte de son père et partageait avec Mathilde les longues et sombres journées d'hiver.

L'horloge marquait vingt heures lorsque Henri et Thérèse se manifestèrent.

— Qu'arrive-t-il ?

— Mariette, je sais où est Julien. Il s'est évadé pendant son transfert à Doullens et s'est réfugié en Suisse, à Lausanne. Il travaille chez un tisseur lyonnais, installé là-bas depuis la Révolution.

— D'où le sais-tu ?

— Thérèse, explique-lui.

— Un colporteur en mercerie, auprès de qui je fais des achats quand il passe, m'a dit avoir rencontré Julien, qui l'a chargé de me prévenir.

— Il y a longtemps ?

— Un peu plus d'un mois, avant d'entreprendre sa tournée dans notre région.

Mariette n'osait y croire. Elle resta un moment silencieuse, son regard reprenait toute sa vivacité. Henri lui demanda d'être prudente, afin de ne pas éveiller les soupçons.

— La police le recherche ; tant qu'il est en Suisse, il ne risque rien.

— Alors, je vais le rejoindre avec Joseph !

— L'important, insista Simon, est d'arriver à la frontière sans encombre ; avec ton enfant, tu t'exposes !

Mathilde, toute à son émotion, était restée silencieuse. Elle s'inquiéta :

— C'est vrai, Mariette, est-ce bien raisonnable de partir avec le petit ?

Mariette ne voulait rien entendre.

— C'est de la folie ! s'exclama Thérèse. Que tu veuilles retrouver Julien, nous comprenons ton impatience, mais pense à ton fils. Les routes ne sont pas sûres et puis, n'oublie pas que tu es la femme d'un proscrit ! Mariette, nos parents s'occuperont de Joseph et, à la première occasion, Henri et moi nous te l'amènerons.

A bout de nerfs, Mariette manifesta le désir de prendre un peu de repos. Après une nuit tourmentée, vers cinq heures du matin, elle se leva et prépara le strict nécessaire pour le voyage. Alors qu'elle ravivait le poêle, Simon arriva.

— Alors, ma belle, qu'as-tu décidé ?

— Vous avez raison, je partirai seule par la diligence de demain.

— Enfin une parole sage ! A ton Julien, tu diras qu'il nous manque et que nous sommes fiers de lui. Allez, sèche tes yeux.

Simon s'approcha du métier où Julien travaillait et se mit à fredonner :

Chante avec moi, bonne Lisette,
Chante : vive la liberté !

PRODUCTION JEANNINE BALLAND

Romans « Terres de France »

Jean Anglade
Un parrain de cendre
Le Jardin de Mercure
Y a pas d'bon Dieu
La Soupe à la fourchette
Un lit d'aubépine
La Maîtresse au piquet
Le Saintier
Le Grillon vert
La Fille aux orages
Un souper de neige
Les Puysatiers
Dans le secret des roseaux
Sylvie Anne
Mélie de Sept-Vents
Le Secret des chênes
La Couze
Ciel d'orage sur Donzenac
Jean-Jacques Antier
Autant en apporte la mer
Marie-Paul Armand
La Poussière des corons
La Courée
tome I *La Courée*
tome II *Louise*
tome III *Benoît*
La Maîtresse d'école
La Cense aux alouettes
Nouvelles du Nord
L'Enfance perdue
Un bouquet de dentelle
Françoise Bourdon
La Forge au Loup
La Cour aux paons
Annie Bruel
La Colline des contrebandiers
Le Mas des oliviers
Les Géants de pierre
Marie-Marseille
Jean du Casteloun
Michel Caffier
Le Hameau des mirabelliers
La Péniche Saint-Nicolas
Les Enfants du Flot
Jean-Pierre Chabrol
La Banquise
Alice Collignon
Un parfum de cuir
Didier Cornaille
Les Labours d'hiver
Les Terres abandonnées
La Croix de Fourche
Etrangers à la terre
L'Héritage de Ludovic Grollier
L'Alambic
Georges Coulonges
Les Terres gelées
La Fête des écoles
La Madelon de l'an 40
L'Enfant sous les étoiles
Les Flammes de la Liberté
Ma communale avait raison
Les blés deviennent paille
L'Eté du grand bonheur
Des amants de porcelaine
Le Pays des tomates plates
La Terre et le Moulin
Yves Courrière
Les Aubarède
Anne Courtillé
Les Dames de Clermont
Florine
Dieu le veult
Les Messieurs de Clermont
L'Arbre des dames
Le Secret du chat-huant

Annie Degroote
La Kermesse du diable
Le Cœur en Flandre
L'Oubliée de Salperwick
Les Filles du Houtland
Le Moulin de la Dérobade
Les Silences du maître drapier
Alain Dubos
Les Seigneurs de la haute lande
La Palombe noire
La Sève et la Cendre
Le Secret du docteur Lescat
Elise Fischer
Trois Reines pour une couronne
Alain Gandy
Adieu capitaine
Un sombre été à Chaluzac
L'Enigme de Ravejouls
Les Frères Delgayroux
Les Corneilles de Toulonjac
L'Affaire Combes
Les Polonaises de Cransac
Michel Hérubel
La Maison Gelder
La Falaise bleue
Tempête sur Ouessant
Le Démon des brumes
Denis Humbert
La Malvialle
Un si joli village
La Rouvraie
La Dent du loup
L'Arbre à poules
Les Demi-Frères
La Dernière Vague
Hervé Jaouen
Que ma terre demeure
Jean-Pierre Leclerc
Les Années de pierre
Louis-Jacques Liandier
Les Gens de Bois-sur-Lyre
Jean-Paul Malaval
Le Domaine de Rocheveyre
Les Vignerons de Chantegrêle
Jours de colère à Malpertuis
Quai des Chartrons
Dominique Marny
A l'ombre des amandiers
La Rose des Vents
Henry Noullet
La Falourde
La Destalounade
Bonencontre
Le Destin de Bérengère Fayol
Le Mensonge d'Adeline
Frédéric Pons
Les Troupeaux du diable
Jean Siccardi
Le Bois des Malines
Les Roses rouges de décembre
Le Bâtisseur de chapelles
Jean-Michel Thibaux
La Bastide blanche
Le Secret de Magali
La Fille de la garrigue
Le Roman de Cléopâtre
La Colère du mistral
L'Homme qui habillait les mariées
La Gasparine
L'Or des collines
Jean-Max Tixier
Le Crime des Hautes Terres
La Fiancée du santonnier
Brigitte Varel
Un village pourtant si tranquille
Les Yeux de Manon
Emma
L'Enfant traqué
Le Chemin de Jean
L'Enfant du Trièves
Colette Vlérick
La Fille du goémonier
Le Brodeur de Pont-l'Abbé
La Marée du soir
Le Blé noir